AMOROUS GAMES

*Publications of the American Folklore Society*

*Bibliographical and Special Series*

General Editor, Wm. Hugh Jansen

Volume 25          1974

Dame par quatre ma
nieres de desir et desfilz
amans hjent diuersent
Dont le premier desir est
Que lon ayme vne feme
pour aprendre et mieulz
valloir pour le bien delle
et pour acqire honneur
et pris . Le second ame
pour auoir sanne a feme
Le tiers ayme pour auoir
et attraire prousfit . Et
Le quart pour faire sa
voulente de sanne au bon
plaisir delle en tout bien
et hone . Demande .
Sur ce vous demande
Lequel de ces quatre desir
vault mieulz . Responce
Dame le premier car
toutes manieres de gens
peuent amer par honne
par le premier desir sans
messaire . Demande .
Sur ce vous demande
Lequel vous ameries mie
ulz ou a tort de voz amoe

Cy commence le liure
de plusieurs demandes
et responses faittes en
Amours et aultrement
a tous propoz Et aussi
de benditions en amour .
Et premierement .

La dame demande .

Sire pour mieulz
gouuerner
mon tireame
Ie vous prie
que vous me dittes la
cause pourquoy lon ame
Responce .

Reproduction of the first page of the manuscript text of *Les Adevineaux amoureux*, Chantilly. Musée Condé ms. 654 (1572), f. 19.

# Amorous Games

A CRITICAL EDITION OF *LES ADEVINEAUX AMOUREUX*

JAMES WOODROW HASSELL, JR.

PUBLISHED FOR THE AMERICAN FOLKLORE SOCIETY BY THE
UNIVERSITY OF TEXAS PRESS  ·  AUSTIN AND LONDON

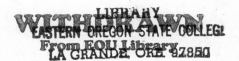

Library of Congress Cataloging in Publication Data

Adevineaux amoureux.
  Amorous games.

  (Publications of the American Folklore Society.
Bibliographical and special series, v. 25)
    Text based on MS. 654 (1572), Musée Condé, Chantilly;
appended is the text as found in the Bibliothèque
nationale (Rés. Ye. 93) with variants found in Rés. Ye.
186.
    Bibliography: p.
    1.  French literature—Old French.  2.  Riddles,
French.  I.  Hassell, James Woodrow, 1915–     ed.
II.  Title: Amorous games.  III.  Series: American Folklore
Society. Bibliographical and special series, v. 25.

PQ1303.A3   1974          398.6'0944          73-21840
ISBN 0-292-70303-1

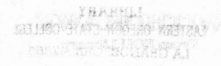

*To*
*Alfred Edward Carter*
*Brian Dutton*
*Robert White Linker*

# CONTENTS

Works Frequently Cited . . . . . . . xi

Acknowledgments . . . . . . . . xv

Introduction . . . . . . . . . xvii

Chantilly, Musée Condé ms. 654 (1572) . . . . 3

Index to the Riddles . . . . . . . 187

Appendix . . . . . . . . . 197
    Guide to the Appendix, p. 199
    The Texts of the Incunabula Editions, p. 199

Bibliography . . . . . . . . . 267

# WORKS FREQUENTLY CITED

The following are the works and journals cited most frequently in the footnotes of this edition, together with the abbreviations used to designate them. For full bibliographic information about these works and others cited in the footnotes, consult the Bibliography.

1. Bladé J.-F. Bladé, *Proverbes et devinettes populaires, recueillis dans l'Armagnac et l'Agenais.*
2. Brandl Alois Brandl, "Shakespeares 'Book of Merry Riddles' und die anderen Rätselbücher seiner Zeit," *Jahrbuch der deutschen Shakespeare-Gesellschaft* 42 (1906): 1–64.
3. Claret Frederic Peachy, ed., *Clareti Enigmata: The Latin Riddles of Claret.*
4. Cotgrave Randle Cotgrave, *A Dictionarie of the French and English Tongues.*
5. Fauset Arthur H. Fauset, *Folklore from Nova Scotia.*
6. Ferrand Auguste Ferrand, "Devinettes du Dauphiné," *Rdtp* 10 (1895): 225–228.
7. Hassell (1) J. Woodrow Hassell, Jr., "The Proverbs and Proverbial Expressions in the *Nouvelles Récréations . . .* of Bonaventure des Périers," *Journal of American Folklore* 75 (1962): 43–57.
   (2) ——, "The Proverbs and Proverbial Expressions in the Works of Bonaventure des Périers," *Journal of American Folklore* 77 (1964): 58–68.
8. *Irish Riddles* Vernam Hull and Archer Taylor, *A Collection of Irish Riddles.*
9. *JAF Journal of American Folklore*
10. *JM* P. M., "*Joca Monachorum,*" *Romania* 1 (1872): 483–490.

11. *JP Le Jardin de Plaisance et fleur de rethorique.*
12. Kerbeuzec Henry de Kerbeuzec, "Devinettes de l'Ille-et-Vilaine VI. Pays de Guipel," *Rdtp* 20 (1905): 502–511.
13. Kristensen Evald T. Kristensen, *Danske Folkegaader efter trykte og utrykte Kilder.*
14. Lacuve R.-M. Lacuve, "Devinettes du Poitou," *Rdtp* 10 (1895): 352–356; 14 (1899): 702–703.
15. Le Roux A. J. V. Le Roux de Lincy, *Le Livre des proverbes français.*
16. Marre Aristide Marre, ed., "Problèmes numériques faisant suite et servant d'application au *Triparty en la science des nombres* de Nicolas Chuquet, parisien. Extrait de la seconde partie du ms. n°. 1346 du fonds français de la Bibliothèque nationale," *Bollettino di bibliografia e di storia delle scienze matematiche e fisiche* 14 (1881): 417–460.
17. *MGH Monumenta Germaniae Historica . . . Scriptorum.*
18. Migne J.-P. Migne, *Patrologiae Cursus Completus, sive Bibliotheca Universalis . . .*
19. Parsons, *Antilles* Elsie Clews Parsons, *Folk-Lore of the Antilles, French and English,* III.
20. *PMLA Publications of the Modern Language Association of America*
21. *Rdtp Revue des traditions populaires*
22. Rolland Eugène Rolland, *Devinettes, ou énigmes populaires de la France.*
23. Rolland *Rimes* Eugène Rolland, *Rimes et jeux de l'enfance.*
24. Sauvé L.-F. Sauvé, "Devinettes bretonnes," *Revue celtique* 4 (1879–1880): 60–103.
25. Sébillot Paul Sébillot, *Littérature orale de la Haute-Bretagne.*
26. *SFQ Southern Folklore Quarterly*
27. Taylor Archer Taylor, *English Riddles from Oral Tradition.*
28. Taylor, BR Archer Taylor, "A Seventeenth-Century Collection of Biblical Riddles," *Giessener Beiträge zur deutschen Philologie* 60 (1938): 239–249.
29. Taylor, MR Archer Taylor, "An Annotated Collection of Mongolian Riddles," *Transactions of the American Philosophical Society* 44 (1954): 319–425.
30. Thompson Stith Thompson, *Motif-Index of Folk-Literature.*

31. Tilley  Morris P. Tilley, *A Dictionary of the Proverbs in England in the Sixteenth and Seventeenth Centuries.*

32. *Welsh Riddles* Vernam E. Hull and Archer Taylor, *A Collection of Welsh Riddles.*

33. Whiting   B. J. and H. W. Whiting, *Proverbs, Sentences, and Proverbial Phrases from English Writings Mainly before 1500.*

34. Wilmanns  W. Wilmanns, "Ein Fragebüchlein aus dem neunten Jahrhundert," *Zeitschrift für deutsches Alterthum* 15 (1872): 166–180.

# ACKNOWLEDGMENTS

Turning to the pleasant duty of acknowledging the contributions made by others to this edition, I should like to express my deep appreciation for their interest in and active support of this project to the following: Professor Archer Taylor of the University of California, who most generously lent me for an extended period of time his copy of the rare Martin edition of the *Adevineaux amoureux*, who read the manuscript of the present edition, and who allowed me to use his unpublished collection of material on the riddle;* to Mme Anne Basanoff of the Bibliothèque Nationale; to B. J. Ball, A. E. Carter, James H. Davis, Jr., Ralph P. deGorog, Rolf C. Endres, R. W. Linker, David E. Penney, Mrs. E. F. Krickel, L. S. Rogers, A. G. Steer, and Carla R. Wall, all of the University of Georgia; and to Canon A. L. Gabriel of the University of Notre Dame. Sincere thanks too go to Professor William H. Jansen of the University of Kentucky for many a helpful suggestion. I am also profoundly grateful to the director and the staff of the Bibliothèque Nationale for making available microfilms of the incunabula editions of the *Adevineaux amoureux* and to the directors and staffs of the Musée Condé at Chantilly and of the Institut de Recherche et d'Histoire des Textes for supplying me with a microfilm of Musée Condé ms. 654 (1572).

Since the research for the present edition was begun in 1960–1961 while I was in France on a Fulbright post-doctoral research grant, acknowledgment should be made of the kindness of the persons concerned, especially the personnel of the United States Educational

* This material is being prepared for publication by Professor Roger D. Abrahams of the University of Texas; my thanks go to him for his gracious cooperation in making the manuscript available to me.

Commission for France and most especially Messrs. Robert Davril, the executive officer, and Curtis B. Watson, the assistant executive officer, of the Commission. Owing to the pressure of other duties the edition had to be laid aside during the years immediately following 1961, but work was resumed in the summer of 1965, when a fellowship in the Southeastern Institute of Medieval and Renaissance Studies afforded me needed leisure and facilities. My sincere thanks are offered to the chairman and staff of the Institute and most of all to my good friends Professors O. B. Hardison and Isidore Silver.

# INTRODUCTION

Among the more interesting incunabula preserved in the Salle de la Réserve of the Bibliothèque Nationale in Paris are the apparently unique copies of two editions of a work called *Les Adevineaux amoureux*.[1] They bear the call numbers Rés. Ye. 93 and Rés. Ye. 186 and have been described briefly in the standard catalogues of fifteenth-century books.[2] I shall refer to them henceforth as Ye. 93 and Ye. 186. They are of interest to the historian of printing not merely because they are incunabula but also because they were published by Colard Mansion of Bruges,[3] the friend and associate of William Caxton. Their contents are perhaps of even greater sig-

[1] The title is sometimes rendered as *Les Advineaux amoureux*. The two editions are the following: (1) No typographical or bibliographical information (i.e., no author, title, publisher, date or place of publication). The place and publisher have been identified as Bruges and Colard Mansion, respectively. The generally accepted date is ca. 1479. This is the edition represented in the Bibliothèque Nationale by the copy bearing the call number Rés. Ye. 93. The *Gesamtkatalog* number is 223; (2) *Les Adevineaux amoureux* [Bruges: Colard Mansion, ca. 1479]. The BN call number of its copy is Rés. Ye. 186. The *Gesamtkatalog* number is 222.

[2] See *Gesamtkatalog der Wiegendrucke*, I, 94 (nos. 222, 223), and M. Pellechet, *Catalogue général des incunables des bibliothèques publiques de France*, I, 13–14 (nos. 59–60). According to these authorities the *Adevineaux amoureux* is also listed in M. F. A. G. Campbell, *Annales de la typographie néerlandaise au XVe siècle*, and in Hain-Copinger.

[3] On Colard Mansion, see (1) William Blades, *The Biography and Typography of William Caxton, England's First Printer*, ch. 6; (2) D. K. G. Boon, "Was Colard Mansion de Illustrator van 'Le Livre de la ruyne des nobles hommes et femmes'?" in *Amor Librorum. Bibliographic and Other Essays. A Tribute to Abraham Horodisch . . .* , pp. 85 ff.; (3) Henri Michel, *L'Imprimeur Colard Mansion et le* Boccace *de la Bibliothèque d'Amiens;* (4) L. A. Sheppard, "A New Light on Caxton and Colard Mansion," *Signature* (n.s.) 15 (1952): 28–39.

nificance. Not only do they reveal much about the tastes, interests, and attitudes of the polite society of the times, but they have also preserved invaluable data on the folklore of Belgium and northern France of the latter half of the fifteenth century.

Since the two copies of the *Adevineaux amoureux* are very similar and since the full text of one, Ye. 93, is given in the Appendix of this edition together with the significant variants to be found in the other copy, Ye. 186, it will not be necessary in summarizing their contents to insist upon differences. The following summary is of copy Ye. 93.

It begins with an introduction in which the unknown author, or rather the compiler, states the purpose of the work and describes its contents briefly. After apologizing for anything that may seem "deshonneste et vergoingneuse," he concludes with the following acknowledgment:

Or me soit doncques pardonné, car ceste hardiesse m'a mis en corrage le noble et gentil chevalier seigneur de La Marche,[4] que Dieu gard, et aincoires pour augmenter cedit traittié si m'a de sa grace donné aucunes demandes et responses moult honnestes, dont je l'en remercie.[5]

After the words "Honneur aux dames," inserted as a kind of *devise,* there follow on ff. 1[v]–8[v] series of questions and answers in prose between the *Damoiselle* and the *Chevalier.* These belong to the well-established medieval tradition of the "Demandes amoureuses." [6] Beginning on folio 8[v] is a new series of questions and answers, still on the general theme of polite love. Here, however, the questions are in verse, and the answers are quite brief, usually only one line in length.

On f. 9[v] the *Damoiselle* begins another sequence of questions and answers, which assume the same form as the ones that are found on ff. 1[v]–8[v], but the questions in rime reappear on f. 10[v]. On ff. 11[v] and 12 the *Chevalier* gives what he calls the

---

[4] The reference is almost certainly to Olivier de La Marche (ca. 1422–1502), the historian and official at the court of Burgundy.
[5] F. 1.
[6] On this genre, see (1) E. Hoepffner, "Les 'Voeux du Paon' et les 'Demandes amoureuses'," *Archivum Romanicum* 4 (1920): 99–104; (2) E. Ilvonen, "Les Demandes d'amour dans la littérature française du moyen âge," *Neuphilologische Mitteilungen* 14 (1912): 128–144; and (3) A. Klein, *Die altfranzösischen Minnefragen.*

"Ten Commandments of Love." He then resumes the questioning in prose, and the *Damoiselle* replies. The form and subject matter of this series, which ends at the bottom of folio 13, are in general the same as those of the first sequences.

The compiler must have considered the material I have just described as a unit, for folio 13[v] is blank and folio 14 begins with a prologue, in which the compiler addresses his feminine readers; it ends with the following interesting observation:

> Et pour ce que du temps passé je me suis trouvé par fortune, qui m'a mené, en pluiseurs et diverses compaigniez, aussy bien en moiennes et basses d'estat comme nobles et hautes, je vueil maintenant reciter plui- seurs demandes et adevinailles que soloient faire les jones compaignons de mon temps aux matrones et filles es assembleez qu'ilz faisoient es longues nuis d'yver aux seriez pour passer plus joyeusement icelles. Et s'il y a chose un pou grasse, il me soit pardonné, car c'est ouvrage et devises de nuit.

There follows (ff. 14–21) a large number of riddles, some clearly literary but others equally surely belonging to the oral tradition.

On folio 21 there is a transitional passage, which suggests some kind of connection with the *Evangiles des quenouilles* and leads to a series of "venditions en amours" (ff. 21[v]–23[v]). (The *Evangiles*[7] is a collection of popular beliefs and superstitions, a manuscript text of which is found in Chantilly. Musée Condé ms. 654 [1572], which also contains the *Adevineaux amoureux*. The "venditions en amours" are little poems[8] that apparently came into being as a part of a social game. For examples, see the Appendix to this edition.) After another transitional passage, which ends with the words,

[7] The collection was compiled in Belgium around the middle of the fifteenth century (ca. 1465 according to A. D. Menut; see D. C. Cabeen, ed., *A Critical Bibliography of French Literature*, I, 48–49 [no. 516]) by Fouquart de Cambray, Anthoine du Val, and Jean d'Arras. The first edition came from the presses of Colard Mansion in Bruges around 1475. For further details, see the "Préface" to the Jannet edition of *Les Evangiles*.

[8] On the genre see Emile Picot, *Catalogue des livres composant la bibliothèque de feu M. le baron James de Rothschild*, I, 360–364 (nos. 549–550), 552–554 (no. 812), in particular p. 361, where the editor observes: "Les *Ventes d'amours* paraissent avoir été primitivement un jeu de société: une dame lançait à un gentilhomme ou un gentilhomme lançait à une dame le nom d'une fleur, et, sur le champ, il fallait répondre en bouts rimés, de façon à faire un compliment ou une épigramme. Ce jeu fut assez répandu au XIVe siècle pour que Christine de Pisan n'ait pas dédaigné de donner place dans ses oeuvres à des *jeux à vendre*."

S'ensievent autres demandes qui se pevent faire entre differentes per-
sonnes a tous propos, tant de marchandises, de compaignies, de particions,
comme de sommes qui sont moult subtiles[9]

we find a series of problems, mostly mathematical, together with the
solutions, which brings us to the end of the book.

The *Adevineaux amoureux* is, then, a miscellany; its principal
unifying force is the effort of the compiler to provide a manual of
conversation and entertainment for polite society. Its principal parts,
aside from the frame elements (the prologues and the transitional
passages), are the several series of questions and answers about love,
the collection of riddles, the "venditions en amours," and the group
of puzzles, mostly mathematical, with which the book ends.

As I have mentioned, the Bibliothèque Nationale copies appear to
be the sole surviving representatives of the fifteenth-century editions
of the *Adevineaux amoureux*. In 1831 Louis-Aimé Martin included a
reprint of this book in the collection of more or less rare works that
he edited and published.[10]

This Martin edition is a beautiful publication designed for book
collectors, but as a scholarly contribution it leaves much to be
desired. In the first place, the edition was limited to eighty-six copies,
which today are exceedingly difficult to find. Second, it is almost
totally lacking in critical apparatus. Indeed, except for the meager
data supplied in its introduction, which I shall summarize, there is
no critical material at all.

This introduction, entitled "Préliminaire en Actions de Grâce,"
is really a charming note of thanks to Monsieur Van-Praët, who was
at that time the owner of the fifteenth-century copies of the *Ade-
vineaux amoureux*. Martin begins by stating, "Les Bibliographes ne
signalent que trois éditions de ce Livre, et toutes trois de la plus
grande rareté," and goes on to describe briefly the two Mansion
editions. He then makes the following observations about the third
edition:

La troisième [édition] est en bâtarde, à longues lignes, de trente-trois sur
la page, et probablement imprimée à Lyon: le format est in-quarto. Dans
cette édition, l'ouvrage a déjà subi plusieurs changemens qui nuisent
à sa naïveté primitive.

[9] F. 24.
[10] *Les Joyeusetez, facécies et folastres imaginacions de Caresme Prenant* . . .

Unfortunately, that is all Martin has to say about this third edition, which I have been unable to identify.[11] The rest of his introduction, an eloquent expression of thanks to Van-Praët, does not concern us here.

Martin does not describe how he prepared the text of his edition, but a comparison of it with the incunabula shows clearly that his principal source was Ye. 93. It appears that he made limited use of Ye. 186 when corrections needed to be made in the basic text, and very occasionally he seems to have made minor corrections on his own responsibility. In general it may be said that the Martin edition is a quite faithful reproduction of Ye. 93.[12] However, as the editor chose to reproduce the text in its original form, it is not much easier to read than that of the fifteenth-century edition.

Martin was apparently unaware of the existence of a fifteenth-century manuscript text of the *Adevineaux amoureux*, but in 1855 Pierre Jannet[13] called attention to a manuscript in the library of M. Armand Cigongne that contained texts not only of the *Adevineaux* but also of the *Evangiles des quenouilles* and of the *Ventes d'amours* (or the *Venditions en amours*, as I have had occasion to refer to them). The following year, 1856, Anatole de Montaiglon directed attention to the same manuscript and promised to publish the *Adevineaux* and the *Venditions*.[14] Apparently he was unable to fulfill this promise, and those sections of the manuscript have remained unpublished to this day.

More detailed descriptions of the manuscript appeared in 1861[15] and in 1900.[16] Since I have not examined the manuscript itself, I have supplied in footnote 16 the most complete of these descriptions,

[11] I am deeply indebted to Mme Anne Basanoff of the Bibliothèque Nationale, who made a most thorough search in the French public libraries for a copy of the mysterious third edition. If it still exists, it probably belongs to a private collection.

[12] On p. cxxxiv Martin made a serious error of omission. In the first sentence there should be included between ". . . de par ma mere" and "et les quatre vestus de vert . . ." the following passage: "Et les quatre que avez rencontré vetus de vermeil sont mes oncles de par mon pore."

[13] *Les Evangiles des quenouilles*, Pierre Jannet, ed., p. viii.

[14] *Recueil de poésies françoises des XVᵉ et XVIᵉ siècles . . .*, V, 205.

[15] A. J. V. Le Roux de Lincy, *Catalogue des livres manuscrits et imprimés composant la bibliothèque de M. Armand Cigongne . . .*, pp. 371–372 (no. 2094).

[16] Chantilly. Musée Condé, *Chantilly. Le Cabinet des livres. Manuscrits . . .*, II, 395–396:

which is, however, not altogether accurate. In preparing this edition
I have had to rely upon the microfilm secured for me through the
good offices of the Institut de Recherche et d'Histoire des Textes
and upon the kindness of my colleague Professor A. E. Carter, who
generously took the time to examine the manuscript, to check the
foliation, and to supply the correct reading of several words that
were illegible in the film.

The first part (ff. 1–18) of the manuscript (Chantilly. Musée
Condé ms. 654 [1572]) contains the *Evangiles des quenouilles*.
Folio 18[v] is blank. The *Adevineaux amoureux* begins on folio 19.
According to the Chantilly manuscript catalogue (see fn. 16) the
*Venditions en amours* begins on f. 104. Actually, the *Adevineaux*

------

654

Nᵒ 1572. Les Évangiles des quenouilles.— Les Advineaux amoureux. —
Les Ditz et ventes d'amours.

In-fᵒ (0,368 sur 0,252), mar. bleu, tr. dor. (*Trautz-Bauzonnet*). — Vélin, XVᵉ
siècle, 124 ff., 2 col. de 27 lig., deux miniatures en camaïeu, initiales en couleur,
rubriques rouges.

F. 1. "Cy apres sont contenues les Evvangiles que l'en dit des quenoulles,
dittes et certiffiées par femmes, ou la plus saine partie adjouste foy et voulentiers
mettent a effet; et la premiere qui jadis les mist avant fut une demiselle de village
nommée Transeline la toutte vielle et comme l'en dit jalouse de son mary, bel
et jeune, sur qui maint aguet jour et nuit mettoit".

F. 15 rᵒ: "A tant finent les Evvangiles des quenoulles jadiz recueillies par ho-
norables et discrettes personnes maistre Fouquart de Cambray, maistre Antoine
Duval et Jehan d'Arras, dit Caron". — Une sorte de supplément des *Évangiles*
occupe le reste du f. 15, les ff. 16 et 17 et partie du f. 18; il commence par ces
mots: "Depuis les précédentes evvangiles est avenu que un homme et sa femme
aloient de Lille a la Bassée, et environ Fournes les surprint la nuit. . .".

F. 19: "Cy commence le livre de plusieurs demandes et responses faittes en
amours et aultrement a tous propoz, et aussi de venditions en amour". Ce sont
les *Advineaux amoureux*. F. 103 vᵒ: "Explicit".

Une édition de l'*Evangile* et des *Advineaux* a été publiée au XVᵉ siècle, chez
Colard Mansion, à Bruges; elle est, depuis longtemps, de toute rareté. Ces deux
ouvrages ont été réimprimés en 1829–1831, dans la collection des facéties de
Techener. En 1855, P. Jannet a inséré les *Évangiles des quenouilles* dans sa
Bibliothèque Elzévirienne, et s'est servi du présent manuscrit.

F. 104. "Cy s'ensieuvent ung grant nombre de venditions en amours jadis
trouvées et compillées par gentilz cœurs amoureus" (en vers). *Les Ditz et ventes
d'amours* se présentent ici dans une leçon plus longue que celle des imprimés,
180 couplets au lieu de 66. (Voir la publication de M. de Montaiglon dans le
*Recueil des poésies françoises*, Paris, Jannet, 1856, V, 205).

*amoureux* ends on f. 106[v], and the *Venditions* begins on f. 107, ending on f. 124[v].

While future scholarship may prove that there is a closer relationship than we are now aware of between the *Evangiles des quenouilles* and the other works contained in the manuscript, we may properly regard the former as independent. Still to be answered, however, is the question of the relationship of the *Adevineaux amoureux* to the *Venditions*: are they parts of a unit, or are they separate and independent compositions? Jannet appears to adhere to the latter view.[17] Le Roux de Lincy seems to consider them a single work.[18] The compiler of the Chantilly manuscript catalogue lists them separately.[19] Anatole de Montaiglon also obviously considered them separate works.[20]

The internal evidence is less conclusive than we could wish. The manuscript text of the *Adevineaux* lacks the rather flowery introductory section that we find in the Mansion editions, and the first series of questions and answers is preceded merely by the following: "Cy commence le livre de plusieurs demandes et responses faittes en amours et aultrement a tous propoz, et aussi de venditions en amours. Et premierement." This seems to indicate that the *Venditions* and the *Adevineaux* are to be taken as a unit. In the manuscript, however, the text that begins on folio 19 comes to a close on f. 106[v] with a resounding *Explicit,* and the *Venditions* is introduced, apparently as a separate work, on f. 107 with the words: "Cy s'ensieuvent ung grant nombre de venditions en amours jadis trouvees et compillees par gentilz coeurs amoureuz." On the other hand, as we have seen, a certain number of "venditions" are included as an integral part of the early printed texts of the *Adevineaux.*

Perhaps the best approach to our problem is that of analyzing the manuscript text of the *Adevineaux amoureux.* Following the brief introduction, quoted above, are several series of questions and answers in which the *Dame* and the *Amant* interrogate each other about the tender passion and related matters (ff. 19–45[v]). These

[17] *Les Evangiles des quenouilles,* p. viii.
[18] *Catalogue des livres manuscrits et imprimés . . . de M. Armand Cigongne . . .,* p. 372.
[19] *Chantilly. Le Cabinet des livres. Manuscrits . . .,* II, 396.
[20] *Recueil de poésies françoises des XVe et XVIe siècles . . . ,* V, 205.

are similar to what we find in the corresponding part of the printed texts and, indeed, include much of the same material. Interpolated (f. 43) are the "Ten Commandments of Love."

Beginning on folio 45[v] we find a series of problems, mathematical for the most part, and their solutions. They correspond closely to those we find in the concluding section of the printed editions.

On folio 59 another series of questions and answers about love begins. Apparently several people participate in the discussion. This sequence ends on folio 61, where without any transition there begins a very rich collection of riddles. A little extraneous material is interpolated on ff. 88–89, but otherwise the riddles extend to folio 94. Another sequence of "demandes d'amours" follows (ff. 94–95), but the riddles reappear on folios 95–102. Another series of "demandes d'amours" runs from f. 102[v] to f. 105. There follow some miscellaneous items (ff. 105–106), and the manuscript text of the *Adevineaux amoureux* ends with a final exchange of two questions and answers between the *Amant* and the *Dame*. Among the more interesting of the interpolated materials is an apparently hitherto unnoticed text of the "Riote del monde" [21] (a comic dialogue, included in the *Adevineaux* probably because of its humor and its catechetical form), which appears on folios 88–89.

From the foregoing description it is clear that the manuscript text of the *Adevineaux amoureux* is a miscellany like the printed versions and contains not only almost everything that they do (with the exception of the "venditions" and what I referred to above as the "frame" elements) but much more besides. Indeed, there is even less unity in it than in the printed texts. Nevertheless, the compiler of the Chantilly manuscript terminated its second unit, the *Adevineaux amoureux,* with an *Explicit* and put the "venditions" all together and in an entirely separate section. In my judgment he was right. The "venditions" are similar in a loose way to certain parts of the *Adevineaux,* but they really represent a different genre and should be considered a separate work. This conclusion is as valid from the editorial point of view as it is from the purely critical one. The three texts of the *Adevineaux amoureux* (those of the Chantilly manuscript and of the two fifteenth-century editions) contain sufficient material

[21] See in this edition f. 88, fn. 367.

and pose quite enough problems to warrant publication as a unit, and the "venditions" deserve to be published separately.

The following considerations have also influenced my editorial policies:

1. The early printed texts of the *Adevineaux amoureux* and the Chantilly manuscript are of about the same date. The former are believed, with reason, to have appeared about 1479, and, according to Canon A. L. Gabriel, Director of the Mediaeval Institute, University of Notre Dame, the manuscript was probably prepared around 1470.

2. The manuscript text, which is much more comprehensive than the printed versions, has never been published.

3. Ye. 93, the more complete of the incunabula, served as the basis for the Martin edition, but it was limited to only eighty-six copies, which today have become quite rare.

4. The two incunabula are very similar to each other in content.

5. There is a certain amount of repetition in the manuscript text.

6. The cost of producing this edition must be kept within reasonable limits.

Accordingly, I decided to publish as the basic text the *Adevineaux amoureux* as it appears in the Chantilly manuscript and to present in the Appendix the text of Ye. 93 together with the significant variants occurring in Ye. 186.

The problem of collating the manuscript text with that of the incunabula was largely solved by a relatively simple device. Almost all the material in the *Adevineaux amoureux* (the "demandes d'amours," the problems, and the riddles) is presented in the form of questions and answers, and the manuscript text includes practically everything that appears in the incunabula. Thus, by numbering consecutively and as a unit each question and its answer in the manuscript text and by assigning those same numbers to the corresponding pairs of questions and answers in the text given in the Appendix (that of Ye. 93 accompanied by the variants in Ye. 186), I have provided a simple and easy means of showing the relationship of the manuscript to the printed texts. (The passages that occur in the printed texts but not in the manuscript are indicated in the notes to the Appendix.) This system of numerical designators also made it easy to call attention in the notes to other textual matters, such as repetitions in the manuscript text. The major disadvantage of this

device is that the numerical designators do not always run consec-
utively in the Appendix and therefore present a slightly odd
appearance.

In preparing the texts of the *Adevineaux amoureux* for publication,
I have followed the usual procedure of supplying the full forms in
place of abbreviations, of putting the acute accent on final stressed *e*'s
(except when they are followed by *z* or another *e* or when a case of
inverted word order, such as *demande je,* arises), and of distinguish-
ing in modern fashion between *i* and *j, u* and *v.* Modern capitaliza-
tion has been employed, and modern punctuation has also been used,
but sparingly (I did not carry the process of modernization to the
point of using hyphens, except at the end of lines to indicate word
division). Errors in the text have been indicated, and often they
have been corrected. However, in order to reduce the number of
footnotes, I have simply pointed out with the word *sic* placed be-
tween brackets those errors that are unlikely to trouble the reader.
When corrections have been made, the original reading and the na-
ture of the correction have been clearly indicated.

In the interest of economy it has been decided to dispense with a
glossary. The vast majority of the words and expressions that appear
in the *Adevineaux amoureux* can be found in the dictionaries of
Cotgrave,[22] Godefroy,[23] Huguet,[24] La Curne de Sainte-Palaye,[25] and
Tobler and Lommatzsch,[26] which are all readily available in research
libraries. Instead of the glossary I have supplied an index to the
riddles (the entries bearing the numbers 213–252, 259–605, 606–666,
679–780, inclusive).

In order to render this edition more useful to those specialists who
are most likely to find in it grist for their own particular mills, I have
supplied numerous notes. Preceding this Introduction is a list of the
works most frequently cited in the notes and of the abbreviations
used to designate them. I have also supplied a Bibliography, listing
all the works referred to in the notes. It should be observed that in

---

[22] Randle Cotgrave, *A Dictionarie of the French and English Tongues.*

[23] Frédéric Godefroy, *Dictionnaire de l'ancienne langue française. . . .*

[24] Edmond Huguet, *Dictionnaire de la langue française du seizième siècle.*

[25] Jean-Baptiste de La Curne de Sainte-Palaye, *Dictionnaire historique de l'ancien langage françois. . . .*

[26] Adolf Tobler and Erhard Lommatzsch, *Altfranzösisches Wörterbuch. . . .*

the notes I have endeavoured to reduce duplication of references to an absolute minimum. Thus, while there are several instances in which the same, or essentially the same, riddle appears in the *Adevineaux amoureux* and in Jean de La Suie's "Devinettes savoyardes" (*Rdtp* 11 [1896]: 472–473), only one is mentioned in my notes, since Taylor has already called attention to the others in the notes to his *English Riddles from Oral Tradition,* which have been duly cited.

That reference works pertaining to folklore are heavily represented may be explained by the fact that the content of the *Adevineaux amoureux* includes much that is of significance to folklore studies. The assertion is warranted, I believe, that the manuscript text contains the largest collection of riddles bequeathed to us by medieval France. It also offers much of value to the student of proverbs; indeed, one of the more interesting contributions of the compiler of this work is his demonstration of the close relationship that often exists between riddle and proverb. (See the discussion on p. xxxvi.) The *Adevineaux amoureux* also contains data bearing on other areas of folklore, notably the folk tale.

Thus, the general folklore content of the *Adevineaux amoureux* and the riddles in particular have been annotated rather thoroughly. I have found less of interest in connection with the "demandes d'amours." Persons interested in them will likely wish to compare the texts provided by Klein[27] and the *Jardin de Plaisance*.[28]

While a detailed linguistic analysis of the *Adevineaux amoureux* is beyond the scope of this Introduction, it should be mentioned that the Chantilly text contains numerous specifically Picard forms as well as many instances in which the spelling conforms to the Francian. Of Walloon influence there seems to be little or none.[29]

This brings us to the questions of the provenience of the *Adevineaux amoureux* and of the relationships of the fifteenth-century texts. The available pertinent data may be summarized as follows:

(1) The principal genres represented in the *Adevineaux amoureux* (the questions and answers about love and related matters,

[27] Klein, *Die altfranzösischen Minnefragen,* pp. 37 ff.

[28] *Le Jardin de Plaisance et fleur de rethorique,* I, ff. 101[v]–102.

[29] For these data I am indebted to Professor Ralph deGorog, who kindly read the manuscript text and supplied me with a report on its dialect peculiarities.

the riddles [I include in this category the mathematical puzzles], and, in the printed versions, the "venditions en amours") all antedate the texts with which we are concerned.

(2) Although, as the references supplied in the textual notes to this edition show, possible sources for some of the individual items in the *Adevineaux amoureux* can be identified, there is no reason to suppose that a text of the whole work older than the ones presented here ever existed.

(3) The Chantilly manuscript was prepared about 1470.

(4) The fifteenth-century printed texts of the *Adevineaux amoureux* were prepared by an acquaintance of Olivier de La Marche, who offered encouragement and contributed material to the work. They were published in Bruges about 1479 by Colard Mansion, who also published, about 1479–1480 (see the *Gesamtkatalog der Wiegendrucke*, no. 9484), the *Evangiles des quenouilles*. It may be significant that a version of the *Evangiles* appears with the *Adevineaux amoureux* in the Chantilly manuscript.

(5) Of obvious importance is the presence in the *Adevineaux amoureux* of numerous Picard forms and of a relatively large number of references to places located in or near Belgium (Amiens, Bruges, Corbie, Ghent, Germany, Saint-Omer, and Picardy).

(6) Much of the content of the *Adevineaux amoureux* belongs to the oral tradition, from which it must surely have been derived directly. Other parts of the work can be assigned to the learned tradition and were clearly taken from written sources.

From these data we draw the following conclusions. The *Adevineaux amoureux* is composed of elements derived from multiple sources, both oral and written. It was compiled in Belgium or northern France around the year 1470. That Olivier de La Marche was a cordial acquaintance of the compiler of the incunabula and supplied him with some of the material for them suggests that the latter may have had some connection with the court of Burgundy. To be sure, the compiler may have been Colard Mansion himself.

As we have seen, the incunabula were prepared by the same person and probably at about the same time. In content they are very similar; indeed Ye. 186 is simply an abbreviated version of Ye. 93, unless, of course, the latter is an expanded version of the former. It is impossible to draw equally positive conclusions about their relationship to the much more comprehensive manuscript text of the

*Adevineaux amoureux.* One is tempted to suppose that the incunabula were adapted from the manuscript, but the data at hand do not warrant a firm statement to that effect.

Mention has been made above of the large number of riddles preserved in the *Adevineaux amoureux.* Attention should also be called to their variety.

Like folk tales and proverbs, riddles have their genres, which, however, have not all been defined as precisely as one could wish. As Taylor has observed:

The term "riddle" includes a variety of verbal puzzles which have never been clearly differentiated. These puzzles have in common the expressed or implied demand for a solution, but the intent of the one who sets the puzzle, the manner of setting it, and the choice of subject matter differ greatly.[30]

The major classes of the riddle and their subcategories are discussed below in some detail. For the sake of completeness I should call attention here to the existence of rather distantly related devices, which do not appear in the *Adevineaux amoureux,* such as the rebus and the kind of verbal trick represented by the following example, for which I am indebted to Professor Taylor: "Let me draw you a streetcar: Here is the body of the car, (draws it), the motorman, the wheels, the lead-in for the electricity, etc., and here is the brake (breaks the point of the pencil)."

Generally accepted is the view set forth in 1899 by Robert Petsch[31] and in 1943 by Archer Taylor[32] that the enigmatic questions and their answers with which we are concerned are to be divided into two major classes, "die wirklichen Volksrätsel" ("True Riddles") and "die unwirklichen Volksrätsel" ("Riddling Questions," or "False Riddles"). Taylor begins his description of the True Riddle by noting that it "compares an object to another entirely different object. Its essence consists in the surprise that the solution occasions: the hearer perceives that he has entirely misunderstood what has been said to him." Taylor continues by citing as an example the Humpty-Dumpty riddle, which "describes a man who falls and cannot be put together again. It resolves the contradiction implied in the figure

[30] Archer Taylor, "The Riddle," *Western Folklore* 2 (1943): 129.
[31] Robert Petsch, *Neue Beiträge zur Kenntnis des Volksrätsels.*
[32] Taylor, "The Riddle," pp. 129–147.

of a man who cannot be 'put together' after a fall by giving the answer 'Egg.' Obviously, the description must contain some discordant detail to put the hearer on his guard and suggest the correct answer." Taylor then shows that true riddles may include an introductory or a concluding element, or both, while false riddles rarely do. These elements are usually conventional. The introductory element may be a description of a scene; it may be an invitation to solve the riddle or something similar. Both elements may allude to the difficulty of solution; the concluding one usually does and also "promises a reward for success or threatens a penalty for failure." After showing that "a true riddle consists of two descriptions of an object, one figurative and one literal, and confuses the hearer who endeavours to identify an object described in conflicting ways," he calls attention to the fact that the chief categories of the true riddle "are descriptions equating an object to a man, an animal, a plant, and another object."[33] Later, in his *English Riddles,* Taylor expanded these categories to eleven,[34] and it is this classification which has been used in the present study.

To my knowledge no satisfactory all-inclusive definition has been formulated for the second of our major classes, "die unwirklichen Volksrätsel" ("Riddling Questions," or "False Riddles"). While Taylor has indicated the principal differences between them and the true riddles, noting in particular that "the technique of riddling questions differs from that of true riddles . . . ," with the consequence that the folk tradition itself clearly differentiates between our two major classes, he rightly stresses the great variety of the puzzles included in the second: "Riddling questions differ greatly among themselves in form and matter."[35] While the problem of classifying the varieties of the riddling questions has not been fully resolved, the systems (similar but by no means identical) proposed by Petsch and Taylor have served the needs of the present study very well indeed.

The true riddle and its major categories are in general well represented in the *Adevineaux amoureux.* The first of these major categories is the one that Taylor calls "Comparisons to a Living Creature," which he defines as follows:

[33] Ibid., pp. 129–131.
[34] Archer Taylor, *English Riddles from Oral Tradition,* p. xi.
[35] Taylor, "The Riddle," p. 145.

Riddlers occasionally describe an object as something living and at the same time give so few details that we cannot know whether they intend to suggest an animal or a human being. Such inventions enumerate the members of a vaguely conceived creature, or tell its functions, or name both its members and their functions. The members named are necessarily very few . . . Any more definite descriptive detail would probably suggest either a specific animal or a man to the hearer. The functions named are also very few, and for the same reason.[36]

The following is an example selected from the *Adevineaux amoureux* (no. 546) (this translation and the others given below are mine): "Guess what it is that very often goes and moves and yet does not depart from its place. — The great wheel of a water mill." Similar examples are nos. 305, 307, 363, 396, 421, 483, and 494.

The names assigned by Taylor to his second, third, fourth, fifth, sixth, and seventh major categories require no clarification. They are given below with examples appearing in the *Adevineaux amoureux*:

2. Comparisons to an Animal: nos. 431, 448, 460, 474, and 538. I offer the following translation of no. 474: "What goes about all day in plowed land and at night lies with its mouth open? — A shoe."

3. Comparisons to Several Animals. No. 578 is an example: "To the woods did I go; what I caught there I left there; what I did not catch there, I brought back. — They were lice, for those that were caught were left there and those that were not caught were brought back."

4. Comparisons to a Person: nos. 365, 402, 442, 480, 549, and 587. No. 480 runs as follows: "What goes the whole day over brambles and thorns and will never tear its hood or petticoat? — This is said for the sun and for the moon."

5. Comparisons to Several Persons: nos. 303, 304, 491, 493, 504, 526, 570, 572, 575, and 586. No. 526 is old and widely known: "Guess what this means: When I was alive I fed the living. Now I am dead; I carry the living, and over the living do I go. — An oak tree, out of which one builds a ship."

6. Comparisons to Plants. No. 343 is an example: "White is the field, and black is the seed. The man who sows it is very learned. — This is said for paper and ink and the one who writes."

7. Comparisons to Things: nos. 297, 489, and 568. No. 297 is an interesting example: "What is the thing that would not support a

[36] Taylor, *English Riddles*, p. 9.

half-penny and yet can support very well indeed a hundred mea-
sures (*muys*) of straw? — It's just water."

8. Taylor defines his eighth major category, "Enumerations of
Comparisons," as follows:

A few riddles describe an object in terms of one or more comparisons
that are intended to be paradoxical in some way. Those employing a
single comparison usually mention some characteristic act that is in
apparent contradiction to it: the eye is no bigger than a plum, but leads
the king from town to town . . . Those employing two comparisons ordi-
narily contrast them to gain an enigmatic effect: a walnut (or pecan) is as
high as a house and as low as a mouse . . .
Since the comparisons usually conflict, a unifying idea other than that
of paradoxical contrast is lacking and the combination of the conflicting
comparisons does not suggest an object that is not the answer to the
riddle.[37]

Riddles of this kind represented in the *Adevineaux amoureux* are
nos. 271, 281, 440, 463, and 525. No. 271 runs as follows: "Whiter than
curds, more crooked than a sickle, straighter than a bolt, blacker
than coal, feeding like an eel. — It's an old swan on a river."

9. Taylor defines the riddles of his ninth major category, "Enumer-
ations in Terms of Form or of Form and Function," as those which
"describe an object by enumerating the peculiarities of its form. The
enumerations fall into the following types: (1) shape alone; (2)
form and position; (3) form changing according to circumstances;
(4) form and function; and (5) forms of several parts of the ob-
jects." [38] Examples of this class appearing in our collection are nos.
393, 439, and 470. I offer the following translation, modeled on the
versions given by Taylor, of the first of these: "Hairy without, hairy
within; lift up your leg and thrust everything in. — This is when one
wants to put on breeches."

10. The riddles that are classified as "Enumerations in Terms of
Color," Taylor's tenth major category, are those "in which the refer-
ence to color is the essential element of the description." [39] This re-
striction is important because, as Taylor has indicated, "riddlers do
not often describe an object primarily in terms of its color or colors;
and when they do, they usually employ supplementary devices to

[37] Ibid., p. 533.
[38] Ibid., p. 571.
[39] Ibid., p. 623.

round out the idea." The riddles of category ten to be found in the *Adevineaux amoureux* are few. No. 468 is an example: "Born white, arrayed in red, set in gold, placed before the king. — It's a cherry."

11. The riddles of the eleventh major category, "Enumerations in Terms of Acts," [40] are well represented in the *Adevineaux amoureux*. No. 427 is a good example: "How would you do what God cannot do? — He cannot speak to one better than He, and this you can well do." Other riddles of this category that appear in our collection are nos. 259, 276, 309, 333, 344, 345, 354, 410, 425, 446, 447, 453, 505, 523, 529, 545, and 569.

Turning our attention to "die unwirklichen Volksrätsel," we should perhaps first consider the systems of classification offered by Petsch and Taylor. In his *Neue Beiträge zur Kenntnis des Volksrätsels*,[41] Petsch has divided the riddling questions into three major categories: (1) tests of knowledge (*Weisheitsproben*), (2) neck-saving riddles (*Halslösungsrätsel*), and (3) joking questions (*Scherzfragen*). Under the first of these he lists as the principal subdivisions Biblical riddles, arithmetical riddles, and riddles dealing with family relationships. The *Halslösungsrätsel*, which Taylor has shortened to "neck-riddle," "narrates an event known only to the poser of the riddle. By thus setting an insoluble puzzle the poser, who is condemned to death, hopes to save his neck." [42] To be sure, not all "neck-riddles" have this purpose; the famous one posed by Samson (see Judges 14: 5–18) was involved in a wager, not in criminal proceedings. (In the discussion of the neck-riddle that appears in the manuscript material that Messrs. Taylor and Abrahams have generously allowed me to use [see p. xv], the "element of insolubility, rather than an immediate connection with the neck-saving tale," is the determining criterion for classifying riddles as neck-riddles. This reasoning could well be taken a step further: in the classification of "die unwirklichen Volksrätsel" we should establish as a major category all those riddling questions that narrate "an event known only to the poser of the riddle" and should apply the name *Halslösungsrätsel* [or "neck-riddle"] only to those riddles of this major category in which the riddler is a condemned criminal seeking to save his neck.) Among the *Halslösungsrätsel* Petsch includes two atypical

[40] Ibid., pp. 639 ff.
[41] Petsch, pp. 13–44.
[42] Taylor, *English Riddles*, p. 1.

varieties: one is the kind of tale based on a riddle exemplified by the well-known Rumpelstilzchen story (Aarne-Thompson Type 500); the riddling tales that constitute the other variety, which Petsch calls *Rätselmärchen,* "require the verbal clothing (*Einkleidung*) of a tale, of a conversation, in which, however, an important word is replaced by another, usually figurative, expression." [43] *Rätselmärchen* may be extremely simple in form, as in the first example cited by Petsch: "Se hebben 'n böstendräger doot maakt" (They have killed a bristle-bearer [i.e., a pig]). They may also be relatively complex, as in Aarne-Thompson Type 1562A,[44] examples of which the German author quotes.[45] The *Scherzfragen* include so many different varieties that Petsch refuses even to attempt to list them all. The classes he does establish are not suited to the requirements of the present study, although his discussion does contain much of value to students of the riddle.

Taylor's system is exemplified in the table of contents of the *Welsh Riddles*[46] and in the analytical table of the *Irish Riddles*.[47] (Although there are differences, the basic pattern in each is the same.) It appears to be based upon Petsch's classification, but it is more complete and more carefully prepared and consequently better suited to the needs of modern students of the riddle. However, it should be stressed that, as with the true riddles so also with the riddling questions, the problem of classification has not been definitively solved.

In the *Irish Riddles* Taylor retained Petsch's category of the *Halslösungsrätsel* but combined into one group, which he called "Witty Questions, Biblical Riddles, Genealogical Riddles, Arithmetical Riddles, Puns and Plays on Letters and Words," the *Weisheitsproben* and *Scherzfragen.* Apparently he adopted this scheme for three reasons: first, he wanted to stress the great differences that exist between the neck-riddles and the other riddling questions; second, he found very thin indeed the dividing line between some of the verbal

[43] Petsch, p. 19.
[44] Antti Aarne and Stith Thompson, *The Types of the Folktale,* p. 451: "*The Barn is Burning.* The master has taught the servant to give peculiar names to everything. When the cat sets the barn afire the servant uses those extraordinary names and is so delayed that the fire is out of control."
[45] Petsch, pp. 21–22.
[46] Vernam E. Hull and Archer Taylor, *A Collection of Welsh Riddles,* p. vii.
[47] Vernam Hull and Archer Taylor, *A Collection of Irish Riddles,* pp. xiii–xiv.

puzzles Petsch had called *Weisheitsproben* (one wonders why he did not use the term *Wissensproben,* which represents better the idea he wanted to convey) and some of those he had designated as *Scherzfragen;* and, third, he considered it impossible to reduce the many varieties of the *Weisheitsproben* and *Scherzfragen* to a highly restricted number of major categories. In effect, he established the principal classes of the riddling questions as two: (1) neck-riddles, and (2) others. Wishing to be more specific, however, he substituted for "others" the names of the major subvarieties of his second category. This system has its merits, but one may properly raise the question of whether the neck-riddles are sufficiently important to be treated as a major category; surely they are fewer in number and more restricted in geographical distribution than are, for example, the witty questions or the Biblical riddles.

Returning to the *Adevineaux amoureux,* we note the absence of the typical neck-riddle. However, the atypical variety that Petch calls the *Rätselmärchen* is represented in our collection by no. 548, a version of Type 1562A, which has been mentioned above and is discussed briefly in fn. 44.

Witty questions are numerous; no. 498 is a good example: "Guess what the very youngest person in Paris is doing. — He is growing old." Other witty questions in the *Adevineaux amoureux* are nos. 306, 319, 351, 407, 409 (which is also listed under "Puns and Plays on Letters and Words"), 422, 432, 456, 461, 462, 536, 537, 539, 561, and 606.

While a few of the Biblical riddles are given in French (nos. 266, 416 [also classified among the "Puns and Plays on Letters and Words"], 500, 690), very many more appear, wholly or partly, in Latin (nos. 705, 707, 709, 711, 713, 715, 717, 721, 723, 725, 727, 729, 755). The order of appearance of the riddles in Latin is also to be noted.

The genealogical riddles and riddles dealing with family relationships are represented by nos. 228, 452, 574, 579, 580, 581, and 730. No. 574 is an interesting example: "Guess what this is. There are two men who have two sons; I believe they are four, but actually they are only three. — They are the grandfather, the son, and the grandson."

To his next category Taylor gives the name of "Arithmetical Riddles." He is careful to distinguish between "Arithmetical Riddles

Seriously Meant," that is, genuine mathematical problems, and "Whimsical Arithmetical Riddles," defined by Petsch as those in which "the whole point of the joke is that in the entire problem nothing is to be calculated" [48] (a good example is the well-known English riddle that begins, "As I was going to St. Ives"). In the *Adevineaux amoureux* the entries bearing the numbers from 213 to 227 inclusive, from 229 through 252 inclusive, and no. 562 are examples of Taylor's "Arithmetical Riddles Seriously Meant." "Whimsical Arithmetical Riddles" are represented by nos. 361 and 479 (both classified also among "Puns and Plays on Letters and Words") and 558, which runs as follows: "Guess how many calves' tails it would take to reach from the earth to the sky. — One, provided that it were long enough."

Many are the examples in the *Adevineaux amoureux* of the class of riddling questions that Taylor calls "Puns and Plays on Letters and Words." Among them are nos. 261, 263, 296, 334, 348, 360, 361, 406, 409, 416, 449, 465, 466, 473, 479, 513, 514, 563, 564, 583, 592, 596, 602, 608, 609, 628, 681, 699, 720, 724, and 726.

"Riddles in Dialogue" are represented by nos. 532 and 589, and "Riddles Involving Spelling" by no. 744: "How would you spell *salt meat* with four letters? — *Lart* [bacon] is salt meat."

Surprisingly numerous are the riddles that appear to be based upon popular proverbs or that allude to them: nos. 275, 287, 291, 311, 322, 347, 375, 376, 377, 389, 437, 571, 602, 770, 779, and 780.

Even more numerous are the obscene riddles. Nos. 323, 426, and 720 are examples. A few are clever, but these are outnumbered by the scatological ones.

While the riddles that appear in the *Adevineaux amoureux* are in the main folk riddles, as is indicated by their simplicity of form and content and by the survival of many in the oral tradition of the nineteenth and twentieth centuries, there are some that seem to belong to the class of literary riddles, that is, "riddles composed by conscious literary artists." [49] A good example is no. 445: "I am the beauty who is but little loved, debonnaire, and [greatly] feared, the gracious one who does not please, of good will [but] held in low esteem. — This is said of Charity." Other examples to be found in

[48] Petsch, p. 40.
[49] Taylor, "The Riddle," p. 143. For a more detailed discussion of literary riddles, see Archer Taylor, *The Literary Riddle before 1600*, pp. 1–10.

the *Adevineaux amoureux* are nos. 289, 338, 340, 371, 379, 383, 384, 391, 394, 413, 415, 557, and 577.

As we have observed, in the *Adevineaux amoureux* the "Arithmetical Riddles Seriously Meant" are grouped together, almost without exception, and the Biblical riddles in Latin are arranged in a regular order that cannot be coincidental. Many of the obscene riddles also appear together. These facts may be explained in two ways. Either the compiler of our collection had developed his own system of riddle classification, or else he found the verbal puzzles already assembled in this manner in his sources. The second of these theories is the more plausible. Our compiler must certainly have resorted to manuscripts or printed books (or both) for some of his material, and the Latin riddles and many of the mathematical problems were almost beyond question derived from written texts. On the other hand, the obscene riddles came for the most part from oral sources; the compiler must have jotted them down as he heard them and then from his notes have incorporated them into his collection. In all probability, then, he troubled himself but little with the problem of classifying verbal puzzles, and the groupings and the regular arrangement that we have noted are to be attributed to his method of collecting materials and to the sources he utilized.[50]

[50] For further discussion of the relationship between riddle and proverb, see my article in *Proverbium*, No. 15 (August 1970): 51 (467)–53 (469). On the characteristics of Old Picard, discussed on p. xxvii, above, see C. T. Gossen, *Grammaire de l'ancien picard*.

AMOROUS GAMES

Chantilly, Museé Condé ms. 654 (1572)

*(f.19)*

Cy commence le livre de plusieurs demandes et responses faittes en amours et aultrement a tous propoz, et aussi de venditions en amours. Et premierement:

### 1. *La dame demande.*

Sire, pour mieulz gouverner mon roiaume je vous prie que vous me dittes la cause pourquoy l'on aime.[1]

*Response.*

Dame, par quatre manieres de desirs et desquelz amans uzent diversement, dont le premier desir est que l'on ayme une femme pour aprendre et mieulz valloir pour le bien d'elle et pour acquerre honneur et pris. Le second aime pour avoir s'amie a femme. Le tiers ayme pour avoir et attraire prouffit. Et le quart pour faire sa voulenté de s'amie au bon plaisir d'elle en tout bien et honneur.

### 2. *Demande.*

Sire, je vous demande lequel de ces quatre desirs vault mieulz.

*Response.*

Dame, le premier, car toutes manieres de gens pevent amer par honneur par le premier desir sans meffaire.

### 3. *Demande.*

Sire, je vous demande lequel vous ameriez mieulz, ou a joyr de voz amours

*(f.19[v])*

sans desirer ou a desirer sans joyr.

*Response.*

Dame, a desirer sans joyr, car nulz ne poeult savoir les vertus en amours se avant il n'a sentu la vertu de loial desir.

### 4. *Demande.*

Sire, je vous demande lequel vous ameriés mieulz, ou a faillir a l'amour de vostre amie pour doubte que on ne s'en percheust par telle maniere qu'elle en peust avoir blasme ou a joyr s'en demourast en telle aventure.

*Response.*

Dame, a faillir, car je ne puis ne doy estre avanchié la ou madame puist en riens estre de son honneur amendrie.

[1] Cf. no. 200.

5. *Demande.*

Sire, je vous demande lesquelles deux choses font plus esbahir et plus de dangier en amours aux vrais amans.

*Response.*

Dame, desirs et paours, car desir esmeult tous jours l'amant a merchy requerir, et la paour que il a d'estre escondi le esbahist tellement que il n'oze ne scet parler a sa dame.

6. *Demande.*

Sire, je vous demande lequel vous ameriés mieulz, ou tenir vostre dame a vostre voulenté par son plaisir toutesfois que il vous plairoit par si que jamais vous ne la peussiés autrement avoir a vostre voulenté ou a elle seulement veoir sans que jamais vous ne la peussiez atouchier en nulle fachon.[2]

*Response.*

Dame, a lui veoir sans attouchier, car plaisant regard vault moult.

(f.20)

7. *Demande.*

Sire, je vous demande lesquelles deux choses font plus de biens en amours aux vraiz amans.[3]

*Response.*

Dame, ce sont souvenir et espoir, car souvenir lui ramentoit les biens qu'il a trouvez en sa dame, et espoir lui prommet qu'elle ara merchi de lui.

8. *Demande.*

Sire, je vous demande quelles sont les trois choses qui font amours longuement durer.[4]

*Response.*

Dame, ce sont sens, loiauté et bien celer, car sens aprent a bien savoir et parler verité et courtoisement le fait loialment perseverer. Et bien celer, chastelain du manoir d'amours, tient les vraiz amans entour luy pour estre plus secret.

9. *Demande.*

Sire,[5] je vous demande dont jalousie par coustume vient aux vraiz amans.[6]

2 Cf. no. 21.
3 No. 785.
4 No. 787.
5 "Cire" in the ms.
6 No. 786.

*Response.*

Dame, sachiés que jalousie vient par tres loyaulment et tres ardamment amer, car nulz ne poeult parfaittement amer que a la fois l'en ne soit ung petit ou plenté jalouz ou jalouse.

10. *Demande.*

Sire, je vous demande se jalousie fait nulz biens en amours.[7]

*Response.*

Dame, si fait, en tant que les amans en deviennent plus secrets et cellans et mettent toute dilligence a eulz garder sagement de faire chose qui desplaise a celly que on ayme, et en tel cas poeult bien jalousie estre bonne.

*(f.20[v])*

11. *Demande.*

Sire, je vous demande se vous amiez bien une dame demourant en contree estrange, lequel ameriez vous mieulz ou que vous la trouvissiés mariee ou de ce monde trespassee.[8]

*Response.*

Dame, qu'elle fust trespassee, combien que dur me seroit et desplaisant a le passer. Au moins je n'en verroie pas joyr ung aultre.

12. *Demande.*

Sire, je vous demande en quel temps prendent amans plus grant delit, ou en recordant en eulz la beaulté, sens et honneur que ilz ont veu chascun en leur dame ou quant ilz les voient presentement.[9]

*Response.*

Dame, en recordant ses vertus, car quant l'amant voit sa dame face a face il est de son amour tant sourpris et de sa beaulté si ravy que en ce regardant n'a quelque arrest en sa pensee, maiz aprés quant il pense a la beaulté et aux vertus dont elle est aournee, il rechoipt en lui une leesse et plaisance si grande que nulz coeurs ne le pourroit penser qui essaié ne l'eust.

13. *Demande.*

Sire, je vous demande se vous aviés ung bien amé compaignon lequel sceust voz secrets et vous les siens et entre vous deux amissiés deux dames, lequel ameriés vous mieulz se il convenoit qu'il feust ou que vous preissiés sa bien amee a femme ou que il preist la vostre.

---

[7] No. 788.
[8] Cf. no. 95.
[9] Cf. no. 133.

*Response.*

Dame, que il preist la mienne, car se je prendoie
*(f.21)*
s'amie, je feroie villonnie et desloiaulté. Laquelle s'ainsi estoit,
j'aime trop mieulz qu'elle soit faitte par lui que par moy, et si en
deusse je endurer grans tourmens.

### 14. *Demande.*

Sire, ilz sont deux hommes qui tous deux ayment une femme, dont
chascun d'eulz cuide estre le mieulz amé. Si sont tous deux a une
carole, et la dame ou my lieu. Si a la dame ung chappelet de roses sur
son chief et l'un des deux amans ung aultre, dont prent la dame son
chappel et le met sur le chief de l'amant qui n'en a point. Et puis
prent le chapel de l'autre et le met sur son chief. Or je vous demande
auquel elle moustre plus grant signe d'amour.[10]

*Response.*

Dame, a cellui a qui elle prent le chappel, car certes le prendre est
signe de fiance d'amour, et le donner est une courtoisie que toutes
dames pevent faire leur honneur saulfve.

### 15. *Demande.*

Sire, ilz sont deux hommes qui ayment une seule dame, et chascun
ly requiert de avoir guerredon de son service. Et elle ottroie a l'un
que il prengne d'elle ung seul baisier, et a l'autre elle ottroie que il
l'accole une fois tant seulement. Or vous demande je auquel elle
moustre plus grant signe d'amour.

*Response.*

Dame, a cellui auquel elle ottroie le baisier, car cent fois accoler
ne attaint mie ung baisier ottroié par vraie amour.
*(f.21[v])*

### 16. *Demande.*

Sire, se vous amiez une dame et vous lui requeriez de son amour
tant qu'elle le vous ottroiast par tel convenant que jamais plus riens
vous ne luy demanderiés, or je vous demande[11] se par tel convenant
vous le prenderiez.

*Response.*

Dame, nennil, car ce ne poeult estre qu'en amour parfaitte ait con-

---

10 Cf. *JP*, I, ff. 101[v]–102.
11 Ms. reads: ". . . je vous demande je . . ."

tredit de nulle rien que il puist faire au plaisir de l'autre saulve son honneur.

### 17. *Demande.*

Sire, je vous demande se vous estiés avecques vostre amie en lieu secret,[12] duquel vous vous tendriés plus grevé, ou s'elle disoit qu'elle eust le coeur doulent pour tant qu'elle vous amast trop, ou s'elle regrettoit ung aultre qu'elle eust amé devant vous.

*Response.*

Dame, le premier, car de ce qu'elle regretteroit l'amour d'un aultre, ce me seroit moult grief chose a oyr.

### 18. *Demande.*

Sire, je vous demande auquel jalousie dure plus longuement, ou a l'omme ou a la femme.[13]

*Response.*

Dame, je cuide que a l'homme pour tant qu'il est de plus ferme courage et de plus vertueuse complexion que ne soient les femmes.

### 19. *Demande.*

Sire, je vous demande a qui jalousie griefve plus, ou a l'homme ou a la femme.[14]

*Response.*

Dame, je tiens qu'elle griefve plus a la femme, pour tant que les hommes ont puissance et seignou-
*(f.22)*
rie sur les femmes pour les corrigier et destraindre, et ce ne poeult faire la feme a l'home, pour laquelle raison je croy que jalousie griefve plus a la femme.

### 20. *Demande.*

Sire, je vous demande se vous amiés dame ou damoiselle et vous sauriés de vray qu'elle ne vous amast point ne que jamais d'elle vous ne seriés amé et vous eussiés ung vostre bon ami et compaignon, voulriez vous que il l'amast et elle luy.

*Response.*

Dame, nennil, car jamais mon coeur ne se pourroit assentir que je veisse ung aultre joyr de l'amour de madame et j'en seroie mendiant.

[12] Ms. reads: "secre."
[13] No. 789.
[14] No. 792.

21. *Demande.*

Sire, je vous demande se vous amiés une dame de fine amour,
lequel vous ameriés mieulz a avoir, ou tous voz vouloirs sans jamais
parler a elle ne la veoir ou parler a elle et la veoir sans la jamaiz
touchier ne adeser.[15]

*Response.*

Dame, a la veoir et a elle parler sans touchier, car moult seroit
grief d'estre en la compaignie de sa dame sans la jamais veoir ne
parler a elle.

22. *Demande.*

Sire, je vous demande se toutes graces estoient a vous a donner et
n'en peussiés a nullui donner que une, laquelle donneriez vous.[16]

*Response.*

Dame, loiaulté, car c'est la souveraine vertu qui est en amours.

23. *Demande.*

Deux hommes ayment, dont l'un la requiert de
*(f.22[v])*
son amour[17] toutes les fois qu'il poeut venir en lieu propice et se n'y
poeult trouver mercy, ne elle ne l'ayme point. Et l'autre nullement ne
la oze requerir de son amour et si perchoit moult bien au semblant
de sa dame qu'elle l'ayme loialment. Or vous demande je lequel des
deux doibt vivre a plus grant ennuy de coeur.

*Response.*

Dame, cellui qui est escondi, car estre escondi de sa dame est la
plusgrant angoisse que loial amant puist rechepvoir en amours.

24. *Demande.*

Sire, il [sic] sont trois hommes qui ayment une femme et bien
scevent l'un de l'autre. Et tant que par accord ilz vont parler a elle
pour savoir auquel elle se vouldra tenir, et les aultres s'accordent a
cellui auquel elle s'accordera le mieulx. Et comme celle qui moult
est soubtille estraint l'un des troiz par le doy, l'aultre marche sur le
piet, et au tiers cluigne de l'ueil. Or vous demande je auquel des trois
elle moustre plus grant signe d'amour.

---

[15] Cf. no. 6.
[16] No. 790; cf. nos. 97, 196.
[17] Ms. reads: "requiert de requiert de son amour."

*Response.*
Dame, a cellui auquel elle cluigne de l'oeul, car certes l'oeul est le droit messagier du coeur.

25. *Demande.*
Sire, je vous demande se vous amiés une dame de parfaitte amour et ungs aultres la amast[18] aussi fort comme vous, lequel auriez vous plus chier, ou que vous deux faulsissiés a son amour sans jamais y recouvrer ou que vous deux en
*(f.23)*
eussiés vostre desirier.[19]
*Response.*
Dame, que nous tous deux y faulsissions, car j'ameroie mieulz a languir en attendant merchi qu'elle feust de son honneur tant amendrie.

26. *Demande.*
Sire, je vous demande se vous ne aviés mie le povoir de avoir l'ottroy de vostre amie fors par trahison se vous la prenriés ou non.
*Response.*
Dame, ouy, par si que la trahison ne fust au deshonneur d'elle, car ce seroit meffait pardonnable.

27. *Demande.*
Sire, lequel ameriés vous mieulz, ou languir trois ans pour l'amour de vostre amie et aprés vous l'eussiés a femme en grant leesse, ou que vous l'eussiés tantost a femme et aprés vous languissiés par trois ans?
*Response.*
Dame, languir trois ans avant que l'eusse espousee.

28. *Demande.*
Sire, je vous demande lequel vous ameriez mieulz, ou a perdre amours par richesse ou a les gaingnier par trahison.
*Response.*
Dame, a les gaingnier par trahison, car celluy qui ayme loiaulment ne poeult faire trahison pour acquerre l'amour de sa dame pour tant que ne soit a deshonneur dont elle doibve avoir reproce.

[18] Ms. reads: "le amast."
[19] See *JP*, I, f. 102.

29. *Demande.*

Sire, se vous veniés de aulcune feste ou de aulcuns fais d'armes
dont vous eussiés eu l'onneur et le pris et vostre amie vous demandast
qui
*(f.23[v])*
auroit eu le pris, comment lui diriez vous sans vous vanter?

*Response.*

Dame, je lui diroie que elle en auroit eu le pris, car se vray amant
fait aulcun bien qui lui soit tourné a pris, la louenge en doibt estre a
sa dame pour laquelle amour il l'a fait.

30. *Demande.*

Sire, je vous demande a quelle chose parfais amans viennent plus
tost.[20]

*Response.*

Dame, a courrouz, car nulz amans ne se sceut oncques si bien
garder que moult souvent ilz ne se trouvassent courrouchiés.

31. *Demande.*

Sire, je vous demande duquel il y a le plus, ou de pensees en
amours ou de souspirs en coeur jalouz.

*Response.*

Dame, en tous deux en y a il moult grant plenté, mais je tiens que
il y a plus de pensees en amours.

32. *Demande.*

Sire, je vous demande quelle chose appellent les amans le grant
bien d'amours.[21]

*Response.*

Dame, le don de merchy, paré de grace, flory de joie, enluminé de
plaisance.

33. *Demande.*

Sire, je vous demande quant l'amant ara le doulz don de merchy
se il doibt plus riens demander.[22]

*Response.*

Dame, aprés l'ottroy de merchy doibt l'amant requerre a sa dame

[20] Nos. 676, 793.
[21] No. 794.
[22] No. 795.

parfaitte unité de coeur; c'est que l'un voeulle ce que l'aultre vouldra.

### 34. *Demande.*

Sire, ilz sont deux sereurs, toutes d'un sens et d'une beaulté, dont *(f.24)* vous amez l'une parfaitement et si sçavez tres bien qu'elle ne vous aime point, et l'aultre vous ayme de tout son coeur et vous le savez bien. Or advient que toutes deux passent une riviere dont il convient que l'une soit noiee. Et si en povez l'une rescourre. Je vous demande laquelle ce sera, ou celle qui vous ayme ou celle qui point ne vous ayme.

*Response.*

Dame, a mon povoir je rescourroie celle que je aymeroie, car point ne seroie certain et loial se ainsi ne m'en advenoit. Et combien que icelle ne m'aymast quant a present, si auroie espoir qu'en aulcun temps elle auroit pitié de moy.

### 35. *Demande.*

Sire, je vous demande auquel il couvient plus grant sens, ou en acquerant amours ou merchy de sa dame ou a garder amours et merchy lors que la dame en a fait l'ottroy.[23]

*Response.*

Dame, a garder amours et merchy.

### 36. *Demande.*

Sire, je vous demande se les mesdisans savoient l'amour des vraiz amans se il ne leur pourroit par nulle maniere en riens prouffiter.

*Response.*

Dame, aulcuns dient que si feroit a ce que les vrais amans s'en maintendroient plus saigement et plus celeement et en seroient plus attemprez, dont leur deduit en seroit plus doulz et plus delictable.

### 37. *Demande.*

Sire, je vous demande quelle chose est merchy.[24] *(f.24[v])*

*Response.*

Dame, merchy est amour de vray coeur ottroié, duquel ottroy est engendré le noble nom d'amy qui est cause de parfaite joye.

[23] Nos. 144, 796.
[24] No. 797.

38. *Demande.*
Sire, je vous demande quelle chose est amours.[25]
*Response.*
Dame, amours est une tres noble vertu, laquele est concheue en
coeur de homme et de femme par beauté nourrie, par sens perseverer,
par loiauté honnourer, et par bien celer enluminee.

39. *Demande.*
Sire, je vous demande lequel vault mieulz, ou amour, ou sens,
ou bien celler.[26]
*Response.*
Dame, sens, car bien celer vient de sens, ne nulz ne poeult savoir
bien celler se il n'a en soy la vertu de sens, par quoy amours est
gouvernee.

40. *Demande.*
Sire, je vous demande lequel vault mieulz en amours, ou sens
ou loyaulté.[27]
*Response.*
Dame, loiaulté, car loiaulté vient de foy, qui est chief de toutes
vertus, et de loiaulté naist sens, par quoy amours sont maintenues.

41. *Demande.*
Sire, je vous demande pour lequel la dame se doibt plus esjoir,
ou pour sens ou pour beaulté.[28]
*Response.*
Dame, pour sens, combien que il soit des gens plusieurs qui
aymeroient mieulz a avoir beaulté que sens.

42. *Demande.*
Sire, je vous demande pourquoy amour fu establie.[29]
*(f.25)*
*Response.*
Dame, pour maintenir joie entre les amans.

---

[25] No. 798.
[26] No. 799.
[27] No. 800; cf. no. 71.
[28] No. 801; cf. nos. 55, 91.
[29] No. 802.

### 43. *Demande.*

Sire, je vous demande laquelle amour est plus durant et plus aspre, ou celle de regard sans parler ou celle qui est ditte de bouche.[30]

*Response.*

Dame, celle de regard sans parler, car les regards amoureuz sans parler sont trop aspres et perchent les coeurs de amans et d'amies.

### 44. *Demande.*

Sire, je vous demande laquelle amour est la plus seure, ou celle qui est ditte de bouche ou celle de regard sans parler.[31]

*Response.*

Dame, celle qui est ditte de bouche, pour tant que regard est si commune chose que nulz ne s'i doibt asseurer se la bouche ne le conferme par parole.

### 45. *Demande.*

Sire, je vous demande se ungs apparchoit la femme qu'il ayme estre coustumiere de luy faire amoureuz regarts, se il doibt avoir esperance qu'elle l'ayme loialment.

*Response.*

Dame, certes ouy, se il perchoit que telz regars viengnent de amoureuse voulenté.

### 46. *Demande.*

Sire, je vous demande se de vray coeur vous requerez quelque dame de son amour et elle par telle maniere le vous ottroiast que ainchois elle aymeroit ung aultre que vous et aprés lui vous aymeroit, se sur ce vous seriés conseillié d'atendre sans aultre amer.[32]

*(f.25[v])*

*Response.*

Dame, nennil, car pour vray amours ne pevent estre bonnes quant en plus d'un lieu sont habandonnees.

### 47. *Demande.*

Sire, je vous demande lequel vous ameriés mieulz, a estre en amours ou sage menteur ou fol voir disant.[33]

[30] No. 803.
[31] No. 804.
[32] No. 139.
[33] No. 51; cf. no. 106.

*Response.*

Dame, a estre saige menteur, car en folie ne poeult avoir nul bien, mais par sens pevent estre toutes vertus gardees.

**48.** *Demande.*

Sire, je vous demande de quelz vertus doibvent toutes femes estre douees pour soy gracieusement maintenir en tous temps.[34]

*Response.*

Dame, toutes femmes d'honneur doibvent estre humbles et honteuses et de doulce maniere.

**49.** *Demande.*

Sire, je vous demande lequel vous ameriés a estre, ou simple et sage, amiable et courtois, ou preuz, hardis et entreprenant.

*Response.*

Dame, a estre simples et sage, courtois et amiable, car toutes ces vertus font forment a prisier et souverainement en amours.

**50.** *Demande.*

Sire, je vous demande se il est nul lait amant ne nulle laide amie en amours.[35]

*Response.*

Dame, nennil, car la vertu d'amours est si grande qu'elle fait tous amans estre plaisans l'un de l'aultre.

**51.** *Demande.*

Sire, je vous demande lequel vault mieulz en amours et prouffite plus, ou sagement
*(f.26)*
mentir ou folement dire verité.[36]

*Response.*

Dame, sagement mentir, car la vertu de sens sourmonte adés le vice de folie.

**52.** *Demande.*

Sire, je vous demande lequel vous ameriés mieulz, ou que vous feussiés hors du sens ou que le sens fust hors de vous.

*Response.*

Dame, j'ameroie mieulz que le sens fust hors de moy.

[34] No. 805; cf. no. 173.
[35] No. 806; see Hassell, no. II (*L*); Whiting (L550).
[36] No. 47; cf. no. 106.

53. *Demande.*

Sire, je vous demande lequel vous ameriés mieulz, ou bonne nuit et mal repos ou malle nuyt et bon repos.

*Response.*

Dame, bonne nuyt et mal repos.

54. *Demande.*

Sire, je vous demande se vous avez jamaiz laissié dame ou damoiselle a prier d'amours pour la doubte d'estre escondi.

*Response.*

Dame, ouy, par moult de fois, car estre escondi de sa dame est la chose du monde que les amans ressoingnent le plus et que plus leur griefve.

55. *Demande.*

Sire, je vous demande lequel vous ameriés plus chier, ou que vostre amie fust belle par raison et sage oultreement ou sage par raison et belle oultreement.[37]

*Response.*

Dame, qu'elle fust sage oultreement et convenablement belle, car combien que beaulté soit une chose moult desiree et prisié [*sic*], si la surmonte la vertu de sens, d'autant que le souleil

*(f.26[v])*

surmonte la lune.

56. *Demande.*

Sire, je vous demande par quelle chose plaisance vient plus tost ou coeur de l'amant et de l'amye, ou par doulz espoir ou par vray desir.[38]

*Response.*

Dame, je croy que par doulz espoir, combien que aulcuns dient le contraire.

57. *Demande.*

Sire, je vous demande quelle est la chose pour quoy toutes personnes se esmeuvent plus legierement a amer.[39]

*Response.*

Dame, c'est par beaulté, car si tost que les yeulz voient la beaulté,

[37] Cf. nos. 41, 91, 801. Cf. *JP*, I, f. 102.
[38] No. 807; cf. no. 141.
[39] No. 808.

ilz la portent au coeur, lequel se consend a amer par la plaisance qu'il y prend.[40]

### 58. *Demande.*

Sire, il est ung homme qui requiert deux dames d'amer, et a toutes deux donne a entendre qu'il les ayme loialment, dont l'une des deux lui dist que elle l'ayme en bonne foy, maiz elle ne lui moustre amour fors en parler. Et l'aultre lui escondist asprement mais elle tous jours lui moustre beau semblant fors en parler. Or vous demande je en laquelle il emploie le mieulz son temps en attendant guerredon d'amours.[41]

*Response.*

Dame, en celle qui lui escondist tousjours et se lui moustre beau semblant en amours.

### 59. *Demande.*

Sire, je vous demande laquelle sur toutes amours est la plus delictabe [*sic*] et confortant.

*Response.*

*(f.27)*

Dame, a mon advis, c'est celle qui est donnee par ottroy a petit de guerredon.

### 60. *Demande.*

Sire, que orendroit me dittes laquelle amour est de plus grant delit, ou celle qui vient par beaulté ou celle qui vient par sens.[42]

*Response.*

Dame, celle qui vient par sens, car toutes les choses qui sont au commencement bonnes et estables doibvent selon raison estre durables, maiz celles qui du commencement sont muables sont voulontiers par coustume muables. Et bon sens est une vertu qui tousjours croist et multiplie en la personne qui le gouverne, maiz beaulté est moult muable et a la fois moult soubdainement finee.

### 61. *Demande.*

Sire, ilz sont deux hommes quy ayment chascun une dame, dont l'un

---

[40] In the ms. the words following *beauté* and *yeulz* have been partly obliterated; the first is almost certainly *car,* and the second appears to be *voient,* as I have indicated.

[41] No. 142.

[42] No. 809.

ne poeult envers sa dame nulle merchy trouver et si a temps et lieu
de parler a elle toutes les fois que bon lui semble. Et au contraire la
dame de l'autre est de si pres guettiee que a grant peine pevent ilz
avoir lieu de parler l'un a l'autre en demi en deux foix, maiz il est
certain que de par elle il est moult bien amé. Or vous demande je
lequel des deux hommes endurent [*sic*] plus grant peine.

*Response.*

Dame, celluy qui trouver ne poeult merchy, car celluy qui se
sçauroit amé ne pourroit avoir tant de grieftez que tout ne lui fust
moult tost converty en appaisement.[43]

62. *Demande.*

(*f.27[v]*)

Sire, puis que par avant vous m'avez dit que cest tant doulce chose
d'amours, encoires vous demande je que c'est d'amours.[44]

*Response.*

Dame, aulcuns dient que amours est plaisant folie, mais je ne m'y
pourroie accorder. Ainchoiz je dis que amours est vie delitable.

63. *Demande.*

Sire, je vous demande lequel vous ameriez mieulz, ou de amer
loialment et si ne feussiez point amé, ou a estre loialment amé si ne
amissiés point.[45]

*Response.*

Dame, pour moins de traveil a moy, mieulz me vaulroit a estre amé
et si ne amasse point.

Aprés plusieurs demandes que la dame a fait, l'amant demande
aussi et la dame respond. Et premierement, l'amant demande.

64. Dame, je vous demande laquelle amour est plus forte a con-
querre en dame, ou en celle qui oncques n'ama et qui ne scet que
c'est d'amours, ou en celle qui a amé.[46]

*Response.*

Sire, je cuide de celle qui oncques n'ama, car celle qui ne scet que

---

[43] Two words in this "Response" are almost completely illegible; the first be-
gins with *sc* and the second with the letter *a*; I have transcribed them as
*sçauroit* and *avoir*.

[44] Cf. nos. 108, 830.

[45] No. 811.

[46] No. 810. Cf. *JP*, I, f. 102.

c'est de amours a tousjours si grant paour d'estre decheue que elle ne
se oze habandonner a ottroier l'amour de ly.

### 65. *Demande.*
Dame, je vous demande lequel il vaulroit mieulz a dame, ou qu'elle
ottroiast son amour a ung homme de bonne condition duquel
*(f.28)*
elle seroit loyaulment amee, ou qu'elle lui escondesist sans y re-
couvrer.
*Response.*
Sire, qu'elle lui ottroiast, car on ne doibt mie trop eslongier son
loial et bon ami, combien que nous disons que ilz ne sont pas de legier
a trouver.

### 66. *Demande.*
Dame, je vous demande se vous saviés tout pour certain que vous
fuissiés parfaittement amee de ung seul homme loial et secret se vous
l'ameriés ou non.[47]
*Response.*
Sire, espoir que ouy; tel pourroit il estre et tel que non.

### 67. *Demande.*
Dame, je vous demande se vous ne feistes oncques la sourde oreille
quant l'en vous requeroit d'amours pour la doubte de mesprendre en
vostre raison.
*Response.*
Sire, espoir que ouy, car les dames doibvent tousjours estre en
doubte d'en mesprendre.

### 68. *Demande.*
Dame, je vous demande et prie que vous me dittes pourquoy vous
n'avez amé quant requise en avez esté.[48]
*Response.*
Sire, pour plusieurs raisons, dont l'une si est pour la doubte que
j'avoie de mesprendre, et l'autre que telz m'en requeroit qui espoir
n'estoit mie a la plaisance de mon coeur.

### 69. *Demande.*
Dame, je vous demande lequel vous prisiés plus, ou homme attem-

[47] Cf. no. 101.
[48] No. 812.

pré, sage et non mie bel, ou cellui qui est cointes et jolis et envoisiez a plaisance.[49]

*Response.*

Sire, le attempré, sage
*(f.28[v])*
et bien amesuré.

70. *Demande.*

Dame, je vous demande lequel vous ameriez le mieulz a tenir, ou honneur et largesse ou amours et joye.[50]

*Response.*

Sire, ce sont quatre vertus qui petit vallent l'une sans l'aultre; non pour quant Amours et Joye vallent mieulz a mon adviz.

71. *Demande.*

Dame, je vous demande par laquelle vertu de deux amans viennent plus tost a ce que ilz desirent, c'est assavoir ou par sens ou par loiauté.[51]

*Response.*

Sire, par sens, car c'est une vertu par laquelle toutes sont achievees. Et loiaulté si est moult forte a trouver.

72. *Demande.*

Dame, lequel ameriez vous mieulz, ou que vostre ami fust sage ou loial? [52]

*Response.*

Sire, que il fust loial, combien que sens soit plus prouffitable chose.

73. *Demande.*

Dame, je vous demande lequel vous ameriés le mieulz a estre, ou povre et loiale ou sage et rice.[53]

*Response.*

Sire, on aime mieulz et prise plus le sage et riche que loial povre.

74. *Demande.*

Dame, lequel ameriés vous mieulz, ou loiauté sans sens ou sens sans loiauté?[54]

[49] Cf. no. 75.
[50] No. 813.
[51] No. 814; cf. nos. 40, 72, 73, 74, 800.
[52] Cf. nos. 71, 73, 74.
[53] Cf. nos. 71, 72, 74.
[54] Cf. nos. 71, 72, 73.

*Response.*

Sire, loiauté sans sens, car sens fait petit a prisier la ou il n'y a
point de loiaulté.

75. *Demande.*

Dame, je vous demande laquelle est la plus belle
*(f.29)*

vertu que homme ou femme puist en ce monde avoir, aprés loiaulté.[55]

*Response.*

Sire, c'est a avoir maniere sage et attempree.

76. *Demande.*

Dame, je vous demande dont paour de mesprendre vient.[56]

*Response.*

Sire, elle vient de sens nourrie en amoureuse cremeur.

77. *Demande.*

Dame, je vous demande quelle chose est plaisance.[57]

*Response.*

Sire, plaisance est ainsi comme ung ferme propos de courtoisement
perseverer ou service d'amours pour son temps user en plaisance.

78. *Demande.*

Dame, je vous demande dont plaisance vient.[58]

*Response.*

Sire, de vray espoir en avoir merchy, car quant espoir prommet aux
vrais amans le guerredon de leur service, il rechoipt une si tres grant
plaisance qu'elle fait toutes ses plus grans grieftez contourner en joie.

79. *Demande.*

Dame, je vous demande se nulz pourroit amer sans espoir.[59]

*Response.*

Sire, je croy que ouy par plaisance, car plusieurs ayment et ont amé
en tel lieu dont ilz jamais n'esperoient en joyr parfaittement.

80. *Demande.*

Dame, je vous demande comment ung vray amand poeult rechep-
voir plaisance en amours sans espoir.

[55] No. 815; cf. no. 69.
[56] No. 816.
[57] No. 817.
[58] No. 818.
[59] No. 819.

*Response.*
Sire, par la vertu de vray desir converty en voulenté nourrie d'amours.

81. *Demande.*
Dame, je vous demande dont honneur vient.[60]
*(f.29[v])*
[*Response.*] [61]
Sire, honneur vient de droit sens naturel concheu de noblesse nourry en coeur gentil.

82. *Demande.*
Dame, je vous demande quelle chose est noblesse.[62]
*Response.*
Sire, c'est de faire honneurs et honnourabletez convertis en amoureuz soulas et deduits et lui garder de tous maulvaiz vices.

83. *Demande.*
Dame, je vous demande quelle femme aime mieulz, ou celle qui prent ou celle qui donne.[63]
*Response.*
Sire, celle qui donne, car nulz ne doibt avoir fiance en amour d'homme ne de femme qui pretent de avoir prouffit ou avancement de la personne qu'il ayme.

84. *Demande.*
Dame, je vous demande lequel vous ameriés mieulz, ou ung bon amy loial ou ung maulvaiz mary.[64]
*Response.*
Sire, a avoir ung bon ami loial, car qui le a il le doibt moult chier tenir pour tant que ilz sont cler semez.[65]

85. *Demande.*
Dame, je vous demande lequel vous ameriés mieulz, ou que vous trouveissiés bien et loiaulté en vostre ami et se trouvast en vous

[60] No. 820.
[61] Omitted in ms.
[62] No. 821.
[63] No. 822; cf. no. 156.
[64] Cf. no. 87.
[65] Cf. texts cited in Godefroy, *Dictionnaire de l'ancienne langue française. . .*, IX, 108–109 (*s. v. clersemé*).

faulseté, ou que vous trouvissiés en lui faulseté et il trouvast en vous loiaulté, combien que ce soit des deux la pieur partie.

*Response.*

Sire, j'ameroie mieulz que en lui trouvasse desloiaulté, a quelque meschief que je[66] deuisse endurer.

### 86. *Demande.*

*(f.30)*

Dame, je vous demande lequel vous ameriés a avoir de voz amours, ou joie et deduit qui tost faulroit ou tousjours bon espoir sans parfaittement esjouir.

*Response.*

Sire, mieulz aymeroie bon espoir sans parfaittement esjouir.

### 87. *Demande.*

Dame, je vous demande lequel vous ameriez le mieulz a avoir, ou mary selon vostre estat ou ung ami a vostre souhait.[67]

*Response.*

Sire, ami a mon souhait, car celle seroit bien euree qui en pourroit ung tel avoir.

### 88. *Demande.*

Dame, je vous demande lequel vous ameriez plus chier a avoir, ou amy haultain et hardi ou cremetteuz et doubteuz.[68]

*Response.*

Sire, cremetteuz et doubteuz, car l'amant qui n'a en tous ses fais cremeur et doubte des mesdisans ne poeult sagement garder l'honneur de sa dame.

### 89. *Demande.*

Dame, je vous demande lequel vous ameriés le mieulz, ou a oyr dire moult de maulz de vostre ami et vous y trouvissiés moult de biens, ou que vous ouissiés dire moult de biens de lui et vous y trouvissiés mal.

*Response.*

Sire, que j'ouisse mal dire de lui et je n'y trouvasse fors tout bien, car en toutes telz paroles doibt le coeur tout surmonter qui voeult l'experience de bien entendre.

[66] Ms. reads "le."
[67] Cf. no. 84.
[68] Cf. no. 145.

90. *Demande.*

Dame, je vous demande se en bon amour il eust
*(f.30[v])*
oncques point de fin.[69]

*Response.*

Sire, en bon amour il ne ot oncques point de commencement ne
fin. Ainchois est et a esté aveuc Dieu par devant tous les siecles et
aprés sera pardurablement.

91. *Demande.*

Dame, il [*sic*] sont deux hommes qui ayment une dame, l'un pour
sa beaulté et l'autre pour sa bonté. Assavoir lequel la doibt avoir
selon les droits d'amours.[70]

*Response.*

Sire, cellui qui ayme la dame pour le bien qui est en elle, car en
toutes choses bonté passe beauté.[71]

92. *Demande.*

Dame, je vous demande se ungs homs et une femme ayment loial-
ment l'un l'autre et s'il advenist que l'un des deux convenist marier
et prendre aultre que ses amours, lequel doibt avoir plus grant ennuy
en coeur.

*Response.*

Sire, cellui qui remaint a marier, car il remaint sans compaignie
et sans confort. Et cellui qui se marie poeut prendre confort et com-
paignie a la personne que il prent.

93. *Demande.*

Dame, ungs homs et une femme s'entreayment de loial amour, et
convient que ilz prengnent l'un l'autre par mariage; je vous de-
mande lequel doibt avoir plus grant joie, ou l'omme ou la femme.

*Response.*

Sire, c'est l'omme, car s'amie qui par avant estoit sa dame et sa
maistresse est en aprés sa
*(f.31)*
subjette par obeyr.

---

[69] No. 823.
[70] Cf. nos. 41, 55, 801.
[71] See Le Roux, II, 254, 346; Whiting (G371).

**94. *Demande.***
Dame, je vous demande duquel il y a plus en amours, ou de bien ou de mal.[72]
*Response.*
Sire, il y a plus de bien, car nulz ne pourroit tant de mal endurer en amours que ung seul bien ne lui puist guerredonner.

**95. *Demande.***
Dame, il est une dame qui ayme et qui est bien amee. Je vous demande lequel dueil elle passeroit plus legierement, ou se son amy se marioit a une aultre ou se il mouroit.[73]
*Response.*
Sire, se elle l'aime parfaittement, elle pourroit mieulz amer que il rendist ame, car ce seroit a elle trop dure chose se autrui veoit joyr de cellui ouquel elle auroit tout son coeur mis.

**96. *Demande.***
Dame, se ungs homs et une femme ayment l'un l'autre parfaittement et s'il advient que ung aultre homme requiere la dame de son amour, je vous demande s'elle le doit dire a son ami ou non.[74]
*Response.*
Sire, elle le poeult et doibt dire a son ami, s'elle le sent saige et amesuré, car entre deux amans ne doibt estre cellé nulle rien, ne ainsi femme a son mary.

**97. *Demande.***
Dame, je vous demande se vous teniés loiaulx amours en voz mains que en vouldriés vous faire.[75]
*Response.*
Sire, je les donneroie au coeur de mon loial ami par amours.

**98. *Demande.***
Dame, je vous demande
*(f.31[v])*
lequel vous ameriez mieulz, ou que vostre ami sceust toutes voz pensees, ou que vous seuissiés toutes les siennes.[76]

[72] No. 824.
[73] Cf. no. 11.
[74] No. 667.
[75] Cf. nos. 22, 196, 790.
[76] Nos. 138, 825.

*Response.*

Sire, que je sceusse toutes les siennes.

### 98a. *Demande.*

Dame, je vous demande se telle est vostre oppinion. Or sachiés que j'ameroie mieulz que madame sceust toutes mes pensees que moy les siennes. Ainsi elle pourroit savoir la bonne[77] amour que j'ay a elle.

### 99. *Demande.*

Dame, je vous demande lequel vous avez esté, ou plus joieuse ou plus desplaisante pour tant que l'en ne vous requeroit d'amours lors que vous estiés emprés vostre ami.[78]

*Response.*

Sire, sachiés que j'en estoie plus desplaisante.

### 100. *Demande.*

Dame, s'il advenoit que vostre ami s'embatesist en une compagnie ou vous fussiés, je vous demande lequel de vous deux mueroit plus tost couleur.[79]

*Response.*

Sire, vous me demandez d'une chose dont je ne saroie pas bien jugier, maiz il m'est adviz selon nature que la femme doit estre plus honteuse que l'omme et qu'elle devroit pour tant plustost muer couleur.

### 101. *Demande.*

Dame, je vous demande se l'omme ou monde que vous amez le mieulz vous requeroit d'avoir vostre amour, se vous lui donneriés ou non.[80]

*Response.*

Sire, espoir que ouy et espoir que non.

*(f.32)*

### 102. *Demande.*

Dame, s'il advenoit que vostre ami s'embatist en une compagnie ou vous fussiés, si ne l'eussiés pieça veu et moult l'eussiés desiré a veoir, et l'un de vous deux si muast couleur tant que aulcun s'en apperceust,

---

[77] Ms. reads "bon."
[78] No. 826.
[79] No. 827.
[80] Cf. no. 66.

je vous demande lequel vous ameriez mieulx, ou qu'il y fust venu ou
qu'il n'y fust ja venu.
    *Response.*
    Sire, que il y fust venu, car combien que l'en veist l'un de nous deux
muer couleur, si ne pourroit savoir nulz pour quoy ce seroit mais que
l'en se gardast de faire aultres semblans.

    103. *Demande.*
    Dame, je vous demande lequel fait mieulz a prisier en amours, ou
cellui qui oncques n'ama ou cellui qui tout son temps a amé sans
loiauté.
    *Response.*
    Sire, cellui qui oncques n'ama, car au moins se il ne ayme n'a il en
lui aulcuns des vices d'amours. Aussi ne a il en amours nul vice de
desloiauté.

    104. *Demande.*
    Dame, je vous demande se par regard vous vous preniez a l'amour
de ung homme, lequel ameriés vous mieulz, ou que il le vous deist ou
que il s'en teusist.[81]
    *Response.*
    Sire, que il le me desist, car la bonté qui point n'est sceue est
courtoisie perdue.

    105. *Demande.*
    Dame, je vous demande dequoy amans doibvent avoir plus grant
doubte, ou d'estre escondiz quant ilz requierent, ou quant
*(f.32[v])*
le ottroy est a eulz fait que ilz ne le perdent.
    *Response.*
    Sire, que ilz ne le perdent, car l'on doibt estre trop plus courrouchié
a perdre la chose acquise que la chose neant eue.

    106. *Demande.*
    Dame, je vous demande lequel avance plus en amours, ou loyale
folie ou sage trahison.[82]
    *Response.*
    Sire, je croy que sage trahison avance plus, car a peines est il nulz
qui s'en sceust garder.

[81] Nos. 148, 828.
[82] Cf. nos. 47, 51.

### 107. *Demande.*

Dame, je vous demande duquel vous avez plus uzé en amours, ou de semblant sans coeur ou de coeur sans semblant.[83]

*Response.*

Sire, je croy que de semblant sans coeur.

### 108. *Demande.*

Dame, je vous demande comment amours doibt estre appellee par son droit nom.[84]

*Response.*

Sire, il m'est bien adviz qu'elle doibt estre appellee plaisante follie.

### 109. *Demande.*

Dame, je vous demande en laquelle amour vous prendez plus grant fiance, ou en celle amour et celluy qui par long temps attend a requerir l'amour de sa dame pour la doubte que il ne soit escondi, ou de celluy qui tost le requiert.

*Response.*

Sire, de cellui qui attend pour doubte de l'escondit de sa dame, car itelle cremeur procede de vraye amour.

### 110. *Demande.*

Dame, se ungs homs ou une femme encommencent de amer a l'eage de

*(f.33)*

quinze ans et amassent jusques a l'eage de cinquante ans et lors se deportassent de plus amer, et deux autres encommenchassent[85] de amer a cinquante ans et si amassent tout le remanant de leur vie, je vous demande lesquelz feroient mieulz leur devoir.

*Response.*

Sire, ceulz qui encommencent a cinquante ans et ayment toute leur vie, car la fin de l'oeuvre couronne et demoustre la loiaulté de l'oeuvre.[86]

Ma tres doulce dame, vous m'avez fait plusieurs demandes et ainsi vous a moy ou je vous ay respondu selon mon petit entendement.

---

[83] No. 829.

[84] No. 830. Cf. no. 62.

[85] Ms. reads "encommenchasse."

[86] See Le Roux, II, 263, 324, 493; Tilley (E116); Whiting (E75; E81). Cf. J. Morawski, *Proverbes français antérieurs au XVᵉ siècle,* no. 1002.

Maiz pour tant que a mon povoir je me tiens pour amant vray et
loial serf et ay grant desir de aprendre, vous voeul demander en tout
honneur comme a madame, si vous supplie que vous me adreschés.

111.  *Demande.*
      D'amours le dart villain
      Com plus me fiert et je plus l'aim;
      Com plus me fiert villainement,
      Plus l'endure legierement.
                              Faulz semblant.

112.  Aux vrais amans qui ayment hault
      Quelle chose est ce qui mieulz leur vault
      Et au besoing plus tost leur fault?
                              Beau parler.

113.  Qui est d'amours mere et nourrice,
      Comme plus est noble et plus est nice?
                              La pensee.

114.  Quelle est l'enseigne par dehors
      Qui plus
*(f.33[v])*
                              moustre l'amour du coeur,
      Et est l'enseigne tant apperte
      Qu'elle ne poeult estre couverte? [87]
                              Muer couleur.

115.  Quelle est la seignourie
      Que amans pevent de legier avoir
      Sans penser, sans sentir,
      Sans joyr et sans espoir?
                              Estre amé que on n'en scet neant.

116.  Dequoy poeult plus grant bien venir
      En vie d'amours maintenir?
                              Soy tousjours sagement contenir.

117.  Qu'est en amours grant courtoisie,
      Mains proufitable et plus prisié?
                              Accoler.

[87] No. 190.

118. Qu'est en amours la courtoisie
Que nulz ne rechoipt qui en rie?
                    Courtoiz escondis.

119. Qu'est le moindre don que amours face
Qui plus conforte et plus soulace? [88]
                    C'est doulz regart.

120. Qui fait aux fins amans joyr
De ce dont ilz ont grant desir?
                    C'est courtoisie.

121. Qui fait amours longtemps durer
Et emforchier et embraser?
                    C'est joye et leesse.

122. Quelle chose est ce qui moustre en la fin
Le desloial courage, le faulz coeur et fin,
Car en faulz coeur l'amour descroist
Mais en la fin double et si croist? [89]
                    C'est par monstrer dangier.

123. Par quel semblant et par quel touche
Poeult mieulz sage dame esprouver
Se cieulz qui les prie d'amer
L'ayme de coeur ou de bouche? [90]

*(f.34)*
Comment la dame fait plusieurs demandes et des responses sur ce.

   124. *La dame demande.*

Sire, je vous demande se vous aviés l'ottroy de vostre amie pour estre dix foiz en sa compagnie a vostre voulenté et jamais plus ne y deussiés estre, se vous les prendriés briefment ou se vous attendriés longuement.[91]

   *Response.*

Dame, j'en prendroie aulcunes et les autres garderoie, car se je les avoie toutes prinses a une fois, je debvroye estre moult desplai-

---

[88] No. 186. Ms. omits answers to nos. 119–123; the answers given here for nos. 119–122 are taken from Ye. 93, f. 9. For the answer to no. 123, see no. 189.
[89] Cf. nos. 189, 677.
[90] Cf. no. 189.
[91] Cf. *JP*, I, f. 102.

sant lors que j'aroie ainsi despendu tous les grans biens que madame
me auroit ottroiez et plus n'y pourroie recouvrer.

### 125. *Demande*.

Sire, se vostre amye vous avoit mis journee de venir parler a vous
pour grant besoing, et quant vous y seriez venu sa chamberiere vous
diroit qu'il y aroit ung aultre homme en sa chambre parlant a elle, je
vous demande se vous yriés adont en sa chambre ou se vous re-
tourneriés arriere.

*Response*.

Dame, je n'y entreroie mie espoir pour celle fois.

### 126. *Demande*.

Sire, je vous demande se vous aviés l'ottroy de vostre amie de cou-
chier avecques elle par ung si que elle deust avoir sur vous ung seul
souhait tel qu'il lui plairoit, lequel ameriés vous mieulz, ou qu'elle le
prensist a vostre couchier ou qu'elle
*(f.34[v])*
le prensist a vostre lever.

*Response*.

Dame, a mon couchier, car quant elle m'aroit fait telle grace
comme de couchier avecques elle, je pourroie tresbien penser qu'en
cellui point son souhait ne me seroit pas contraire, et pour tant je
aymeroie mieulz au couchier que au lever.

### 127. *Demande*.

Sire, ilz sont deux hommes qui tous deux ayment une femme, et a
tous deux elle ottroie son corps et habandonne a faire toutes leurs
voulentez par deux moittiés, c'est a savoir a l'un de la chainture en
aval et l'autre de la chainture en amont par si que l'un ne poeult
touchier a la part de l'autre. Or vous demande je laquelle part vous
prendriés.

*Response*.

Dame, je prendroie de la chainture en amont pour plusieurs rai-
sons.

### 128. *Demande*.

Sire, je vous demande lequel vous ameriés mieulz se vous teniés
vostre dame en lieu secret, ou qu'elle fust vestue des plus riches
draps qu'on pourroit finer, ou que vous la tenissiés entre deux sacs
toute nue.

*Response.*

Dame, que je la tenisse toute nue, car je ayme tant seulement son corps gent et moult desiré et non mie les precieux atours de robes.

### 129. *Demande.*

Sire, je vous demande en quel temps les amans doibvent estre les plus renvoisiés, ou en tandiz que ilz prient ou quant

*(f.35)*

plainement ilz joissent.

*Response.*

Dame, quant ilz joissent, car en tandis que ilz prient les aspres desirs que ilz ont de avoir merchi et la grant doubte d'estre escondis moult les gardent de renvoisement.

### 130. *Demande.*

Sire, je vous demande se vous amiés dame ou damoiselle et ung autre aussi l'amast, lequel ameriés vous mieulz, ou que vous veissiés partir de la chambre l'autre quant vous y entreriés, ou qu'il y entrast quant vous en partiriez.

*Response.*

Dame, qu'il en partist et je y entrasse, car se je veoie que a mon partement il y entrast, je n'aroie jamais paix en coeur jusques a ce que j'auroie parlé a elle.

### 131. *Demande.*

Sire, je vous demande lequel vous ameriez mieulz se vous estiés en lieu secret[92] avecques vostre amie, ou que vous la baisissiez une fois seulement par songe, ou qu'elle venist vers vous les bras tenduz pour vous accoler et baisier, mais avant qu'elle y parvenist elle se retrait par aulcunes souvenances qu'elle auroit.

*Response.*

Dame, qu'elle venist devers moy pour moy accoler et baisier, car mieulz aymeroie la grace qu'elle me feroit de l'abondance de son coeur que dix fois elle le me consentist a prenre sans ce que elle me moustrast son desir.

*(f.35[v])*

Cy s'ensieuvent encoires plusieurs demandes que l'amant fait a la dame. Et premierement l'amant.

---

[92] Ms. reads "secre."

132. *Demande.*

Dame, je vous demande lequel vous aymeriés mieulz et plus chier, ou d'entreprendre a faire mesdisans cesser de parler en blasmant aultrui ou vostre ami saouler de baisier.

*Response.*

Sire, de mon ami saouler de baisier, car combien que raison ne lui souffist mie, si ne m'en pourroit il jamais tant desplaire comme de l'autre.

133. *Demande.*

Dame, je vous demande en quoy amans prendent plus grant deduit, ou en recordant en leurs pensees les deduiz que ilz ont euz ensemble, ou lors que ilz estoient en leur deduit presentement.[93]

*Response.*

Sire, les plusieurs dient que ilz ont plus grant deduit en recordant; toutesfois selon mon entendement je ne m'y accorde en riens.

134. *Demande.*

Dame, je vous demande lequel vous ameriés mieulz, ou que vostre ami joist de vostre amour par si que nulz ne le peust savoir, ou que il n'en joist mie et chascun cuidast pour vray qu'il en joist.

*Response.*

Sire, que il en joist par telle maniere que nulz ne le peust sçavoir, car toutes femmes sont tous jours tenues de garder leur honneur et a leur povoir eschever les parlers des mesdisans.

135. *Demande.*

*(f.36)*

Dame, je vous demande lequel vous ameriés mieulz, ou que vous et vostre ami amissiez l'un l'autre a tousjours mais sans espouser et eussiez temps et lieu pour vostre deduit demener a l'onneur de chascun, ou que vous le eussiés espousé.[94]

*Response.*

Sire, que nous espousissions l'un l'aultre.

136. *Demande.*

Dame, je vous demande par la foy que vous devez a Dieu et a amours que vous me dittes a la verité se vous veistes en cest an nul

[93] Cf. no. 12.
[94] No. 258.

homme a qui vous vouldriés requerre d'avoir son amour, mais que ce fust aussi honnourable chose a entreprendre pour vous comme ce seroit a lui se il vous requeroit de la vostre.

*Response.*

Sire, espoir que ouy.

137. *Demande.*

Dame, je vous demande lequel vous ameriés mieulz, ou que vostre ami ou vostre mari, se vous l'aviés, feust jalouz de vous, ou que vous feussiés jalous [*sic*] de luy.[95]

*Response.*

Sire, que je fusse jalouz [*sic*] de luy, car se de moy il estoit jalouz ne lui ne moy jamais n'aurions ne bien ne paix ensemble, maiz se j'estoie jalouse de luy, je l'endureroie en moy meismes a mon entendement sans moy descouvrir, car mieulz faire ne pourroie.

138. *Demande.*

Dame, je vous demande lequel vous ameriés mieulz, a savoir ou la pensee de vostre ami ou que il sceust la vostre.[96]

*(f.36[v])*

[*Response.*] [97]

Sire, je aymeroie trop mieulz a savoir la pensee de mon ami.[98]

Plusieurs demandes que la dame fait au chevallier et comment il respond.

139.   Sire, je vous demande se vous amiés une dame qui vous deist que point ne vous voulsist pour rien amer et qu'elle bien ayme ung aultre mais toutesfois quant elle sera saoulee de lui amer ou qu'il sera mort elle ne amera nulz autres devant vous, je vous demande se bien vouldriés attendre de non amer nulle aultre jusques elle fust saoulee de amer son ami ou que il fust mort et trespassé.[99]

*Response.*

Dame, point n'attenderoie, pour tant que je pense et penseroie qu'elle me feroit ainsi grant faulseté comme elle auroit fait a l'aultre.

[95] No. 257.

[96] Nos. 98, 825.

[97] Omitted in the ms.

[98] In the ms. the word *Demande* appears between ". . . mon ami," and "Plusieurs demandes . . . ."

[99] No. 46.

140. *Demande.*

Il est ung chevallier quy ayme une dame de tres grant honneur
lequel pour nulle chose n'eust ja voulu qu'il eust esté sceu. Je vous
demande lequel il vauldroit mieulz pour luy, ou qu'il y trouvast ung
aultre chevallier que il tenist fermement qu'elle amast mieulz que
luy et que il fust du tout reffusé pour cellui, ou que deux des plus
mauvaiz langars et mesdians du roialme de France le trouvassent
parlant a elle seul a seul.

*Response.*

Dame, il vauldroit trop mieulz que il y trouvast le chevallier pour
l'onneur de la dame, combien que il en endurast moult grant des-
plaisir en son coeur.

141. *Demande.*

Sire, je vous demande
*(f.37)*
se amour croist plus par bon espoir que par vray desir.[100]

*Response.*

Dame, espoir est aprés merchi le plus grant bien qui soit en
amours.

141a. [*Demande.*][101]

Sire, pourquoy?

[*Response.*][101]

Dame, pour tant que loiaulz desirs et doulz pensers naissent de
espoir, et les gouverne soubzvenus par la vertu de plaisant voulenté,
par quoy vraie amour est engendree.

142. *Demande.*

Sire, je vous demande. Il est ung homme qui prie deux femmes de
amer et long temps leur a donné entendre qu'il les ayme et a amees.
Or advient que l'une lui dist qu'elle l'ayme par bonne maniere et que
moult voulroit son honneur et son prouffit et avanchement selon ce
qu'elle dist. Et aprés ce l'ottroy fait a luy par semblant ne treuve en
nulle maniere que le fait s'accorde a la parole mais y treuve tout le
contraire, et l'autre tousjours luy escondist son amour, mais en es-
condissant lui donne regards vertueuz en pitié et enluminez de tres
gracieuz ris flouriz de doulceur, lesquelz descendent de ses yeulz

[100] Cf. nos. 56, 807.
[101] Omitted in ms.

gracieux, qui par advis lui donnent espoir de parvenir a son amour,
et les retient a lui, combien que en l'escondit il treuve doulz sem-
blant et amiable. Si vous prie par la force du jeu que vous m'en
dittes selon vostre advis laquelle vous cuideriés qui mieulz l'amast.[102]

  *Response.*

Dame, il doibt par raison avoir meilleur espoir en celle laquelle en
escondissant le regarde de ses yeulz rians amoureusement.
*(f.37[v])*

  143. *[Demande.]*[103]
Sire, pourquoy?
  *[Response.]*[103]
Dame, pour tant que le regard naist du coeur et de fine amour
dont tout espoir vient. Et s'elle lui escondist son amour playnement,
ce fait elle pour son honneur saulver. Et s'elle lui ottroie de bouche
et après il treuve le contraire du fait, tel ottroy ne poeult venir de
coeur fin, et par ainsi est il du tout decheu par paroles couvertes et
soubtifves.

  144. *Demande.*
Sire, je vous demande ou il convient plus grant sens, ou a garder
amour et merchy quant on l'a acquis ou en acquerir amour et
merchy.[104]
  *Response.*
Dame, il convient plus grant sens et dilligence a bien garder telle
acqueste quant on en a finé.

  145. *Demande.*
Sire, je vous demande lequel vault mieulz de amer, ou le chetif
hardi ou le honteuz souffrant.[105]
  *Response.*
Dame, le honteuz souffrant. Raison pourquoy, dame, pour tant
que hastive voulenté et hardement ne ont mestier en amours, mais
attempree voulenté, honteuseté et cremeur moult y affierent pour
garder la paix et honneur de sa dame, car loialment se doibt tousjours

[102] No. 58.
[103] Omitted in ms.
[104] Nos. 35, 796.
[105] Cf. no. 88.

doubter de mesdisans et de mesparler, especialment de chose nulle dont l'onneur de sa dame soit ou puist estre amendrie ou empiree.

### 146. *Demande.*

Sire, je vous demande. Il [*sic*] sont deux amans dont l'un est a venir et commence nouvellement a amer et l'autre joist de l'amour de sa dame. Lequel a vostre
*(f.38)*
advis vit plus joieulx et plus amoureux?

*Response.*

Dame, cellui qui nouvellement commence de amer. Raison pourquoy pour tant que arbre qui est vert et floury est lors en sa plus grant beaulté, mais incontinent que son fruit est ja meur et cueillie a pour celle saison tout son joly temps passé et perdu sa beaulté et verdure. Pareillement cellui qui joyst a tost perdu tout le deduit et glay et la doulceur de espoir et de souvenir, especialment le doulz gracieuz ottroy de merchy qui l'entretient si gay et renvoisié.

Comment l'amant fait a la dame plusieurs fortes demandes et des responses.

### 147. *Demande.*

Dame, il est une damoiselle laquelle deux hommes requierent d'amer loialment. Or advient qu'elle doibt aler hors de la ville et emprunte le cheval de l'un et de l'autre emprunte une houce et ung chappel. Je vous demande auquel elle est plus tenue et lequel elle doibt mieulx amer.

*Response.*

Sire, selon mon adviz a cellui duquel elle emprunte la houce et le chapeau. Raison pourquoy pour tant qu'elle ne le poeult plus honnourer que de porter son propre habillement, et bien tout ce appert quant ainsi le met plus pres de son coeur et de sa veue et meismes de son corps.

### 148. *Demande.*

Dame, je vous demande
*(f.38[v])*
puis que femme apparchoit par regard ou par contenance que ungs hommes l'ayme se elle aroit plus chier que il lui deist ou que il s'en deportast.[106]

[106] Nos. 104, 828.

*Response.*

Sire, je tiens qu'elle aymeroit mieulz qu'il s'en deportast de le dire que il le deist, et quant au regard de moy je l'aimeroie mieulz.

149. *Demande.*

Dame, je vous demande se l'en debvoit maintenant passer oultre mer et aler en la Sainte Terre ou il convenist que vostre ami alast, lequel ameriés vous mieulz, ou que il se mariast a une aultre que a vous, ou que il alast oultre mer.

*Response.*

Sire, j'ameroie mieulz que il y alast, car j'auroie tousjours espoir que il reviendroit et que du voiage il vaulroit mieulz.

150. *Demande.*

Dame, je vous demande lequel est de plus aspre voulenté de amer, ou homme ou femme.

*Response.*

Sire, la femme.

151. [*Demande.*][107]

Dame, pourquoy?

[*Response.*][107]

Pour tant que mieulz affiert qu'elle choille et coeuvre sa voulenté et son desir pour la doubtance de son honneur amendrir, dont aulcunesfois elle est plus blechié au coeur.

152. *Demande.*

Dame, je vous demande se une femme poeult nullement avoir deux amis.

*Response.*

Sire, nennil, neant plus qu'elle ne poeult partir son coeur en deux parties.

153. *Demande.*

Dame, je vous demande comment l'amant poeut avoir grace d'estre amé de s'amie.

*Response.*

(f.39)

Sire, par estre certain et loial, courtois et franc, sicomme attempré

---

[107] Omitted in ms.

et bien chellant a toute heure, et telz doibvent estre tous loiaulz amans.

### 154. *Demande.*

Dame, je vous demande ainsi. Il [*sic*] sont deux damoiselles belles et gracieuses amans en ung hostel, de quoy l'une a eu long temps ung homme moult chier et encoires a, mais il ne l'ayme point, ainchois ayme une aultre de tout son coeur, mais elle ne l'ayme point. Doibt il selon raison amer celle qu'il a long temps amé et encoires ayme?

*Response.*

Sire, je vous respons que selon le vray droit d'amours et selon la loy des vrais amans il ne poeult ne doibt eslongier celle que bien il ayme, combien qu'elle point ne l'ayme.

### 155. *Demande.*

Dame, il est ungs homs qui a belle amie a souhait maiz long temps l'a eslongiee pour tant que point ne lui a pleu. Or advient maintenant que de rechief il la reprend a amer de tout son coeur. Et elle quant de ce s'apparchoit tantost lui moustre semblant de hayne, pour tant que par despit elle par la faulte de luy a mis son amour sur ung aultre. Si vous demande comment il en doibt faire, ou de continuer en la bien aymant ou de la de tous poins habandonner.

*Response.*

Sire, a mon advis pas ne la doibt habandonner, ainchois lui doibt presenter et coeur et corps et biens et lui dire que la cause pourquoy il l'avoit eslongié

*(f.39[v])*

fut par folie et que il s'en repent, si lui prie qu'elle lui pardonne, et par ainsi pourra elle avoir pitié de lui tant qu'elle l'amera.

### 156. *Demande.*

Dame, je vous demande lequel vault mieulz pour dame ou damoiselle quy amer voeult honnourablement pour honneur et pour mieulz valloir, a donner ou a prendre.[108]

*Response.*

Sire, sachiés que ne l'un ne l'autre n'est bel ne bon ne n'appartient a nulle de prendre ne donner, maiz toutesvoies se faire le convenoit trop plus bel est a elle de donner que de prendre. La cause pourquoy pour tant que femme qui prend souvent est tenue du rendre. Et celle

---

[108] Cf. nos. 83, 822.

qui donne, cellui a qui le don est fait l'en doibt mieulz amer et plus
honnourer et servir sans mal penser en nulle fachon, car la personne
n'est pas loial ami qui pense a vilonnie. Toutesfoiz le proverbe nous
dit ainsi: Femme qui prent elle se vent; femme qui donne elle s'aban-
donne. Femme qui voeult son honneur garder ne doibt ne prendre
ne donner.[109]

157. *Demande.*

Dame, je vous prie et requier amiablement et par la forche du jeu
et par la foy que vous debvez au roy qui ne ment que vous me
voeulliés dire quelle est la mendre chose et la plus belle que vray
amant puist avoir et qui mieulz doibt a sa dame plaire.

*Response.*

Sire, que en tous cas il soit courtois, simple et bien chellant.

158. *Demande.*

(f.40)

Dame, je vous demande se vaillance ou hardement esmeult point
coeur de dame ou damoiselle de amer.

*Response.*

Sire, ouy, car femme de sa nature tous jours desire que celluy
qu'elle entend a amer soit hardi et vaillant.

159. [*Demande.*][110]

Dame, pourquoy?

[*Response.*][110]

Sire, pour ce qu'elle en est plus redoubtee, plus cremue et mieulz
prisié [*sic*], et ce desire coeur de femme.

160. *Demande.*

Dame, je vous demande quel est a vostre advis le maintien
d'amours sans nul fruit et sans travel.[111]

*Response.*

Sire, ceste demande me semble moult simple; toutesvoies, je vous
en diray ainsi que j'en ay oy racompter, car aulcuns voeulent dire
que c'est seulement accoler sans baisier.

---

[109] See Cotgrave (*s. v. fille*) and Le Roux, I, 224, 233; Whiting (W516); cf.
Tilley (W704).
[110] Omitted in ms.
[111] Cf. no. 171.

161. *Demande.*

Dame, je vous demande quelle chose est honneur.

*Response.*

Sire, lui maintenir si sagement que chascun en die du bien, et estre
large et despendre largement qui a le pourquoy, et qui ne l'a si aist
bonne voulenté.

162. *Demande.*

Dame, je vous demande que vous appellez largesse.

*Response.*

Sire, donner du sien habondamment la ou il est bien emploié et
aux dames faire bancquets en grant appareil d'entremets et souvent.

163. *Demande.*

Dame, je vous demande quelle chose est courtoisie.

*Response.*

Sire, estre doulz, amiable et gracieux de sa parole, car l'en dit com-
munement: De bouche honnesteté
*(f.40[v])*
petit couste et vault plenté.[112] Et aussi de voulontiers donner beaulz
dons, car courtoisie vient de largesse.

164. *Demande.*

Dame, je vous demande lequel vous ameriez plus chier, ou que
vostre amy, se vous en aviés ung ou entendiés a avoir, fust larges et
courtois ou eschars, preuz et hardis.

*Response.*

Sire, j'ameroie mieulz que il fust larges et courtoiz, car hardement
ne poeult a la longue regner en coeur aver et eschars, pour tant que
avarice, qui est grant pechié mortel, l'en destourne, et je suis toute
certaine que Dieu ayme mieulz sage couardie que fol hardement, et
aussi font tous bons coeurs.[113]

Comment la dame fait plusieurs demandes et des responses que
fait l'amant.

165. *Demande.*

Sire, se vostre amie estoit en prison en une tour bien hault [*sic*]

[112] See Le Roux, II, 278, and Tilley (W805).

[113] In the ms. the word *Demande* occurs after this sentence. On the proverb
cited here, see Le Roux, II, 347, and Tilley (C776); see also Cotgrave (*s. v.
coüard*).

et eust moult grant fain, je vous demande comment vous lui pourriés donner a la pointe d'une lance de deux paires de més, l'un cuisant et l'autre cuit et resfroidant.

*Response.*

Dame, je mettroie ung oeuf tout crut en ung pain chault que je ficheroie au fer de la lance.

166. *Demande.*

Sire, je vous demande se une femme avoit toute une nuit sis sur vostre chevez et si ne l'eussiés point attouchié ne elle vous et si deust l'endemain estre une rose en ung rosier entre cent et fust devenue telle que les aultres et si la vous convenist

*(f.41)*

recognoistre sur peine de avoir la teste trenchiee, comment a vostre advis la recognoistriés vous.

*Response.*

Dame, pour tant la recognoistroie que point n'auroit de la rousee de la nuyt et toutes les autres en auroient.

167. *Demande.*

Beau sire, ores vous demande je quelles armes amours portent.

*Response.*

Dame, aucuns dient que amours portent leur escu d'azur et de jaspes et si noblement bordé de vrais diamans, de saphirs et de esmeraudes, a une moult belle dame vestue de fin or, enluminee de une fresce couleur sanguine, couronnee de fins rubis a perles d'Orient, et tout ce nullement je ne voeul debatre, car je n'y saroie que amender.

168. *Demande.*

Sire, je vous demande qui porte la baniere d'amours en laquelle icelles armes sont figurees.

*Response.*

Dame, Aspretté accompaigniee de plaisance.

169. *Demande.*

Sire, qui porte le pennoncel d'amours?

*Response.*

Dame, il le porte esperance et seureté gouvernee de sens et d'avis, convertie en une hardie voulenté engendree de proueusse.

170. *Demande.*

Sire, lequel ameriés vous mieulz, ou a estre[114] de vostre dame escondis vraiement ou elle eust de vous faulse merchy?[115]

*Response.*

Dame, que je fusse de
*(f.41[v])*
luy vraiement escondis, car faulse merchy est l'un des villains vices et des plus decheans qu'il soit au monde. Pourquoy trop mieulz ameroie a tousjours endurer mon desir que ce que ma dame peust par nul tour tel reproce acquerre.[116]

171. *Demande.*

Sire, je vous demande quelle chose appellent les amans le joly mantel d'amours sans penne.[117]

*Response.*

Dame, quant aucune dame ou damoiselle son ami accole sans baisier, car neant plus que le mantel ne affiert sans penne, aussi ne affiert a estre entre vrais amans accolers sans baisiers.

172. *Demande.*

Sire, je vous demande laquelle vertu est plus convenable a toutes femmes, ou de avoir simple maniere ou a cremir honte.

*Response.*

Dame, a cremir honte, combien que simplece soit et doibt estre moult prisiee en toutes femmes, car cremir honte garde et souvent retarde maintes[118] personnes de mal faire et si les fait eschever tous maulvais vices.

173. *Demande.*

Sire, je vous demande quelle une parfaitte femme en tout honneur doibt estre.[119]

*Response.*

Dame, sachiés que toute femme d'honneur doibt estre humble, gracieuse et courtoise et en toutes manieres simple et coye.

114 Ms. reads "faire."
115 No. 674; cf. no. 256.
116 Ms. reads "acquis."
117 Cf. no. 160.
118 Ms. reads "mainte."
119 Cf. nos. 48, 805.

174. *Demande.*

Sire, je vous demande se ungs homs mariez ou une femme mariee ou de religion pevent ou

*(f.42)*

doibvent amer par amours de bonne et loiale amour sans mesprendre.

*Response.*

Dame, je tiens que ouy, moiennant que il n'y ait point de villain fait ne villaine intention, car en telle vraie amour il n'a gaires d'aulmosne ne de pechié.

175. *Demande.*

Sire, je vous demande lequel vous ameriés mieulz, ou que vostre dame vous nuisist et amours vous aidast, ou que vostre dame vous aidast et amours vous nuisist.[120]

*Response.*

Dame, sachiés que je aymeroie mieulz que ma dame me nuisist et amours me aidast, car amours a si tres noble puissance que nulz n'a povoir de aultrui grever ou nuire en amours si longuement que amours le voeullent aidier.

176. *Demande.*

Sire, du chastel d'amours, je vous demande, nommez le premier fondement.

Plaisance.

177.   Or me nommez la maistre tour du chastel, quy plus le rend et fort et bien asseur en tout temps.

Celer sagement.

178.   Dittes moy qui sont les cresteaulz,
Les barbaquennes, les saiettes et les quarreaulz.

Regard en attraiant.

179.   Qui est la maistre porte ou garde,
Qui l'entree bien deffend et garde?

Dangier.

180.   Je vous demande quelle est la clef
Qui a toute heure fait le chastel deffermer.

Prier continuellement.

[120] See *JP*, I, f. 102.

181.   Nommez la sale et le manoir
       Ou l'en poeult premier joye avoir.
                                          Accoller

*(f.42[v])*

                                                        doulcement.

182.   Quelle est la chambre ou son lit est et toute joye et tout delit?[121]
                         Joyr entierement.

183.   Aprez la garde me nommez
       Par qui le chastel est gardez.
       *Response.*
   Vivre honnourablement, contenir gracieusement et vestir honneste-
ment, parler courtoisement, honnourer toute gent, et amer loialment.

184.   *Demande.*
       Or devez l'ennemi nommer
       Qui le chastel poeult plus grever.
                         Eslongier longuement.

185.   Dequoy fait amours courtoisie
       Moins prouffitable et plus prisié?
                         De baisier.

186.   Qu'est le menre don qui plus conforte les dolours?[122]
                         Regard.

187.   Qu'est ce qu'amours oste des siens,
       Et s'est la chose honneurs et biens?
                         Contenance.

188.   Quel est le prouffit qui poeult venir
       De joye d'amours maintenir?
                         Grace.

189.   Par quel essay et par quel touche
       Poeult mieulz sage dame esprouver
       De cellui qui le prie d'amer
       S'il l'ayme du coeur ou de bouche?[123]
                         Par faire dangier.

   [121] No. 671.
   [122] No. 119.
   [123] Cf. nos. 122, 123.

190. Qui est l'enseigne par dehors
Qui plus moustre l'amour du corps,
Et s'est l'enseigne si apperte
Qu'elle ne poeult estre couverte?[124]

Muer couleur.

191. Qu'est ce qui plus amans eslieve
Et plus tost leur fait joye avoir
Et aux amans plus nuist et griefve
Et fait mettre en non challoir?

*(f.43)*

Richesses.

192. Comment appelle on la maladie qui plus approche le phisicien tant plus engriefve?

Amours.

193. Quelles sont les troiz choses principales par quoy amours sont en tous temps maintenues?

*Response.*

Loiaulté si est la porte. Par la y entre on de venue. Et bien celler si est d'encoste, qui demeure en la maistre rue. Aveuc ces deux est grace enclose, par qui amours est soustenue.

Dix comandemens fait amours a ses sergans ausquelz tous loiaulz coeurs doibvent dilligamment estre obeissans.

Le premier commandement est que d'orgueil et d'envie soit exempt en tous temps.

Ja parole ne pense ne die quy a personne nulle puist estre nuysans.

A toutes bonnes gens soit acquointable en parlers plaisans.

En toutes villonnies soit et les mauvais tous jours eschievans.

D'estre faitis, honneste et cointes doit a toutes heures estre engrans.

De honnourer toutes femmes jamais ne soit pour neant recreans.

En toutes compaignies soit gracieusement lyés et esbatans.

*(f.43[v])*

Nul villain mot ne soit jamais de sa bouche partans.

Soit larges aux petis, aux moiens, et aux grans.

En ung tout seul lieu soit son coeur perseverant.

Qui ces commans ne garde secret et obeissant, aux biens d'amours qu'on garde ne soit participant.

[124] No. 114.

*Demande* [*sic*].

Comment l'amant fait plusieurs demandes a la dame et des responses.

#### 194. *Demande.*

Dame, je vous demande quelle chose est ce en amours qui plaist a amours et desplaist aux amans.

*Response.*

Sire, c'est humilité et par humilité attendre merchy au gracieux plaisir de amours et d'amie.

#### 195. *Demande.*

Dame, je vous demande se amours avoient perdu leur nom comment les debvroit on appeller.

*Response.*

Sire, a proprement parler, on les appelleroit tresor d'honneur.

#### 196. *Demande.*

Dame, je vous demande et prie de toutes les vertus de vostre ami que vous me dittes laquelle vous plaist le mieulz. Et de tous les vices qui en lui sont, se aulcuns en y a, lequel vous desplaist le plus?[125]

*Response.*

Sire, saulf le bon advis de celles qui en tout ce se cognoissent mieulz que je ne face, loiaulté doibt mieulz plaire et faulseté le plus desplaire.

#### 197. *Demande.*

Dame, je vous demande
*(f.44)*
en quel point sont a vostre advis amours lors que elles pendent a la perche.

*Response.*

Sire, elles sont bien a la perche lors que l'amant a mis ses bras au col de sa dame.

#### 198. *Demande.*

Dame, quant amans font nouvelles amours, je vous demande que deviennent les vieilles.

*Response.*

Sire, des unes et des autres emplist l'en unes besaches, et les nouvelles par raison porte l'en devant jusques au renouveller.

---

[125] Cf. nos. 22, 97, 790.

199. *Demande.*

Dame, je vous demande se amours estoient perdues tellement que on ne les peust recouvrer, comment les querriez vous.

*Response.*

Sire, je les querroie en coeur humble, discret et courtois, car aultre-part ne les cuidroie jamais mieulz trouver.

200. *Demande.*

Dame, je vous demande comment on sert amours en si grant dilligence et subgection et pourquoy.[126]

*Response.*

Sire, pour en mieulz valloir, pour son desirier furnir, et pour en avoir plaisance.

201. *Demande.*

Dame, je vous demande quelz sont les huiz et les entrees en amours.

*Response.*

Sire, ce sont regarts gracieux et belle contenance.

202. *Demande.*

Dame, je vous demande quelz sont sur tous les vraiz pilliers d'amours.

*Response.*

Sire, sachiés que les vraiz pilliers d'amours

*(f.44[v])*

sont beau parler et bien celler.

203. *Demande.*

Dame, je vous demande duquel vous estes plus ennuyeuse en amours, ou de trop prier ou de trop peu pryer.

*Response.*

Sire, de trop prier, car de legier on se pourroit de aulcuns taner.

204. *Demande.*

Dame, je vous demande lequel vous ameriés plus chier qui au monde desfaulsist, ou honneur et largesse, ou amours et leesse.

*Response.*

Sire, honneur et largesse, car ilz vont aussi bien desja de jour en jour desfaillant.

---

[126] Cf. no. 1.

205. *Demande.*

Dame, je vous demande se vous veistes en cest an homme qui de vray coeur vous requisist de vostre amour.

*Response.*

Sire, il est possible que ouy.

206. *Demande.*

Dame, je vous demande lequel vous ameriés mieulz, ou que vostre ami morust pour l'amour de vous, ou que vous morussiés pour l'amour de luy.

*Response.*

Sire, que il morust pour l'amour de moy, car se j'estoie morte pour l'amour de luy et on le savoit on ne s'en feroit que mocquier.

207. *Demande.*

Dame, je vous demande se vous amiés ung homme de tout vostre coeur et il n'en sceust neant, lequel ameriés vous mieulz, ou que vous le requisissiés de son amour la premiere fois que vous en auriez temps et lieu, ou que il convenist que vous ottroissiez

*(f.45)*

vostre amour au premier qui vous en requerroit ou que il fust.

*Response.*

Sire, que je lui requisisse son amour, car trop grief chose me seroit se mon amour et mon coeur il me convenoit ottroier a aultruy qu'a mon amy.

208. *Demande.*

Sire, je vous demande lequel vous ameriés mieulz, ou que vostre amie[127] vous veist baisier aultruy, ou que vous lui veissiés aultrui baisier que vous.

*Response.*

Dame, qu'elle me veist baisier aultrui de lui, et bien croy que aussi feroit elle.

209. *Demande.*

Sire, je vous demande lequel vit a plus grant malaise, ou celluy quy est parfait jalouz de s'amie et si en joist, ou celluy qui vit en priant merchy sans quelque ottroy d'amours et sans jalousie.[128]

---

[127] Ms. reads "ami."
[128] See *JP*, I, f. 102.

*Response.*

Dame, cellui qui est jalouz de s'amie et si en joist, car jalousie est moult vilaine chose en amours et celle sur toutes aultres qui plus griefve aux amans.

210. *Demande.*

Dame, je vous demande qui sont les chaynes et les buyes de la prison d'amours.

*Response.*

Sire, ce sont maltalent, yre, fourserie, desdaing, despit et melencolie.

211. *Demande.*

Dame, je vous demande se vous aviez le povoir de oster de vostre ami une tesce, quelle seroit celle que vous en osteriez et quelle vertu en ce lieu vous y metteriez.

*(f.45[v])*

*Response.*

Sire, je en rosteroie yre se le trouvoie yreuz et lui donneroie debonnaireté.

212. *Demande.*

Dame, je vous demande comme a celluy qui n'a cure de amer quelle est la chose au monde qui le moins vous semond de bien amer et qui plus vous en recule.

*Response.*

Sire, ce n'est fors paresce, qui est pechié de telle fachon que toute malheureté il nourrist.

213. *Demande.*

Monseigneur a dit a son queuz que demain il voeult faire ung disner et voeult avoir quatre vings bestes de trois manieres, est assavoir lievres, cherfs et connins, et si ne voeult despendre que quatre livres. Le queuz a trouvé cherfs pour dix solz la piece, et lievres pour xviii deniers, et connins pour vi deniers la piece. A savoir quantes paires il fault de chascun.[129]

[129] The following is a possible algebraic solution. $x$ (the number of *connins*), $y$ (the number of *lievres*), and $z$ (the number of *cherfs*) must each be natural numbers greater than zero and smaller than 79. Since the average cost per animal is 12 *deniers*, it is probable that $x > y$ and $x > z$. From the given data we know that $x + y + z = 80$ and that $6x + 18y + 120z = 960$ (for the value

*Response.*

Il fault prendre[130] quatre cherfs, deux lievres et lxxiiii connins, et
par ainsi l'en aura quatre vings bestes de troiz manieres pour le disner.

### 214. *Demande.*

Item, il fault pour ce disner trente oiseaulz, c'est assavoir quailles,
pertriz et mallars, et n'y voeult monseigneur emploier que trente
deniers. Le queuz treuve quailles pour une maille la piece, et pertriz
pour deux deniers et maille piece, et mallars pour trois deniers. Assa-
voir combien le queuz se sortira de chascune maniere.[131]

*(f.46)*

*Response.*

Se [*sic*] queuz se sortira de xxiii quailles, de cinq petris et deux
malars.

### 215. *Demande.*

Item, l'en voeult avoir quinze bestes pour quinze deniers, c'est
assavoir cherfs, senglers, lievres et connins. Et couste le cherf deux
deniers, le porc ung denier, le lievre une maille, et le connin une
poittevine. A savoir comment le queuz se sortira de chascun.[132]

---

of French monetary units see E. Stengel in the *Zeitschrift für französische
Sprache und Literatur* 1 [1879]: 11; here our monetary unit is *deniers*). At-
tempts to solve for $y$ and $z$ on the assumption that $x = 78$, $77$, $76$, or $75$ prove
fruitless, but assigning to $x$ the value of $74$, we obtain the following equations:
$y + z = 6$ and $74 + 3y + 20z = 160$, which yield the following values for the
unknowns: $x = 74$; $y = 2$; $z = 4$. (Similar problems may be found in Migne,
XC, 667, 671; CI, 1145–46, 1156.)

[130] Ms. reads "prende."

[131] This is basically the same problem as no. 213. If $x$, $y$, and $z$ are the number
of *quailles*, of *pertris*, and of *mallars*, respectively, and the monetary unit used
is *deniers*, the following equations may be formulated: $x + y + z = 30$ and
$x/2 + 5y/2 + 3z = 30$. Assuming that $x = 23$, we find that $y = 5$ and $z = 2$. Cf.
Albertus, *Annales Stadenses*, in *MGH*, XVI, 334, and Marre, p. 436 (no.
LXXXIII).

[132] The answer given in the text is wrong ($5 + 2 + 3 + 6 = 16$, not 15). If
$w$, $x$, $y$, and $z$ represent the number of *cherfs*, *senglers*, *lievres*, and *connins*,
respectively, and the monetary unit used is *deniers*, then $w + x + y + z = 15$
and $2w + x + y/2 + z/4 = 15$. $w$, $x$, $y$, and $z$ must each be a natural number
smaller than 13, and $w$ cannot be greater than 6, probably no more than 5. Let
us assume that $w = 5$. Then $x + y + z = 10$, and $x + y/2 + z/4 = 5$. Since $x$,
$y$, and $z$ must each equal at least 1, we know from the first of these equations
that none can be larger than 8; from the second we know that $x$ cannot exceed 3.
We try $w$ as 5 and $x$ as 3 and solve for $y$ and $z$ without success. Assuming $w = 5$

*Response.*

Il se vouldra sortir de cinq cherfs, de deux senglers, de trois lievres et de six connins.

### 216. *Demande.*

Ilz sont douze, que chevalliers, que escuiers, que damoiselles, qui ont douze pains a partir, et doibt avoir chascun chevallier deux pains, chascun escuier le quart d'un pain, et chascune damoiselle la moittié d'un pain. A savoir quans chevalliers, quans escuiers et quantes damoiselles ilz sont.[133]

*Response.*

Ilz sont cinq chevalliers, six escuiers et une damoiselle.

### 217. *Demande.*

Trois marchans de vins ont baillié en garde a ung vallet douze tonneaulz plains de vin. Le varlet en a fait si povre garde que des douze tonneaulz les quatre sont tous vuys et aultres quatre sont a demi vuys et les autres quatre sont demourez plains. A sçavoir comment vous donrez a chascun des trois marchans autant de vin et autant de tonneaulz justement a l'un comme a
*(f.46[v])*
l'autre sans remuer le vin de tonnel en autre.[134]

*Response.*

Je bailleroie a l'un des marchans deux plains tonneaulz et deux vuys, et au second marchant autant, et au tiers marchant les quatre tonneaulz a moittié vuys.

### 218. *Demande.*

Ung homme entra en ung jardin et cueilla toutes les pommes qu'il y trouva. En ce jardin avoit trois gardes. A son retour la premiere garde

---

and $x = 2$, we obtain the following equations: $7 + y + z = 15$, and $y = 8 - z$; $10 + 2 + y/2 + z/4 = 15$. Then, $12 + (8 - z)/2 + z/4 = 15$, and $48 + 16 - 2z + z = 60$. Consequently, $w = 5$; $x = 2$; $y = 4$; and $z = 4$.

[133] If $x$ equals the number of *chevaliers*, $y$ the number of *escuiers*, and $z$ the number of *damoiselles*, $x + y + z = 12$, and $2x + y/4 + z/2 = 12$. Neither $x$, $y$, nor $z$ can exceed 10, and $x$ cannot exceed 5. Let $x = 5$. Then $y + z = 7$, and $y = 7 - z$. $10 + y/4 + z/2 = 12$; $y + 2z = 8$; $7 - z + 2z = 8$; and $z = 1$. Then $x = 5$, and $y = 6$. (For similar problems, see Migne, XC, 670, 672; CI, 1154, 1158; Parsons, *Antilles*, p. 423 [no. 31], p. 439 [no. 10], and note on p. 357 [under *Shilling (dividing)*]; and Taylor, MR, p. 364 [no. 994].)

[134] The answer given in the text is correct. For similar problems, see Migne, XC, 668, and CI, 1148.

que il trouva luy dist: ⟨⟨Bailles moy les deux pars des pommes que tu
as cueilliees en ce jardin,⟩⟩ et le preudhomme les lui bailla. Aprés il
trouva la seconde garde qui lui dist: ⟨⟨Baille moy la tierce partie de
ces pommes que tu as,⟩⟩ et cilz ainsi en fist. Aprés il trouva la tierce
garde qui lui dist: ⟨⟨Baille moy la moittié des pommes que tu portes
et que tu as en ce jardin cueillies,⟩⟩ et cilz lui bailla. Mais quant il fut
hors du jardin il lui en demoura une sans plus. Assavoir est quantes il
en cueilla.[135]

*Response.*

Le preudhomme cuella noeuf pommes, dont la premiere garde ot
les deux pars qui montoient six. La seconde garde ot des trois la tierce
partie, qui estoit une. Et la tierce garde la moittié du remanant, et
ainsi le cueilleur n'en ot que une pour sa part.

### 219. *Demande.*

Deux hommes gardent brebis, dont l'un dist a l'autre: ⟨⟨Donne moy
l'une de tes brebis, si en auray autant comme tu en as.⟩⟩
*(f.47)*
Et l'aultre respondi: ⟨⟨Maiz donne moy l'une des tiennes, et j'en
auray deux fois autant comme tu en as.⟩⟩ Assavoir quantes brebis
chascun avoit.[136]

*Response.*
Certes, l'un en povoit avoir cinq et l'autre sept.

[135] The algebraic solution is quite simple. Let $x$ be the number of apples.
Then, $x - 2x/3 - x/9 - x/9 = 1$; $9x - 6x - x - x = 9$; and $x = 9$. Cf. (1)
Brandl, p. 14 (no. 38), and (2) Fauset, p. 145 (nos. 14, 15).

[136] The same problem appears in Marre, p. 430 (no. LIX), and in Taylor, MR,
p. 364 (no. 996) (see also note, p. 407). See also Migne, XC, 668 and 674, and
CI, 1149. Cf. *Irish Riddles*, p. 82 (no. 651), and note for no. 651, p. 108;
Kerbeuzec, p. 508 (no. 81); and Sébillot, pp. 326–327 (no. 101). The following
reference has been supplied by Taylor and Abrahams: J. Pincier, *Ænigmatum
Libri Tres*, p. 132 (Bk. II, no. 17). According to the Taylor-Abrahams manu-
script, a version of this riddle is current in Texas.

In both the passages in Migne cited above, the answer given is 8 and 4. This
assumes that the first transaction is made, i.e., that the first man actually receives
two animals from the other. If the second transaction is considered independent
of the first, however, the correct solution of the problem set forth in Migne is 14
and 10, and that of our problem 219 is 7 and 5.

If $x$ is the number of sheep belonging to the first man and $y$ the number be-
longing to the second, then $x + 1 = y - 1$, and $x = y - 2$; $y + 1 = 2(x - 1)$,
and $y = 2x - 3$. Then $y = 2y - 4 - 3 = 2y - 7$. $y = 7$, and $x = 5$.

220. *Demande.*

Compaignons estoient assis au disner; illec survint ung aultre qui leur dist: 《Dieu gard la compagnie et feussiés ung cent.》 Et l'un des compaignons respondi: 《Nous ne sommes point cent, maiz se nous estions encoires autant que nous sommes, et la moittié de autant, et le quart de autant, et toy avecques, adont serions nous cent ne plus ne moins.》 Or est a savoir quel nombre ilz seoient au disner.[137]

*Response.*

Ilz estoient eulz trente et six seans a table.

221. *Demande.*

Trois oeulz et quatre deniers valent cinq oeufs sept deniers moins. Combien est ce l'oeuf?[138]

*Response.*

C'est ung denier l'oeuf.

[137] The following is an algebraic solution. If $x$ represents the number present at the meal, $2x + x/2 + x/4 + 1 = 100$, $11x + 4 = 400$, and $x = 36$. For similar problems, see (1) A. L. Campa, *Sayings and Riddles in New Mexico*, p. 54 (nos. 201, 202); (2) Liesl Hanika-Otto, *Sudetendeutsche Volksrätsel*, p. 87 (no. 501); (3) Kerbeuzec, p. 509 (no. 91); (4) J. A. Mason, "Porto-Rican Folk-Lore: Riddles," *JAF* 29 (1916): 493 (no. 734); (5) Migne, XC, 667, 671, and CI, 1145, 1156; (6) Parsons, *Antilles*, p. 388 (no. 116), p. 402 (no. 53), p. 441 (no. 36), notes on pp. 355, 360 (under *Pigeons* and *Thirty-six*), and cf. p. 429 (no. 29); (7) Anton Renk, "Volksrätsel aus Tirol," *Zeitschrift des Vereins für Volkskunde* 5 (1895): 160 (no. 215); (8) F. Rodríguez Marín, *Cantos populares españoles*, I, 306–307 (no. 936); (9) Sauvé, p. 102 (no. 160); (10) Sébillot, p. 327 (no. 103). Cf. Kristensen, p. 239, section 5.

The Taylor-Abrahams manuscript data include the following references: (1) C. G. Büttner, *Lieder und Geschichten der Suaheli*, p. 201; (2) Rikard Dybeck, "Gåtor," *Runa* 3 (1870): 49 (no. 60); (3) J. B. Friedreich, *Geschichte des Räthsels*, pp. 179–181; (4) H. Geijer and Å. Campbell, "Gåtor," *Svenska Landsmål ock Svenskt Folkliv* 191 (1930): 53 (no. 135); (5) G. O. Hyltén-Cavallius, *Gåtor ock spörsmål från Värend. Upptecknade på 1830-talet*, no. 113; (6) Amaat Joos, *Raadsels van het vlaamsche volk*, no. 1134; (7) J. Pincier, *Ænigmatum Libri Tres*, pp. 75–76 (Bk. I, no. xxxiii); (8) A. C. Pires de Lima, *O Livro das Adivinhas*, pp. 87, 106 (no. 265); cf. p. 352 (no. 9); (9) Fredrik Ström, *Svenska folkgåtor*, p. 350 (no. 4); (10) F. Woeste, "Volksräthsel, meist aus der Grafschaft Mark," *Zeitschrift für deutsche Mythologie* 3 (1855): 192 (no. 76); (11) Richard Wossidlo, *Mecklenburgische Volksüberlieferungen*, I, 178 (no. 898).

[138] The French text appears to be in error. If each egg is worth one *denier*, then the problem should be stated as follows: "Trois oeulz et quatre deniers valent cinq oeufs et deux deniers."

222. *Demande.*

Herenc et demy trois mailles. Combien est ce la douzaine?[139]

*Response.*

Tout a point xii deniers.

223. *Demande.*

Je vous demande de douze personnes qui estoient assis a ung escot de douze deniers, et y a de quatre manieres de gens, de chevalliers et escuiers, de hommes et de femmes, et sont assis les chevalliers a ung blancq, les escuiers a deux deniers, hommes a une maille,

*(f.47[v])*

et femmes a une poitevine; si vous demande combien de chevalliers et d'escuiers, de hommes et de femmes il y fault.[140]

*Response.*

Je vous responds des douze personnes qui sont assis a ung escot de douze deniers et sont chevalliers a ung blanc, escuiers a deux deniers, hommes a une maille, et femmes a une poittevine, que il y a ung chevaller [*sic*], deux escuiers, sept hommes et deux femmes.

224. *Demande.*

Je vous demande de ung marchant qui va en marchandise pour y gaingnier, et l'argent que il a lui monteplye a moittié. Aprés ce il va en la taverne et despend six deniers. Et aprés ce il remet son argent en marchandise, si le monteplie et depuis il retourne en la taverne et despend six deniers. En aprés s'en va en marchandise ou il remonte-

---

[139] If a herring and a half are worth three *mailles* (1.5 *deniers*), then each herring is worth one *denier*, and a dozen twelve *deniers*. For similar puzzles, see (1) Parsons, *Antilles*, p. 447 (no. 32); (2) E. C. Parsons, "Bermuda Folklore," JAF 38 (1925): 258 (no. 106); (3) E. C. Parsons, "Folk-lore from Aiken, S. C.," JAF 34 (1921): 30 (no. 33); (4) Susan D. Spenney, "Riddles and Ring-Games from Raleigh, N. C.," JAF 34 (1921): 110 (no. 5). The Taylor-Abrahams manuscript data include a reference to Helen Creighton, *Folklore of Lunenburg County, Nova Scotia*, p. 120 (no. 44).

[140] This problem is similar to the first several of our mathematical puzzles. If $w$, $x$, $y$, and $z$ represent the number of *chevaliers*, *escuiers*, *hommes*, and *femmes*, respectively, and our monetary unit is *deniers*, then $w + x + y + z = 12$, and $4w + 2x + y/2 + z/4 = 12$. $w$ must be either 2 or 1, probably 1; $z$ is an even number. If $w = 1$, $x$ cannot be greater than 3. Trying $w$ as 1 and $x$ as 2, we obtain the following equations: (1) $1 + 2 + y + z = 12$, and (2) $4 + 4 + y/2 + z/4 = 12$. Then $y + z = 9$, and $y = 9 - z$. $2y + z = 16$; $18 - 2z + z = 16$; and $z = 2$ and $y = 7$. Thus, $w$ is 1; $x$ is 2; $y$ is 7; and $z$ is 2. For similar problems see (1) Brandl, p. 18 (no. 60); (2) *Irish Riddles*, p. 83 (no. 657) and note on p. 108.

# Chantilly, Musée Condé ms. 654 (1572)

plie a moittié et puis va en la taverne et despend six deniers, mais aprés son escot paié il ne lui demeure riens de son cathel ne de son gaaing. Si vous demande combien il mist en marchandise.[141]

*Response.*

Je vous responds du marchant qui s'en ala en marchandise pour gaingnier et son argent lui monteplia a moittié par trois fois et a chascune fois aloit en la taverne et despendoit pour chascune fois six deniers et les payoit a chascune fois, et quant il les ot paiés la derreniere fois, si ne lui demoura riens de son cachel [*sic*] ne de son gaaing,

*(f.48)*

si vous responds que il mist en marchandise six deniers et maille.

### 225. *Demande.*

Je vous demande d'un grant seigneur qui voeult donner ung bien grant disner et baille a son maistre d'ostel trente deniers pour achatter trente pieces de vollille [*sic*], dont il fault avoir de trois manieres, c'est assavoir faisans, pertris et quailles. Si en couvient avoir jusques a trente pieces pour trente deniers, et faisans au pris de deux deniers et maille, et pertris a deux deniers, et quailles chascune pour maille piece. Si vous demande quans faisans, quantes pertris et quantes quailles a tel pris l'en poeult avoir pour iceulz trente deniers.[142]

[141] The answers given in the French texts are "six deniers et maille" (ms. text) and "v deniers et une mitte" (see the Appendix). The first is in error. The second is correct if, as it appears, we are to understand that the merchant's money doubled each time. (Apparently, when the author wrote "et l'argent que il a lui monteplye a moittié," he thought of the "moittié" as applying to the resultant sum of money rather than to the original capital.) If this interpretation is correct, then the merchant left the tavern the first time with $2x - 6$ *deniers* ($x$ represents the amount of money with which he started). His money doubles again, and after spending six more pence in the tavern he has $4x - 18$ *deniers*. The money doubles again. $8x - 36 = 6$; $8x = 42$; and $x = 5$ 1/4 *deniers*. See no. 236 and (1) Parsons, *Antilles*, p. 423 (no. 30); (2) E. C. Parsons, "Barbados Folklore," JAF 38 (1925): 291 (no. 119); (3) *Irish Riddles*, pp. 83–84 (no. 660) and note on p. 108; (4) *Welsh Riddles*, pp. 282–283 (nos. 304, 305).

[142] This is of the same kind as several of the preceding problems. If $x$, $y$, and $z$ represent, respectively, the number of *faisans*, *pertris*, and *quailles*, and the monetary unit used is *deniers*, then $x + y + z = 30$, and $5x/2 + 2y + z/2 = 30$. Using the same method we have used previously, we assume that $x = 3$. Then $y = 27 - z$, and $7$ 1/2 $+ 54 - 2z + z/2 = 30$. $15 + 108 - 4z + z = 60$, and $z = 21$, $y = 6$, and $x = 3$.

The answer given in the French text does not fulfill the requirements of the problem: 2 (*faisans*) + 4 (*pertris*) + 24 (*quailles*) = 30 birds, but their cost at the prices quoted amounts to 5 pence + 8 pence + 12 pence, or 25 pence.

*Response.*

Le seigneur comme dit est bailla a son maistre d'ostel trente deniers pour achater trente pieces de vollille, et convenoit avoir faisans, pertris et quailles, mais au pris que dit est. Je vous responds que il y a deux faisans, quatre pertris, et xxiiii quailles.

### 226. *Demande.*

Je vous demande d'un grant seigneur qui fait appareillier ung moult riche disner et baille a son maistre d'ostel soixante solz pour achatter soixante pieces de vollille, c'est assavoir chappons et poullaille, si en convient avoir pour iceulz soixante solz soixante pieces, et sont chappons au pris de cinq solz piece et mendre poullaille a douze deniers et aultres a ung

*(f.48[v])*

denier piece. Si vous demande quans chappons et quante poullaille ungs et aultres audit pris il povoit avoir pour ces soixante solz.[143]

*Response.*

Du grant seigneur qui voult faire appareillier ung grant disner et bailla a son maistre d'ostel soixante solz pour achatter soixante pieces de chappons et poullaille et pour iceulz soixante solz chappons au pris de cinq solz, poullaille douze deniers et poulles ung denier, si vous responds que l'en poeult lever onze chappons, une poullaille et quarantehuit autres poulles.

### 227. *Demande.*

Je vous demande d'un messagier qui va tous les jours cent lieues, dont il advient que ung aultre part ce jour propre que l'autre se met a chemin et va aprés pour le rattaindre, si ne va le premier jour que une lieue et monteplie chascun jour de une lieue et non plus, si vous demande en combien de jours il le poeult rattaindre.[144]

*Response.*

Response sur le messagier qui va chascun jour cent lieues; ung autre va aprés pour le rattaindre et ne va le premier jour que une lieue et si monteplie chascun jour de une lieue et non plus, et je vous respons que il l'a rattaint en cent quatre vings et xix jours.

---

[143] This is similar to no. 225. If $x$, $y$, and $z$ represent *chappons, poullaille*, and *poulles*, respectively, and the monetary unit is *deniers*, $x + y + z = 60$, and $60x + 12y + z = 720$. Assume $x = 11$; then $y = 1$, and $z = 48$.

[144] The answers given in the French texts disagree; the one given in the manuscript is correct. The incorrect solution appears in the Appendix. Cf. Marre, p. 440 (no. XCVIII).

228. *Demande.*

Je voùs demande de ung vallet qui n'avoit oncques sceu que c'estoit de penser; si lui fut enseigniee une dame qui lui bailleroit a penser et en son chemin il

*(f.49)*

encontra douze chevalliers a trois fois, dont les quatre premiers estoient tous vestus de blanc, et les quatre aprés estoient vestus de vermeil, et les quatre derreniers estoient vestus de vert. Et quant il vint pardevant la dame il lui pria qu'elle lui donnast a penser. Adont elle lui demanda se il avoit personne encontré, et il lui dist que ouy, quatre chevalliers vestuz de blanc, quatre vestus de vermeil, et quatre vestus de vert. Lors dist la dame: ⟨⟨Ces quatre chevalliers que vous avez premiers encontrez sont mes oncles depar ma mere, et les autres quatre vestus de vermeil sont mes oncles depar mon pere. Et les autres quatre sont mes filz, et de tous les douze je ay a present espousé le pere et sont tous nez par loial mariage. Si povez penser comment ce poeult estre.⟩⟩[145]

*Response.*

Response que le vallet auquel la dame bailla a penser pensa moult et longuement, et aprés ce il revint a la dame et lui dist que par nulle fachon du monde trouver il ne sçavoit comment ainsi povoit estre ce qu'elle lui avoit dit. Or dist elle a cellui: ⟨⟨Et je le vous diray et feray entendre. Cestuy chevallier ja piece se maria a une vesve femme qui avoit une fille, et de celle dame vesve eust ces quatre chevalliers que premierement vous avez n'a pas long temps rencontrez vestuz de blanc, et aprés ce la dame ala de vie par mort. Et ne

*(f.49[v])*

demoura pas grant temps aprés quant le chevallier se remaria a une vesve femme qui avoit ung filz et en ot les quatre chevalliers vermaulz vestus. Aprés ce il fist le mariage de la fille de la premiere femme et du filz de sa femme qu'il avoit espousee et furent tant ensemble que ilz me engendrerent, et tantost aprés la femme de ce chevallier icy et mon pere et ma mere trespasserent. Et depuis le chevallier me garda tant que je fus toute grande et me prist en mariage, si en euz les quatre chevalliers que vous avez derrenierement encontrez qui sont vestus de vert, et ainsi je vous ay dit comment ce poeult advenir.⟩⟩

[145] See (1) *MGH*, XVI, 335, and (2) Archer Taylor, "Riddles Dealing with Family Relationships," *JAF* 51 (1938): 31.

#### 229. *Demande.*

Ilz sont viii marchans de vin, lesquelz ont ensemble achatté seze tonneaulz plains de vin a partir entre eulz, dont le premier tonnel tient ung muy de vin et le second tonnel tient deux muiz, le tiers tient trois muiz, le quart quatre muiz. Et ainsi chascun aultre tonnel ensievant tient ung muy plus de l'aultre pareillement que dit est, et tant que le xvie tonnel tient seze muis. Et doibt chascun marchant par marchié fait avoir autant de vin et de tonneaulz l'un comme l'autre sans riens prendre ne mettre es devant dits tonneaulz. A savoir comment ce se fera et combien chascun marchant aura de vin pour sa part.[146]

#### *Response.*

Chascun marchant

*(f.50)*

aura deux tonneaulz et dixsept muis de vin, comme il appert par la maniere qu'il s'ensieult. Car le premier marchant aura le premier tonnel plain de vin et le sezieme. Le second marchant aura le second tonnel et le xve. Le tiers marchant aura le tiers tonnel de vin et le xiiiie. Le quart marchant ara le iiiie tonnel et le xiiie. Le cinquiesme marchant aura le ve tonnel et le xiie. Le sixieme marchant aura pour sa part le vie et le xie tonneaulz. Le septieme marchant aura le viie tonnel et le dixieme. Le huittiesme et derrenier marchant aura pour sa part le viiie et le noeufieme tonneaulz plains de vin. Et par ainsi sera justement parti fust et vin.

#### 230. *Demande.*

Jehan, Guillemme et Pierre, marchans, ont achatté une grant botte plaine de vin, laquelle botte tient tout justement dixhuit cens lots de vin. Or en voeult avoir Jehan plus que Pierre, et Pierre plus que Guillemme, et ainsi en sont d'accord, et par ainsi tout d'un accord fait entre eulz Jehan y fait une broche pour avoir son vin, dont le pertruis qui est fait en la ditte botte que la ditte broche estoupe est si a point fait que a tirer la ditte broche sans aultre tout le vin de la ditte botte seroit dehors en six heures tout a point. Pierre y fait une

---

[146] Altogether there are 16 casks containing 136 measures. Each of the eight merchants is to have an equal share of the casks, 2, and of the measures of wine, 17. The problem is easily solved, since casks 1 and 16, 2 and 15, 3 and 14, 4 and 13, 5 and 12, 6 and 11, 7 and 10, etc., contain 17 measures. Cf. nos. 234, 252.

aultre broche par laquelle s'elle estoit tiree sans aultre tout le vin de
ladite botte seroit dehors en ix heures.

*(f.50[v])*

Guillemme y fait une aultre broche par laquelle se elle estoit tiree
seule sens [*sic*] aultre tout le vin de la bote seroit dehors en dixhuit
heures. Or est ainsi que chascun marchant, quy sont eulz trois comme
dessus est dit, a mis ung vaissel dessoubz sa broche pour rechepvoir
son vin, et par commun accort ont tyré de la bote leurs broches
toutes trois ensemble a une fois. A savoir en quantes heures la ditte
bote sera vuyde et tout le vin dehors, et combien chascun des quatre
[*sic*] marchans aura de vin pour sa part.[147]

     *Response.*

La bote sera toute vuide en trois heures et tout le vin dehors. Et
aura Jehan par sa broche de six heures noeuf cens lots de vin, et
Pierre par sa broche de ix heures en ara sixcens lots, et Guillemme
par sa broche de dixhuit heures en ara trois cens lots. Et par ainsi
sera chascun des trois marchans content.

     231. *Demande.*

Ung homme doibt a iii hommes douze pattars. C'est assavoir a
l'un la moittié d'iceulz douze patars, a l'autre le tiers, et a l'autre le
quart. Lors il baille a ung sien ami qu'il sentoit sage et bien advisé les
douze pattars et lui prie que il en paie et contente iceulz trois hom-
mes. Et comme celluy qui pensoit paier de vi, de iiii, et de trois pat-
tars, iceulz dist que voulontiers le feroit. Mais en pensant sus
percheu que ainsi ne se povoit faire, et que vi et iiii et iii faisoient
xiii et il n'en avoit que

*(f.51)*

douze. Or vous demande comment il departy les xii pattars en ces
trois parties.[148]

     *Response.*

Le bon ami pensant a son fait va tellement departir les douze

---

[147] If the 1800 units drain in six hours, nine hours, and eighteen hours, the
respective rates of flow are 300 units per hour, 200 units per hour, and 100 units
per hour. If the rate of flow is 600 units per hour, the barrel will be empty in 3
hours. Jehan will have 900 units; Pierre 600 units, and Guillemme 300 units. Cf.
Marre, pp. 420–421 (no. XXI).

[148] This problem is that of the division of 12 as if it were 13: $12/2 = 6$;
$12/3 = 4$; $12/4 = 3$. $12/13 \times 6 = 5 \, 7/13$; $12/13 \times 4 = 3 \, 9/13$; $12/13$
$\times 3 = 2 \, 10/13$.

pattars qu'il en baille a chascun ce qu'il doibt avoir. C'est assavoir que au premier pour sa part et portion des douze pattars il lui donne cinq pattars et vii · xiii[e] [*sic*] de pattart. Au second pour son tiers de xii pattars il delivra trois pattars et noeuf xiii[es] de pattars, et au tiers pour son quart de douze pattars il baille deux pattars et x · xiii[es] de pattart. Ainsi sont douze pattars tout a point, car cinq, trois et deux sont dix, et sept, noeuf et dix sont xxvi · xiii[es] qui font deux entiers, et ainsi dix et deux font douze.

### 232. *Demande.*

Trois escuiers d'un commun accord ont achatté noeuf chevaulz a ung marchant, et a cousté le premier cheval vi frans, le second viii frans, le tiers dix frans, le quart douze frans, le quint quatorse frans, le six[e] seze frans, le septieme xviii frans, le huitieme xx frans, et le noeuf[e] xxii frans. Or sont les noeuf chevaulz en l'estable pour partir, et en doibt chascun des trois escuiers pour sa part avoir trois, et le marchant est la venu pour avoir son argent. A savoir comment chascun escuier aura pour sa part trois chevaulz si egalement partis que chascun en soit content pour sa part et portion et que l'un en paie autant

*(f.51[v])*

comme l'autre, et combien pour leur part et portion chascun payera.[149]

### *Response.*

L'un des escuiers ara le premier cheval, le xiiii[e] et le xxii[e]. Le second escuier ara le x[e], le xii[e] et le xx[e], et le tiers escuier ara le viii[e] cheval, le xvi[e] et le xviii[e].[150] Et payera chascun escuier quarante et deux frans. Et par ainsi seront les trois escuiers bien et justement departis, et le marchant bien contenté.[151]

---

[149] Nine horses having a total value of 126 francs are to be distributed equally among three *escuiers*. Each is therefore to receive three horses worth 42 francs. See fn. 150 for the proper plan of distribution. Cf. *MGH*, XVI, 333.

[150] The author, or scribe, has confused the ordinal number designating each horse with the cardinal number indicating its price. The first squire is to receive the first horse (vi francs), the fifth (xiv francs), and the ninth (xxii francs); the second squire should have the third horse (x francs), the fourth (xii francs), and the eighth (xx francs); and the third squire is to receive the second horse (viii francs), the sixth (xvi francs), and the seventh (xviii francs).

[151] *Contenté* is a commercial term meaning "satisfied" or "paid."

233. *Demande.*

Ung homme a troiz clers escripvans, dont l'un escript cinq fueilles de papier le jour, le second six fueilles et le tiers sept fueilles. Advient que ung aultre homme s'approche de luy et marchande de lui escripre ung livre contenant trois cens fuelles de papier a deux lez. Celluy va a ses trois clers, si leur baille troiscens fueilles de papier et dist que tous troiz escripvent tant que les troiscens fueilles soient escriptes. Assavoir en combien de jours ilz aront tout escript ledit papier et combien chascun escripvain pour sa part et portion rendra de papier escript.[152]

*Response.*

Car ilz debvront avoir tout escript en xvi jours et deux tiers de jour, et vecy la raison, car celluy qui escript cinq fueilles de papier le jour en rendra escript pour sa part iiii$^{xx}$iii fueilles et ung tiers de fueille; celluy qui en escript six fueilles le jour en rendra pour sa portion cent fueilles, et cellui qui en escript sept le jour en livrera cent

*(f.52)*

seze fueilles et deux tiers de fueille. Et par ainsi sera escript tout ledit papier sur le terme que dit est.

234. *Demande.*

Ilz sont quatre marchans qui ont achatté huit tonneaulz de herens cacqués, dont le premier cocquet tient onze cens de herens, le second en tient douze cens, et chascun des autres ensieuvant tient ung cent plus que l'autre et tant que le viii$^e$ doibt tenir xviii$^c$ de herenc. Assavoir comment chascun marchant ara sa part du dit herenc sans que aux tonneaulz l'en y prende ne mette maiz seront distribuez entiers comme ilz sont.[153]

*Response.*

Chascun marchant ara deux tonneaulz de herenc tenans deux mille et ix$^c$ par la maniere qu'il s'ensieut. Le premier marchant ara le pre-

---

[152] Since the daily production of the three clerks is 18 units, they will require 300/18, or 16 2/3, days to complete the task. The first clerk's share will be 5/18 of the total, or 83 1/3 sheets; the second will do 1/3 of the work, or 100 sheets, and the third will do 7/18 of the work, or 116 2/3 sheets.

[153] Cf. nos. 229, 252. Four merchants are to divide equally 8 casks of fish containing a total of 11,600 herring. Each merchant should receive 2 casks and 2,900 herring. This is easily accomplished since casks 1 and 8, 2 and 7, 3 and 6, and 4 and 5 contain the 2,900 herring.

mier tonnel et le viii$^e$ de herenc; le second ara le ii$^e$ et le vii$^e$; le tiers
ara le iii$^e$ et le vi$^e$, et le darrain ara le iiii$^e$ et le ve$^e$ [*sic*]. Et par ainsi
ilz sont tout egallement partis.

### 235. *Demande.*

Ung homme a iiii$^{xx}$ et dix poires et les baille a trois ses filles, c'est
assavoir a l'une cinquante, a l'autre trente, et a l'autre dix. Et lors
leur dist ainsi: ⟨⟨Mes belles filles, alez et vendez au marchié chascune
ce tant de poires que vous avez aussi chier le petit nombre comme le
plus grant ou l'autre. Et par ainsi vous me rapporterez autant
d'argent l'une comme l'autre.⟩⟩ Assavoir comment elles les pourront
tout justement ainsi vendre.[154]

*Response.*

*(f.52[v])*

Icelles trois filles vendent chascune leurs poires et en donnent sept
pour ung denier et aussi chier l'une comme l'autre, mais autant
d'icelles poires que elles ne povoient sortir par sept ensemble vendi-
rent chascune a part trois deniers la piece, et par ainsi la premiere
qui en a cinquante vent les xlix a vii pour ung denier vii deniers et
une iii deniers. La seconde qui en a trente vent les xxviii quatre
deniers et puis deux poires trois deniers chascune. Et la tierce qui
n'en a que dix donne les sept pour ung denier et les autres trois vent
chascune trois deniers, qui font ix deniers, et par ainsi ont elles autant
d'argent de leurs poires l'une comme l'autre, c'est assavoir chascune
x deniers.

### 236. *Demande.*

Ung preudhomme s'est party de sa maison pour aler oyr messe et
a en sa main prins de l'argent que il voeult donner pour l'amour de
Dieu. Et en son chemin il a encontré ung povre, qui lui demande
l'aumosne. Le preudhomme a ouvert sa main et lors a trouvé d'argent
plus la moittié qu'il n'en y avoit mis et perchoit bien que son
argent est doublé par moittié. Si donne au premier povre qu'il
treuve six deniers et garde son demourant d'argent. Si s'en va vers

---

[154] Of the 90 pears A is to sell 50; B 30, and C 10. Each is to receive the same
total amount from the sales and is to sell at the same price, which they fix as 7
for a penny or 3 pence each. Since $50 = (7 \times 7) + 1$; $30 = (7 \times 4) + 2$, and
$10 = (7 \times 1) + 3$, each vendor realizes 10 pence from the sale. For similar
problems, see (1) Fauset, p. 145 (no. 16); (2) Marre, p. 453 (no. CXLV); (3)
E. C. Parsons, "Barbados Folklore," *JAF* 38 (1925): 291 (no. 120).

l'eglise, et tantost il rencontre ung autre povre qui demande l'au-
mosne, et il oeuvre sa main, si treuve que son argent est doublé
comme devant, et lors il donne a ce second povre vi deniers

*(f.53)*

comme il avoit donné au premier. Si garde son demourant d'argent et
s'en passe oultre, mais tantost il rencontre ung aultre povre qui lui
demande l'aumosne. Lors il oeuvre sa main et perchoit que son
argent est de rechief doublé semblablement, si donne a ce povre vi
deniers et ne lui demeure plus d'argent en sa main. Assavoir combien
d'argent le preudhomme avoit quant se parti de sa maison.[155]

 *Response.*

Le preudhomme quant il parti de sa maison avoit cinq deniers et
une poitevine. Et quant il vint au premier povre son argent doubla,
si eust dix deniers et maille, dont il donna vi deniers; ainsi lui
demoura iiii deniers et obole, qui doublerent au second povre. Si ot
adont noeuf deniers, dequoy il en donna les six. Et par ainsi lui de-
moura trois deniers, qui doublerent au tiers povre, si eust six deniers
qu'il lui donna, pour quoy riens ne lui demoura de ses cinq deniers
et une poittevine.

 237. *Demande.*

Ung autre preudhomme se parti de son hostel pour aler a l'eglise,
et sur esperance de faire dire une messe de requiem. Adont il regarde
a sa bourse et treuve que il a sur le moins d'argent. Toutesvoies il va
aux cordeliers, et la il voit ung frere de son amistié et cognoissance
duquel il se confie moult et lui prie de dire une messe de requiem. Et
cellui le fait voulontiers, maiz

*(f.53[v])*

quant la messe est ditte le preudhomme va querir en sa bourse et
treuve que son argent est doublé et qu'il en y a deux fois plus, c'est
a dire la moittié plus qu'il n'avoit quant il parti de son hostel. Si
donne au frere cordelier deux solz, et encoires lui demeure de l'ar-
gent qu'il garde. Si part de la et s'en va aux carmes et prie a l'un des
freres qu'il voeulle pour lui chanter une messe de Nostre Dame. Le
frere lui accorde et la dist. Et le bon preudhomme aprés la messe
met main a sa bourse pour le payer et treuve que l'argent qui lui estoit
demouré par avant est arriere doublé. Si baille au frere deux solz,
mais encoires lui demeure de l'argent lequel il garde, puis s'en part

[155] See no. 224.

et tout droit s'en va aux freres prescheurs, et prie a ung frere qu'il treuve que il lui die une messe du Saint Esperit. Et le frere ainsi le fait. Aprés regarde le preudhomme dedens sa bourse, si treuve que son argent est encoires doublé et y a sur tout deux solz, lesquelz il donne au frere et ainsi s'en retourne sans argent a son hostel. Assavoir combien le preudhomme avoit d'argent quant il parti de son hostel.[156]

*Response.*

Il avoit vingt et ung deniers, qui lui doublerent a la premiere eglise, dont il eult troiz solz six deniers. Lors il en donna au cordellier deux solz et ainsi luy demoura dixhuit deniers, qui doublerent a la se-
*(f.54)*
conde eglise, ou il eust trois solz, dequoy il donna les deux, et lui de-mourerent douze deniers qui doublerent a la tierche eglise. Adont il eult deux solz, lesquelz il donna au frere; et par ainsi il ne lui de-moura riens de son argent. Et en feroit on autant sur ceste maniere que l'en vouldroit demander, mais pour ceulz qui l'entendent ce leur seroit tousjours d'une fachon et maniere.

### 238. *Demande.*

Ung preudhomme fut qui avoit cinq enffans; si fist son testament. Et laissa au premier de ses enffans ung denier et la sixieme partie de tous ses biens. Au second laissa deux deniers et la vi[e] partie de tous ses biens. Au tiers laissa trois deniers et la vi[e] partie de tous ses biens. Au quart il laissa quatre deniers et la vi[e] partie de tous ses biens. Et au cinquiesme laissa cinq deniers et la sixieme partie de tous ses biens s'elle y est. Or est assavoir combien le pere avoit vail-lant a ycelles parchons faire, car quant elles furent faittes ilz en ont chascun autant l'un comme l'autre ne plus ne moins.[157]

[156] Cf. nos. 224 and 236. Let $x$ equal the original sum. The man's money doubles; he has $2x$. He gives the friar 2 *solz*. His money doubles again, and he has $4x - 4$ *solz*. He gives the second friar 2 *solz* and has remaining $4x - 6$. The money doubles the third time, and he has $8x - 12$. He gives away two more *solz* and has nothing left. Thus, $8x - 14 = 0$, and $x = 7/4$ *solz*. Since 12 deniers equals 1 *solz*, $x = 21$ *deniers*. For similar problems see *MGH*, XVI, 334, and Marre, p. 423 (no. XXX).

[157] If $x$ equals the man's estate and our monetary unit is *deniers*:
$$1 + (x - 1)/6 = 2 + 1/6 (x - 2 - [1 + 1/6 (x - 1)])$$
$$6 + x - 1 = 12 + x - 2 - (1 + [x - 1]/6)$$
$$x + 5 = 12 + x - 2 - 1 - 1/6 (x - 1)$$
$$4 - 1/6 (x - 1) = 0, \text{ and } 24 - x + 1 = 0, \text{ and } x = 25.$$
Cf. Marre, pp. 448–449 (no. CXXIX).

*Response.*

Le pere avoit tout a point vaillant vingt et cinq deniers, et chascun de ses enffans en eut cinq pour sa part par la maniere qu'il s'ensieult, car le premier enffant eut ung denier et si eut la sixieme partie de xxiiii deniers qui vault quatre deniers. Or demeure

*(f.54[v])*

vingt deniers dequoy le second enfant eut deux deniers et la sixieme partie de xviii deniers, quy font trois deniers. Or y demeure quinze deniers, dont le tiers a troiz deniers et la sixieme partie de douze deniers, quy font deux deniers. Or demeure dix deniers, dont le quart enffant a quatre deniers et la sixieme partie de six deniers qui fait ung denier. Ainsi demeure cinq deniers qui sont au derrenier enffant, et n'y a point de sixieme partie. Et par ainsi a justement autant l'un comme l'autre.

239. *Demande.*

Ung homme a quatre enffans. Lequel fait son testament, mais il est courrouchié a l'un de ses enfans tant que il ne luy voeult riens donner du sien. Ainchois departist son avoir en trois parties, et en donne a chascun de ses trois enffans qu'il bien ayme ung tiers. Mais les trois enffans ont compassion de leur frere, si sont tellement d'accord que ilz lui donneront chascun d'eulz ung tiers de leur part, sur telle condition que leur dit frere donnera ung tiers de tout ce qu'ilz lui donneront pour l'amour de Dieu pour faire prier pour l'ame de leur pere, laquele chose cellui frere accorde et ainsi fut fait. Et lors que toutes ces parchons furent ainsi faittes, les quatre enffans ont tous ensemble deux deniers, c'est a chascun une maille. A savoir combien le pere avoit quant il fist son lay et combien le pere

*(f.55)*

laissa a chascun de ses trois enffans, combien ilz donnerent a leur frere, et combien cellui frere donna pour Dieu.[158]

*Response.*

L'homme avoit vaillant deux deniers poittevine, si laissa a chascun de ses enffans trois poittevines, et chascun d'iceulz trois enfans don-

---

[158] Let $x$ represent the total estate. The share of each of the three heirs (A, B, and C) is $x/3$ or $3x/9$. Each gives one third of his share to the disinherited brother, D, retaining $2x/9$. Momentarily D has $3x/9$, but after fulfilling his promise he too has $2x/9$. Their total assets derived from the father's estate now come to two *deniers*; thus $8x/9 = 2$ *deniers*; $8x = 18$, and $x = 2$ $1/4$ *deniers*. A, B, and C each inherited $3/4$ *denier* and ultimately retained $1/2$. D gave $1/4$ *denier* to charity and kept $1/2$.

nerent a leur frere qui riens n'avoit de son pere une poittevine. Si eust trois poittevines dont il en donna une pour Dieu. Ainsi lui demoura deux poittevines qui vallent une maille, et autant demoura il a chascun de ses freres.

### 240. *Demande.*

Trois freres sont lesquelz ont une suer a marier. Lors dist le moyen frere au plus jenne frere: ⟨⟨Il nous fault marier nostre suer; donnes lui aulcune chose du tien et je lui donray deux foiz autant comme tu lui donras.⟩⟩ Le jenne respond: ⟨⟨Voulontiers.⟩⟩ Et l'aultre frere plus grant dist: ⟨⟨Et je lui donrray deux fois autant que vous deux lui donnerez.⟩⟩ Maiz quant ilz lui eurent tout donné ainsi comme dit est, elle eust trois deniers sur tout. A savoir combien chascun de ses freres lui a donné.[159]

*Response.*

Le plus jenne lui donna le tiers d'un denier; le second deux tiers, ce fut ung denier, et l'aultre deux deniers. Ce sont tout a point trois deniers.

### 241. *Demande.*

J'ay esté au change pour changier ung flourin a menue monnoie, et le changeur m'a dit qu'il n'a que de deux manieres de

*(f.55[v])*

monnoies, dequoy mon flourin vault trente pieces de l'une des monnoies et de l'aultre il n'en vault que vingt pieces. Et je luy ay dit que je voeul avoir de toutes les deux manieres, et il m'en baille xxvii pieces. Assavoir quantes pieces il m'a bailliees de la maniere de trente et quantes pieces de la monnoie de vingt.[160]

*Response.*

Il vous a baillié xxi pieces de la monnoie de xxx et six pieces de la monnoie de vingt, et par ainsi vous devez estre content.

### 242. *Demande.*

Deux hommes se partent de deux villes comme vous pourriés dire Bruges et Gand qui sont a huit lieues pres l'une de l'aultre, dont

---

[159] Let $x$ represent the youngest brother's gift. Then the second brother's will be $2x$, and the eldest's will be $6x$. $9x = 3$ *deniers*; $x = 1/3$, $2x = 2/3$, and $6x = 2$ *deniers.*

[160] Let $x$ be the number of coins of such value that 20 of them are worth 1 florin. Let $y$ be the number of coins of such value that 30 of them are worth 1 florin. Then $x + y = 27$, and $x = 27 - y$. Also $x/20 + y/30 = 1$. $(27 - y)/20 + y/30 = 1$, and $81 - 3y + 2y = 60$. $y = 21$, and $x = 6$.

cellui qui voeult aler de Gand a Bruges si doibt aler seulement deux lieues le jour, mais celluy quy va de Bruges a Gand doibt aler le jour trois lieues. Et se partent tout a une heure desdittes deux villes. Assavoir en combien de jours ilz se rencontreront sur leur chemin.[161]

*Response.*

Sachiés que tous deux partans et cheminans comme dit est se rencontreront en ung jour et sept dixseptieme [*sic*] de jour.

243. *Demande.*

Une femme a eu trois maris, et tous trois la ont douee a mariage. Si la doua son premier mari d'une somme d'argent. Le second la doua de autant trois fois comme le premier, et le tiers la doua de quatre foiz autant que le second. Et quant icelle si eust tous ses douaires, elle eust quatre solz tout

*(f.56)*

a point. Assavoir de combien chascun de ses trois maris la doua.[162]

*Response.*

Le premier des trois maris la doua de trois deniers, le second mary de noeuf deniers, et le tiers mary de troiz solz.

244. *Demande.*

Le pere demanda a son filz pour tant que il le veoit soubtil et bien adreschié: ⟨⟨Se tu avoies avec ton eage encoires deux eages comme tu as et la moittié d'un tel eage comme est le tien avecques la moittié de la ditte moittié de ton dit eage, combien de ans cuideroies tu bien avoir?⟩⟩ [163]

*Response.*

Certes, mon chier pere, je aroie tout a point cent ans, et l'enfant disoit verité, car il avoit tout a point xxvi ans et huit mois. Et se

161 If A travels three leagues per day and B two leagues, their combined speed is five leagues per day. Let $x$ represent the time (in days) required for the men to meet. Since distance equals velocity multiplied by time, $8 = 5x$, and $x = 8/5$, or 1.6 days.

While the answer given in the French text, 1 7/17 days, is incorrect, it is not very wide of the mark. It would seem to have been derived arithmetically by successive approximations, and the solver probably gave up after getting close to the solution. Cf. Marre, p. 421 (no. XXII), and p. 448 (no. CXXVII).

162 Let $x$ represent the first husband's gift and our monetary unit be *deniers*. Then $x + 3x + 12x = 48$; $x = 3$ *deniers*; $3x = 9$ *deniers*; and $12x = 36$ *deniers*.

163 See *MGH*, XVI, 332. Cf. Migne, XC, 670, and CI, 1155.

Let $x$ be the son's age. Then $x + 2x + x/2 + x/4 = 100$; $4x + 8x + 2x + x = 400 = 15x$. $x = 80/3 = 26 \ 2/3$ years.

voulez compter par la maniere que dit est, certes vous n'y trouverez
ne plus ne moins.

245. *Demande.*
Vous qui cy dedens voulez lire, je vous pry, sachiez moy a dire
quans coups l'orloge de Gand frape chascun an sur Roland.[164]
    *Response.*
Se le nombre savoir voulez
De ce que demandé avez,
D'entendre soiez dilligent.
Lvi mille, noeuf cens,
Lxx et vi tant en trouvons
Rechoipt Roland de horions
Chascun an, soiez tous certains,
Tout justement, ne plus ne moins.

246. *Demande.*
Il prist voulenté a ung petit compaignon d'estre merchier, et s'en
ala changier son argent ce qu'il en avoit a mercherie. Et ce qu'il
achatta il revendi, si gaingna deux foiz autant que il avoit mis en
*(f.56[v])*
marchandise. Puis s'en ala achatter de rechief de la mercerie de son
gaing et de son principal, si la revendi et y gaingna trois fois autant
d'argent comme il y avoit mis. Lors il se advisa qu'il faisoit bon
marchander pour y gaingnier. Adont il rachatta de tout son argent
encoires d'aultre marchandise, laquelle il revendi et y gaingna par
quatre fois autant que il y avoit mis. Et aprés ce il mist tout son
argent ensemble, si trouva que sur tout il avoit acquesté vingt de-
niers. A savoir combien il avoit d'argent quant il commença.[165]
    *Response.*
Certes, il avoit une viese mitte, si ne savoit qu'elle vailloit.
Laquele il porta a ung merchier qui lui dist que sa mite vailloit la
tierce partie de ung denier. Et cellui pria audit merchier que il lui

---

[164] The clock strikes $2(1 + 2 + 3 + 4 + 5 + 6 + 7 + 8 + 9 + 10 + 11 + 12)$ or 156 times per day. If we divide the answer given in the French text, 56,976, by 156, we obtain 365 and 36/156, which is approximately what we should expect.

[165] Let $x$ represent the original capital and our monetary unit be *deniers*; then $x + 2x + 9x + 48x = 60x = 20$; and $x = 1/3$ *denier*.

donnast des aguilles pour sa mitte, et le merchier lui en donna deux, lesquelles il vendi ung denier. Si racheta des aguilles pour son denier, si les revendi quatre deniers, et en aprés de ces quatre deniers il rachatta des sifflets, cuilliers et fuiseaulz que il revendy et y gaingna seze deniers. Et par ainsi assembla il sur tout vingt deniers.

### 247. Demande.

Ung mien voisin me requist avant hier que je lui voulsisse prester place pour mettre une certaine quantité de fourment que il devoit rechepvoir, et adont

*(f.57)*

je lui respondi comment j'avoie ung coffre lequel avoit huit piés en toutes quarreures et que bien me plaisoit qu'il y meist son fourment. Si m'en dist grans merchiz et fist le dit coffre emplir de bon fourment. Aprés ce entour huit jours il revint a moy et me dist que il vouloit ravoir son fourment et que achatté avoit des coffres pour le mettre dedens. Et si me dist que chascun des coffres qu'il avoit achattez en toutes quarreures avoit quatre piés. A savoir combien de coffres chascun de quatre piés en toutes quarreures il fault que il envoie en ma maison pour mettre son fourment qu'il a bouté en ce dit coffre lequel a viii piés en toutes quarreures, se il voeult tirer dehors tout son fourment.[166]

*Response.*

Il fault que mon voisin envoie huit coffres et chascun de quatre piés en toutes quarreures. Et voyés icy l'exemple. Prendez ung blocq quy aist huit piés en toutes quarreures, et le faittes justement soyer en huit blocqueaulz; sans faulte chascun des huit blocqueaulz ara justement quatre piés en toutes quarreures.

### 248. Demande.

Se vous aviés ung blocq de boys si grant que il eust dix piés en toutes quarreures, combien de blocqueaulz et chascun de ung piet en toutes quarreures pensez vous que l'on en puist faire?[167]

*Response.*

*(f.57[v])*

On en pourroit faire ung millier, il est tout certain, car le premier pié vault cent blocqueaulz chascun de ung piet en toutes quarreures.

---

[166] $4^3x = 8^3$; $64x = 512$; $x = 8$.
[167] $1^3x = (10)^3$; $x = 1000$.

### 249. *Demande.*

Il[168] a en la ville ung puis moult parfond, car la corde est si longue que le tiers de la corde est en l'eaue et la moittié est depuis l'eaue jusques au sommet du puis, et si en a dehors le puis trois toises et demie. C'est assavoir quantes toises la corde poeult avoir de long.[169]

*Response.*

La corde a xxi[170] toises dont les sept toises sont en l'eaue, qui font le tiers de la corde, et si en a depuis l'eaue jusques au sommet du puis dix toises et demie, qui font la moittié de la corde, et au dehors trois toises et demie a bien compter; ce sont vingt et une toises; autant a la[171] corde de long.

### 250. *Demande.*

Ung arbalestrier a trait en ung bersail une vire si longue et de ung tant fort arbalestre que la moittié de la vire est oultre le bersail, et la tierce partie est dedens le bersail, et encoires est demouree la ditte vire quatre poulces et demy au lez devers le trait. Assavoir combien ladite vire a de longueur.[172]

*Response.*

Elle[173] a vingt et sept poulces de longueur, dont les treze poulces et demi ont passé le bersail, et les noeuf poulces sont dedens le bersail, et quatre poulces et demi qui sont au lez devers
*(f.58)*
le trait. Ce sont tout a point vingt et sept poulces.

### *Demande.*

Et semblablement poeult l'on dire d'une lance dont la moittié est en la bourbe, et le tiers du fust en l'eaue, et tant de piés que l'en vouldra mettre au dehors de l'eaue feront la sixieme partie de la dite lance. Tout ainsi que se l'en disoit quatre piés au dehors de l'eaue, la lance aroit xxiiii piés. Et se l'en disoit trois piés dehors l'eaue, elle aroit xviii piés. Et ainsi de tout tel nombre que l'en y vouldroit mettre, tous jours ce qui est dehors est la sixieme partie de quoy que ce soit en telle parture.

[168] Ms. reads "Ll."

[169] Let $x$ represent the length of the cord. Then $x/3 + x/2 + 3\ 1/2 = x$. $2x + 3x + 21 = 6x$, and $x = 21$.

[170] Ms. reads "xxiᵉ."

[171] Ms. reads "le."

[172] See Marre, p. 420 (no. XIX). If $x$ represents the length of the bolt, $x = x/2 + x/3 + 9/2 = (3x + 2x + 27)/6$, $6x = 5x + 27$, and $x = 27$.

[173] Ms. reads "Clle."

### 251. *Demande.*

Il est une place devant une eglise en ung village, laquelle place est tenue de quatre seigneurs. Et quiconques se combat sur icelle place il fourfait l'amende de soixante solz. Laquelle amende est a iceulz quatre seigneurs, dont l'un des seigneurs y a le tiers de l'amende, l'autre y a le quart, l'autre le quint, et l'autre le sixieme. Or est advenu que ung compaignon a fourfait icelle amende et l'a payee au rechepveur lequel y est commis depar les quatre seigneurs. Si sont venus les quatre seigneurs a leur rechepveur, auquel ilz demandent leur amende. Et le rechepveur dist a l'un des seigneurs: ⟨⟨Monseigneur, vous y avez ung tiers, ce sont vingt solz, tenez, vous estes payé.⟩⟩ Et puis dist a l'autre: ⟨⟨Monseigneur,

*(f.58[v])*

vous y avez ung quart, et voyés icy quinze solz.⟩⟩ Au tiers dist il: ⟨⟨Vous avez icy ung quint; voiés icy douze solz pour vostre part.⟩⟩ Et au quart dist: ⟨⟨Monseigneur, vous avez en ceste amende le sixieme, voyés icy dix solz pour vostre part.⟩⟩ Et par ainsi les quatre seigneurs s'en partirent bien payés et contens de leur amende de soixante solz. Et toutesvoyes au rechepveur pour sa part lui en demeure troiz solz.[174]

### 252. *Demande.*

Ilz sont quatre dames quy ont huit fusees a partir, dont l'une des fusees contient justement vingt aguilliés de fillet, chascune aguillié d'une toise de long ne plus ne moins. La seconde fusee contient quarante aguilliees, la tierce soixante, la quarte quatre vings, la quinte cent, la vi[e] six vings, la vii[e] sept vings, et la viii[e] huit vings. Asavoir comment chascune d'icelles dames aura tout a point autant d'aguilliees de filet l'une comme l'autre sans y riens desvelouper ne y prendre ne mettre. Et aussi bien chascune dame ara de aguilliees de filet a sa part pour ourler ses coeuvrechiés ou aultrement coudre.[175]

---

[174] No. 251 has no separate "Response."
This is a very simple problem in the addition of fractions:
$1/3 + 1/4 + 1/5 + 1/6 = (20 + 15 + 12 + 10)/60 = 57/60$. Thus, there is a reminder of $3/60$.

[175] Cf. nos. 229, 234. Four women are to share equally eight *fusees*, containing 20, 40, 60, 80, 100, 120, 140, and 160 *aguilliees* of thread. The sum of these multiples of ten is 720. Consequently, each woman is to receive 2 *fusees* and 180 *aguilliees*. The problem is easily solved by giving one woman *fusees* 1 and 8, the second woman *fusees* 2 and 7, the third woman *fusees* 3 and 6, and the last woman *fusees* 4 and 5.

*Response.*

Chascune dame ara deux fusees et noeuf vings aguillyés de filet
par la maniere qu'il s'ensieult. L'une des quatre dames ara la pre-
miere et la viii[e]. L'autre ara la seconde et la vii[e] fusee. La tierche
dame ara pour sa part la troisieme et la vi[e] fusee, et la quarte dame
ara

*(f.59)*

la iiii[e] et la cinquiesme fusee. Et par ainsi ara chascune des quatre
dames sa part justement autant l'une comme l'autre, tant de fusees
comme de filet.

### 253. *Demande.*

Chiere dame que j'ay long temps servie, il est ainsi que l'on me
requiert moult fort de mon amour. Et pour tant par vostre courtoisie
voeulliés moy conseillier auquel des deux je pourray acquerir plus
d'honneur et bonne renommee, ou en ce que je laisse a cel amant dire
a moy seulement sa voulenté, ou ainchois qu'il encommence l'escon-
dire sans point oyr par fin amour; louez moy le meilleur.

*Response.*

Damoiselle, de la moie partie, tant pour vostre honneur garder,
pour vostre bien et pour vostre vallour, et sans en riens demourer
amendrie, vous pourrez tresbien souffrir que l'amant die sa
voulenté[176] se vous le tenez pour honneste et discret, aultrement non,
sans lui mettre son courage en erreur ou en chemin de desespoir, car
en luy oyant pourrez vous bien eslire a vostre plaisir l'ottroy ou
l'escondir, et aveuc ce pourrez vous entendre et savoir se il parle ou
de sens ou de folie.

*Replicque.*

Dame, vostre conseil ne voeul je mie deslouer, mais damoiselles
ne doibvent nullement hommes escouter fors bien accompaignié, car
tousjours doibt avoir paour qu'elle ne soit par escouter engingniee,
car par coustume hommes sont trop grans losengeours et toutes

*(f.59[v])*

leurs raisons scevent si tres bien aourner et mettre par escript qu'en
eulz escoutant pourroit dame ou damoiselle baillier si grant audience
dont bientost acquerroit deshonneur.

### 254. *Demande.*

Damoiselle, je vous prie que voeulliés replicquer contre moy a la

---

[176] Ms. reads "voulent."

demande que je vous feray. Une dame simple et quoie est bien amee de foy et elle aussi bien ayme, ce sachiés vous tout pour vray, maiz celluy est de telle condition que il ayme si que son intention et requestes ne oze nullement jehir, et si ne poeult tellement avenir que par nul tour lui fache savoir. Or m'en voeulliés a vostre advis respondre la verité, se elle s'en doibt descouvrir ou s'elle s'en doibt taisir.

*Response.*

Vostre dame voulroie bien jugier sans faire loy, puiz que amours si les maistroie que ilz ayment bien tous deux de coeur loialment. Je vous dy bien se celluy n'a le coeur hardi de lui dire comment il l'a tant chiere, pas ne doibt celle estre fiere. Ainchoiz doibt obeir son coeur et sa bouche ouvrir pour l'amour faire apparoir; consideré que cellui n'en a le povoir, franchement elle le doibt parfurnir se de l'amour voeult jamais jouyr.

### 255. *Demande.*

Prince du puy, or respondez au jeu que je vous partiray. A vostre sens le meilleur prendez; de l'autre me deffenderay. Lequel a plus
*(f.60)*
dure vie et plus angoisseuse, ou cellui qui en jalousie demeure tous jours de sa moullier, ou cellui qui scet sans point cuidier que il est vuihos de s'amie?

*Response.*

Compains, tel jeu parti m'avez ou certes nul bien cognoistre ne sçay. Non pour quant je me suis advisé, car je vueil mieulz cuidier en esmay de ma femme la folie que savoir la tricherie de m'amie au vray jugier. De ce tant maulvais jeu de legier vous en ay dit mon envahie.

*Replicque.*

Prince, le pieur pris avez, et par droit le vous moustreray. Se de celle dont suis amé suis vuihos, partir m'en pourray. Heritage n'est ce mie, maiz ma femme n'est guerpie de moy pour nul destourbier. Si ayme mieulz le mal que l'en poeult tost laissier que longue maladie.

### 256. *Demande.*

Amis, a vostre adviz et bon ensient, lequel ameriés vous mieulz, ou celle que vous tenez pour vostre loiale dame vous deist tout playnement que plus n'eussiez sur elle quelque attente, ou qu'elle par contenance vous meist lieu de parler a elle priveement et si vous mentesist celle foiz et plusieurs autres?[177]

[177] Cf. nos. 170, 674.

*Response.*

Prince, sachiés vrayement du prendre suis en bonne voulenté, et depuis que j'en ay le lieu avoir desiré l'ottroiement que je parle a lui par

*(f.60[v])*

sa vaillance, car quant je y faulroie si auroie je esperance de recouvrer. Tel espoir seulement me vaulra trop mieulz que tout escondissement.

*Replicque.*

Amis, qui ad ce s'atent, que on lui mette faintiz lieux, a folie est ententieuz et son temps pert trop nichement. Se l'on m'escondit c'est bien segniffiance qu'en autre lieu voise querir chevance, car l'on ne doibt point perdre son jouvent, mais ainchoiz querre son avantage briefment.

257. *Demande.*

Gentil chevallier, vous avez amie a vostre talent qui vous ayme et bien et loialment. Et l'avez bien en vostre dangier, mais lequel avez vous plus chier, ou que vous soiés d'elle jalouz ou qu'elle le soit de vous?[178]

*Response.*

Ma treschiere dame, voeulliés oyr ma response. A ce m'assent au plainement. La jalousie a son gré, puis que de fin coeur entier n'ayme ne jalouz ne coulz, ne voeul je estre maiz tousjours joieulz.

*Replicque.*

Chevallier, vous estes trop abusé et si avez fol sentement, car selon mon droit jugement vostre dame voulez trechier quant ainsi la pensez engignier de moult douloureuz courrouz, dont corps art et seche tous.

258. *Demande.*

Escuier, se il est ainsi que vous amez loialment damoiselle de jouvent et celle vous aultresy, lequel avez vous plus

*(f.61)*

chier, ou que vous la prendiés a moullier ou sans espouser en tel estat remanoir?[179]

*Response.*

Dame, sachiés tout pour vray quant amant s'amie prent plus doibvent estre souvent leurs deux coeurs loiaulz amiz sans faulser ne

[178] No. 137.
[179] No. 135.

sans changier, et accomplir leur desirier sans amours grever, et pour tant prens le a marier.

*Replicque.*

Escuier, je vous affy qu'amours par mariement ne pevent durer longuement. Il est adés aveuc lui qui bien ayme, il doibt en dangier manoir. Pour tant ne oze jugier que l'on puist bien amer ce que l'on a de legier sans desirer.

259. *Demande.*

Une chose fut trouvee qui oncques esté n'avoit, et cellui qui riens n'y avoit la donna a celluy propre a qui c'estoit.[180]

*Response.*

Ce fut le baptesme que Saint Jehan Baptiste donna a Nostre Seigneur.

260. *Demande.*

Qui est cellui en toutes bonnes villes auquel jusques qu'il a comptee sa cause l'on baille et par plus de gens audience en tout[181] silence?

*Response.*

C'est a la cloche de l'orloge quant les heures sonnent.

261. *Demande.*

Prenez Paris sans per et le nom du tiers homme, lors sçaurez vraiement comment madame se nomme.[182]

*Response.*

Elle doibt avoir a nom Ysabel.

262. *Demande.*

De quel mestier sont deux hommes alans tout

*(f.61[v])*

de front parmi la ville et en devisant font leur stille, desquelz l'un sacque et l'autre boute?

---

[180] See (1) Claret, no. LXXXVII; (2) Rolland, pp. 113–114 (no. 266); (3) Taylor, headnote (hereafter abbreviated to "hn."), 1589–1590. Cf. Wilmanns, no. 41.

[181] Ms. reads "toute silence."

[182] Cf. nos. 563, 564. For similar puzzles, see (1) Fauset, p. 148 (no. 31); (2) Ewald Flügel, "Liedersammlungen des XVI. Jahrhunderts . . . , III," *Anglia* 26 (1903): 228; (3) J. O. Halliwell-Phillipps, *The Nursery Rhymes of England,* p. 128 (no. CCXII); (4) *Irish Riddles,* p. 86 (nos. 676, 677). According to the Taylor-Abrahams manuscript material, the Halliwell-Phillipps version is in oral circulation in Texas.

*Response.*
Ce sont deux hommes menans brouettes.

263. *Demande.*
Qui d'un seul pays osteroit le nom d'une anguile sallee, en verité tost il pourroit savoir comment madame est appellee.
*Response.*
Le seul pays est dit pour Allemaigne. Alle est dit pour l'anguille. Et ainsi reste Maigne, qui est le nom de madame.

264. *Demande.*
De quelz deux choses doibt ung joly bergier mieulz ressembler ung noble homme?
*Response.*
De avoir beaulz ongles et coutelet bien trenchant, veu qu'il a si bon loisir de les mettre a point.

265. *Demande.*
Ung enfant fut parlant et vif;
Son pere est mort et non pas vif;
Le pere vit, et le filz non.
Or regardez par quel raison.[183]

*Response.*
L'enfant fut né aveugle et oncques ne vit.

266. *Demande.*
Je fus nez avant mon pere
Et engendré avant ma mere,
Et ay occis le quart du monde,
Ainsi qu'il gist a la reonde,
Et si despucelay ma taye.
Or pensez se c'est chose vraie.[184]

---

[183] Cf. *JP*, I, f. 100:

> Ung enfant est nez qui encores vit.
> Son pere est mort et en terre mis.
> Le pere vit, et l'enfant non,
> Or regardez par quel raison.

[184] Compare this riddle with no. 721, and see notes to no. 721. See (1) Brandl, p. 12 (no. 25), p. 19 (no. 62), p. 53 (no. 3); (2) G. B. Corsi, "Indovinelli senesi," *Archivio per lo studio delle tradizioni popolari* 10 (1891): 397 (no. 6); (3) Max Förster, "Kleinere mittelenglische Texte," *Anglia* 42 (1918): 212 (no. 3); (4) J. O. Halliwell-Phillipps, *Popular Rhymes and Nursery Tales*, p. 154; (5) *Irish Riddles*, p. 77 (no. 616), p. 78 (nos. 621, 622); (6) Kristensen, p. 261

*Response.*
Ce fut trouvé et dit pour Cayn, qui par envie tua son frere Abel.

267. *Demande.*
Quelz maniere de gens sont au monde sur tous autres plus reverens?[185]
*(f.62)*
*Response.*
Ce sont boisteuz, car en parlant a autrui ou en marchant ou prendant congié tousjours encline les gens.

---

(no. 8); (7) M. Mila y Fontanals, "Anciennes énigmes catalanes (XVIᵉ siècle [?])," *Revue des langues romanes* 11 (1877): 7–8; (8) Rolland, p. 112 (no. 263); (9) G. Rua, "Dal Novelliere di Celio Malespini . . . ," *Archivio per lo studio delle tradizioni popolari* 9 (1890): 506; (10) Frederick Tupper, "The Holme Riddles (MS. Harl. 1960)," *PMLA* 18 (1903): 220 (no. 6), 230 (no. 78); (11) Wilhelm Wackernagel, "Sechzig Räthsel und Fragen," *Zeitschrift für deutsches Altertum* 3 (1843): 33 (nos. 54, 55); (12) *Welsh Riddles*, p. 307 (no. 453), p. 308 (nos. 458, 459); (13) Wilmanns, p. 169 (no. 42); (14) E. Wölfflin-Troll, "*Joca Monachorum*, ein Beitrag zur mittelalterlichen Räthsellitteratur," *Monatsberichte der königlich preussischen Akademie der Wissenschaften zu Berlin*, 1872, p. 109 (no. 3). Cf. Antonio Machado y Alvarez (pseud.: Demófilo), *Colección de enigmas y adivinanzas en forma de diccionario*, pp. 20–21 (nos. 13, 14, 15, 16), p. 23 (no. 26); F. Rodríguez Marín, *Cantos populares españoles*, I, 297–298 (nos. 881–883); Taylor, BR, p. 242 (no. 12) and note 12 on p. 248.

According to the Taylor-Abrahams manuscript, versions of this riddle are orally current in Texas. Taylor and Abrahams supply the following references: (1) G. F. Abbott, *Macedonian Folklore*, p. 321; (2) T. Braga, *O povo portuguez*, II, 397 (no. 87); (3) A. F. Butsch, ed., *Strassburger Räthselbuch; die erste zu Strassburg ums Jahr 1505 gedruckte deutsche Räthselsammlung*, p. 25 (no. 284); (4) O. Christoffersson, *Gåtor från Skytts härad*, p. 61 (no. 13); (5) *Demaundes Joyous*, p. 290 (nos. 46, 47), and corresponding notes on pp. 294–295; (6) H. F. Feilberg, *Bidrag til en ordbog over jyske almuesmål*, II, 73; (7) Freidank, *Vridankes Bescheidenheit*, p. 109, vv. 8–9; (8) Geijer and Campbell, "Gåtor," *Svenska Landsmål ock Svenskt Folkliv* 191 (1930): 52 (no. 127); (9) Hugo Hepding, "Hessische Hausinschriften und byzantinische Rätsel," *Hessische Blätter für Volkskunde* 12 (1913): 175; (10) Joos, *Raadsels*, no. 825; (11) R. Lehmann-Nitsche, *Adivinanzas rioplatenses*, p. 196 (nos. 457, 458, 459); (12) F. J. M[one], "Räthselsammlung," *Anzeiger für Kunde der teutschen Vorzeit* 7 (1838): col. 50 (nos. 158, 167); (13) A. Nicolson, *Gaelic Riddles and Enigmas*, p. 63; (14) N. Reusner, *Ænigmatographia*, p. 91; (15) G. Roethe, ed., *Die Gedichte Reinmars von Zweter*, pp. 252, 512, 621 (note on no. 205); (16) J. Siebert, *Der Dichter Tannhäuser*, pp. 192–193; (17) Ström, *Svenska folkgåtor*, p. 245 (col. 1, no. 1); (18) Wossidlo, *Mecklenburgische Volksüberlieferungen*, I, 127 (no. 411).

[185] Cf. no. 429.

268. *Demande.*

A quoy savez vous que ung homme porte argent et de quel stille il est sans le veoir ne attouchier ne parler a luy ne faire parler?

*Response.*

C'est ung çavetier lors qu'il va criant viez souliers.

269. *Demande.*

Comment serviriés vous vostre amie de ung més de cul sans villonnie sur ung trenchoir de tous bois?

*Response.*

L'on lui presenteroit ung oeuf sur une cuignié.

270. *Demande.*

De quelz gens treuve l'on plus ouvrans de ung mestier?[186]

*Response.*

C'est de çavetiers, car le plus des gens font souliers vieulz.

271. *Demande.*

Blanc que maton,
Tortu que faucille,
Droit que bougon,
Noir que charbon,
Paissant comme anguille.[187]

*Response.*

C'est ung viez cisne en une riviere.

272. *Demande.*

Pourquoy dist l'en par coustume couteau de femme mal trenchant ou enroullié?

*Response.*

Pour tant qu'elles ont leurs gaynes moistes le plus du temps.

273. *Demande.*

Qu'est ce? Hault nit pia, quaille bas l'a.[188]

*Response.*

C'est une pie, qui a son nit hault, et une quaille le a bas.

274. *Demande.*

Par ou entre ne comment le boisteuz ou moustier?

---

[186] Cf. no. 353, and Thompson (H659.6).
[187] Cf. Taylor, hn. 1379–1382, and corresponding notes on pp. 837–838.
[188] Cf. Rolland, *Rimes*, p. 216 (no. 91).

*(f.62[v])*
    *Response.*
Il n'y scet entrer synon par le clochier.

    275. *Demande.*
Quel de tous les utensiles d'une maison est a toute heure le plus prest a servir?[189]
    *Response.*
C'est ung chandelier.

    276. *Demande.*
Quel hostil est ce en une eglise qui mains y fait d'honneur et plus de prouffit?[190]
    *Response.*
C'est cellui dont l'en estaint les chandeilles.

    277. *Demande.*
J'ay ung ostil bel et droit,
Une foiz crombe, l'autre droit.
Dieu, qu'il est bel quant il tent
Et ne vault rien se il ne tent.
Je sacque aval; je tire amont,
Je fier en l'estaque bien parfont.[191]
    *Response.*
Ce est dit pour ung arc a main quant l'en tire de une flesche ou non.

    278. *Demande.*
Quelz gens poevent en une bonne ville demourans en paix estre les plus hays?
    *Response.*
Ce sont medechins et cirurgiens, car ilz vont le plus querant le desplaisir et dommage de toutes gens.

    279. *Demande.*
Quelz gens au monde sur tous sont les plus certains devins?
    *Response.*
Ce sont larrons, car ilz scevent a la verité combien, comment et ce que l'en a perdu.

[189] See Hassell, no. 120.
[190] Cf. Taylor, hn. 1674–1680; *Welsh Riddles*, p. 300 (no. 406).
[191] Cf. Claret, no. LXV.

280. *Demande.*

A quoy est ce que povres gens perdent moult pour tant que ilz n'y ont grant dommage?

*Response.*

C'est a l'or et aux monnoies quant ilz sont deffenduz, car s'ilz en avoient plenté pour y perdre de mieulz leur en seroit.

*(f.63)*

281. *Demande.*

Il n'est gaires plus groz que une puce, et si en feroit on bien une aumuce.[192]

*Response.*

C'est une semence de coulz.

282. *Demande.*

Quelz deux choses sont il au monde corporelles dont il est le plus, qui plus souvent se changent, dont l'en a meilleur marchié et dont passer nulz ne se poeult?[193]

*Response.*

Ce sont ayr et eaue.

283. *Demande.*

Quelle est la plus france chose du monde, fort hantee, moult doubtee, et que homs poeult moins adommagier?

*Response.*

C'est l'eaue de la mer.

284. *Demande.*

Placque a cul quatre coues.

*Response.*

C'est une selle que l'en prent d'une main pour se asseoir dessus au feu ou ailleurs.

285. *Demande.*

Il n'est neant plus grant que le pié d'une mulle, et si deboute bien cent bestes de leur pasture.[194]

*Response.*

Ce est dit pour ung pigne, qui abat les poulz de la teste.

---

[192] No. 525.

[193] No. 740.

[194] See (1) Claret, no. LXXXV; (2) Ferrand, p. 228; (3) Rolland, pp. 89–90 (no. 191); (4) Taylor, p. 735 (note to no. 459).

286. *Demande.*

Le dessus muchié et le cul a l'ayr.

*Response.*

Ce est dit pour ung four et pour la femme de village lors qu'elle chemine par lait temps.

287. *Demande.*

Pourquoy uzent les femmes leurs soulliers plustost derriere que devant?[195]

*Response.*

Par leurs talons trop cours, qui les tient en dangier de tost cheoir ou renverser.

288. *Demande.*

Quelz deux manieres de choses treuve l'en par tout le monde dont il est

*(f.63[v])*

autant de l'un comme de l'autre?

*Response.*

Ce sont de montaignes et de vallees, car l'un ne poeult estre sans l'autre.

289. *Demande.*

Je vis ce que je vis,
Mais je ne l'oze dire.
Je vis deux freres gris
Eulz esbatre et rire
A deux beghinettes,
Non a eschés ne a quilles.
Moult me trouvay abus,
Car fort furent jennettes,
Quant je vis quatre culz
Fermez a deux chevilles.[196]

*Response.*

Il vit quatre oisons, deux mascles et deux femelles, paistre l'erbe et lendemain les vit deux a deux rostir au feu en deux longues chevilles de bois.

195 See Hassell, no. 74.
196 Cf. no. 420.

290. *Demande.*
Il est court, rond et groz;
Je le met entre mes os,
Et quant il se destempre
La doulceur m'en va ou ventre.
*Response.*
C'est une cerise quant l'en la rompt entre ses dens et le jus en yst.

291. *Demande.*
Quelz deux choses sont au monde plus contraires par nature? L'en
dist que c'est eaue et feu, mais aussi bien le sont deux montaignes et
deux culz, car deux montaignes jamais ne se rencontrent et souvent
deux culz prendent plaisir a eulz rencontrer.[197]

292. *Demande.*
Pourquoy en nul temps de l'an n'est nulz reprins s'il effondre ung
pasté a mains deslavees?
*Response.*
Pour tant que les mains lavees sont les mains nettes.

293. *Demande.*
Dequoy a il mains a Paris et a Rouen?
*(f.64)*
*Response.*
Plenté en y a de char et de os.

294. *Demande.*
De quoy a il le plus a Pariz et se y pert le moins?
*Response.*
C'est de pas de gens.

295. *Demande.*
De quel mestier a il le pluz de gens a Paris?[198]
*Response.*
Ce sont de vuideurs d'escuelles.

296. *Demande.*
Dedens Pariz a une chose
Droit ou mylieu dedens enclose.

[197] Here the question and answer have been combined. See (1) Hassell, no.
62; (2) Le Roux, I, 226; (3) Tilley (F246); (4) Whiting (W83).
[198] In the ms. this sentence is followed by the single word *ce*. The scribe evi-
dently started to write the answer immediately after the question.

Et n'est nulz qui en puist paix faire,
S'il ne voeult Paris tout deffaire.[199]
    *Response.*
Ostez de Paris la R.

    297. *Demande.*
Quelle chose est ce qui ne soustendroit pas une maille et si sousten-
droit moult bien cent muys de paille?[200]
    *Response.*
C'est seulement eaue.

    298. *Demande.*
En quel temps de l'an ont par tout le monde les gens plus grant
fain?
    *Response.*
C'est incontinent que l'en a fené.

    299. *Demande.*
Sur quel jour de l'an est le herenc caqué plus delicieuz a mengier?
    *Response.*
C'est le jour du venredi saint ou il n'a point d'autre poisson.

    300. *Demande.*
En quel saison de l'an survient la pestilence sur toute poullaille?
    *Response.*
C'est quant les gens de guerre se mettent a ost sur les champs.

    301. *Demande.*
A quelz maniere de gens ne doit on jamais retenir leur loyer?

---

[199] See Kristensen, p. 104 (no. 442; cf. no. 443), and J. Roux, "Enigmes po-
pulaires du Limousin," *Revue des langues romanes* 12 (1877): 186 (no. XCV).
Cf.: (1) C., "Riddle by Charles II," *Notes and Queries* (3rd ser.) 2 (1862):
305; (2) Oskar Haffner, "Volksrätsel aus Baden," in *Volkskunde im Breisgau*,
p. 101 (no. 318); (3) Hanika-Otto, *Sudetendeutsche Volksrätsel*, pp. 91–92
(no. 554); (4) J. H. Johnson, "Folk-Lore from Antigua, British West Indies,"
*JAF* 34 (1921): 83 (no. 4); (5) *Welsh Riddles*, pp. 289, 291, 292 (nos.
335, 336, 346, 349, 351); (6) N. I. White, ed., *The Frank C. Brown Collection
of North Carolina Folklore*, I, 316 (no. 142). According to the Taylor-Abrahams
manuscript the following reference is pertinent: Eliza Gutch and Mabel Peacock,
*Examples of Printed Folk-Lore Concerning Lincolnshire*, p. 401 (no. 29).

[200] See Rolland, pp. 10–11 (no. 23), Taylor, no. 728, and note for no. 728 on
p. 762. Cf. E.-H. Carnoy, "Devinettes picardes," *Rdtp* 1 (1886): 53.

*Response.*

C'est aux gens d'armes qui grandement le desser-

*(f.64[v])*

vent, car ilz sont payés pour mal faire et ilz font mal et pis.

302. *Demande.*

Prendez trois brances de violette
Et la moittié d'un chappelet,
Si saurez le nom de m'amiette,
Qui est bel et joliet.

*Response.*

Il fault prendre tant de lettres que l'en y treuve calle.

303. *Demande.*

Quant la maisnie fut prinse, la maison s'en fuy par les trous.[201]

*Response.*

La maisnie, c'est le poisson; la maison, c'est l'eaue; les trouz, c'est le harnas.

304. *Demande.*

Quant je fus vif je peuz les vifs. Or suis je mort, et les vifs porte; et par dessoubz moy courent les vifs.[202]

*Response.*

Ce se dit pour ung grant chesne dont l'en a fait ung pont sur une eaue.

305. *Demande.*

Il est a la table et si ne le mengue on mie; il se boute ou feu et si ne le art mie; il se boute sur l'eaue et si ne noie mie.[203]

*Response.*

C'est le soleil ou la lune.

306. *Demande.*

Lequel du lievre entre le premier ou bois?[204]

*Response.*

C'est son alaine.

---

[201] See no. 570 and the notes to it.

[202] See no. 526 and its notes.

[203] See Taylor, hn. 165–173; *Irish Riddles*, p. 64 (nos. 491, 492).

[204] No. 462. See *Irish Riddles*, p. 69 (no. 527), and Kerbeuzec, p. 508 (no. 86). Cf. Sébillot, p. 324 (no. 90).

307. *Demande.*
Qu'est ce qui va autour du bois sans entrer dedens?[205]
   *Response.*
C'est l'escorce de l'arbre.

308. *Demande.*
Quant est jenne c'est il, et quant est viel c'est elle.[206]
   *Response.*
C'est premier le croissant et aprés c'est la lune.

309. *Demande.*
*(f.65)*
Quelle chose est ce qui donne ce qu'elle n'eust oncques, ne n'a, ne jamaiz n'ara?[207]
   *Response.*
C'est une pierre qui donne trenchant.

310. *Demande.*
De quelz fueilles est il le plus au bois?[208]
   *Response.*
De celles a queue.

311. *Demande.*
Quele beste chasse le loup hors du bois par necessité?[209]
   *Response.*
Famine.

312. *Demande.*
Ou est le mylieu de la patrenostre?
   *Response.*
C'est le trou par ou va le cordel.

---

[205] Cf. no. 363. See Rolland, p. 43 (no. 86), and Taylor, no. 198. The Taylor-Abrahams manuscript material includes the following variant, orally current in Texas: "What runs round and round a tree and never gets tired? — The bark."

[206] See Rolland, p. 149 (no. 387).

[207] Taylor, hn. 1589–1590, pt. 4 (p. 647); cf. Tilley (W299) and Whiting (W217).

[208] Cf. no. 512, and Thompson (H705.1).

[209] See (1) Cotgrave (*s. v. loup*); (2) Le Roux, I, 181; (3) Richard Jente, ed., *Proverbia Communia*, p. 208 (no. 391); (4) Tilley (H812); and (5) Whiting (H638).

313. *Demande.*
Qu'est ce que de ung manifestus?
   *Response.*
C'est ung couvreur d'estrain.

314. *Demande.*
Pourquoy par coustume se tourne le chien deux ou trois fois avant
qu'il se couche pour dormir?[210]
   *Response.*
Pour tant que il quiert aprés son chevés.

315. *Demande.*
Pourquoy fait par coustume le chien feste a son maistre seulement
de sa queue?[211]
   *Response.*
Pour ce qu'il ne porte rien sur sa teste pour soy deffuler devant luy.

316. *Demande.*
Quel est le son de tous les instrumens du monde qui moins plaist
aux dames?
   *Response.*
C'est d'un vit qui se clipotte quant il a pissié.

317. *Demande.*
Corps sans teste, manses sans bras, panse sans boutine, et cul sans
trou.
   *Response.*
C'est ung personnage
*(f.65[v])*
qu'on dit de quartes.

318. *Demande.*
De toutes choses quele est celle qui va le plus droit parmi le
bois?[212]
   *Response.*
C'est la moille du bois.

319. *Demande.*
De quelle condition de pierres est il le mains en la mer?[213]

210 Rolland, pp. 135–136 (no. 328).
211 Cf. Rolland, p. 163 (no. XLIX).
212 No. 528.
213 Cf. nos. 456, 461.

*Response.*
C'est des non moulliés.

320. *Demande.*
Pourquoy par coustume sont ces jennes filles si enclines a aidier a marier l'une l'autre?
*Response.*
Elles dient que c'est pour tant qu'on s'en cevit mieulz; cevir est dit pour prouffiter.

321. *Demande.*
En quelle saison de l'an est le vin blanc plus delicieuz a boire?
*Response.*
Quant il n'y a point plus de vermeil.

322. *Demande.*
En quel temps de l'an fait il le plus plaisant aler a pié?[214]
*Response.*
C'est quant on tient son cheval par la bride.

323. *Demande.*
Quelle est la plus noble et la plus franche verdure de tout le bois?[215]
*Response.*
C'est la fueille du houz.

324. *Demande.*
Quelle est la plus forte beste du monde?[216]
*Response.*
C'est ung limechon, car en soy mettant au chemin il porte sa maison aveuc lui.

325. *Demande.*
Quelle est la plus terrible beste du monde?
*Response.*
C'est ung veau, car si tost qu'il est né il le convient loyer.

---

214 See (1) Cotgrave (*s. v. cheval*); (2) Le Roux, I, 160, 162; (3) Tilley (W10).
215 See Sauvé, p. 95 (no. 128), who explains why: "Parce qu'on ne peut l'employer à certains usages du domaine de la scatologie." See also *Demaundes Joyous*, p. 288 (no. 20).
216 See (1) *Irish Riddles*, p. 30 (no. 230); (2) Rolland, p. 40 (no. 76; cf. no. 75); (3) Taylor, no. 727.

**326.** *Demande.*

Lequel ariés vous plus chier, ou que ung loup vous mengast ou
*(f.66)*
ung cheval?

*Response.*

J'ameroie trop mieulz que le loup mengast le cheval.

**327.** *Demande.*

Pourquoy le regnart ou le blaireau se retournent ilz ains que ilz
rentrent en leur tanniere?

*Response.*

Pour tant que ilz ne ont les yeulz auprés du cul.

**328.** *Demande.*

Quelle[217] est la chose qui ne couste non plus a en donner large-
ment a ung millier de gens que a deux ou a trois?

*Response.*

C'est le beneichon que le preste donne aprés sa messe.

**329.** *Demande.*

Quelle est la chose au monde de plus contraire ordonnance a ung
moustier?

*Response.*

C'est ung four et pour mainte raison, car a ung four l'autel est a
l'entree et a ung moustier il est dedens ou plus parfont.

**330.** *Demande.*

De quel entremés fait l'en autant d'appareil pour ung homme ou
pour deux comme pour ung millier?

*Response.*

C'est pour chanter ou dire messe.

**331.** *Demande.*

Pourquoy a enfourner ou a tirer le pain du four ne fault il nulz
bericles?

*Response.*

Pour tant que on n'y voit que de le gueule.

**332.** *Demande.*

Dont vient ce que par coustume le plus des femmes ont les cuisses
et en amont plus groz que les hommes?

---

[217] Ms. reads "Puelle."

*Response.*
La raison est telle que l'englume doibt estre plus grosse que les marteaulz.

333. *Demande.*
Pourquoy fait on les
*(f.66[v])*
fours dedens Saint Omer?[218]
*Response.*
Pour tant qu'on ne puet faire Saint Omer ou autre bonne ville dedens les fours.

334. *Demande.*
Pourquoy par coustume pisse on?[219]
*Response.*
Pour les trés passez.

335. *Demande.*
Pourquoy pisse on encontre les murailles?
*Response.*
Pour ce qu'on ne poeult pissier oultre.

336. *Demande.*
Pourquoy n'est il deffendu que vieil homme n'espouse jenne femme?
*Response.*
Pour ce qu'il treuve bien ce qu'il leur fault au besoing.

337. *Demande.*
Pourquoy par coustume se marient si voulontiers ces jennes gens?
*Response.*
Pour mieulz valloir, car les plusieurs rendent grant paine pour avoir millescus ensemble.

338. *Demande.*
Pourquoy ne se doit nulz homs desconforter s'il devient vieil?
*Response.*
Pour tant qu'il ne fait que changier sans perdre, car la rougeur de sa face lui va au bout du nez, celle du vit lui monte es yeulz, la grosseur de ses cuisses lui descend aux genoulz. S'il n'a plus les goutes

---

[218] See Bladé, p. 226 (no. 129), and Rolland, pp. 132–133 (no. 315). Cf. Taylor, no. 1608, and accompanying notes.
[219] No. 609.

fresches, il n'a que trop des secques, et la souplece de ses rains lui descend ou membre. S'il a joy de son jenne temps, il possesse de son anchien. Se sa cheveleure lui change, c'est de or a argent ou de moreau a grison. Lors la roideur de son membre lui va en l'eschine. La grosseur de son cul lui va ou ventre. S'il souloit regarder a deux yeulz, il voit a quatre. S'il
*(f.67)*
souloit jouster, danser, chanter, luittier, saillir, il adresce au bien faire et juge ou loe les meilleurs; se par bas a tenu du pallesin, monté lui est es mains et ou chief. S'il souloit pissier au plus loing, il pisse au plus pres. S'il souloit estre perilleuz par devant, ores est dangereuz par derriere. Et se tant ne mengue comme souloit, il se recoeuvre au boire.

339. *Demande.*
Surquoy sont les moustiers fondez en Bruges?
*Response.*
Sur la pille, car la croiz appert dessus.

340. *Demande.*
Se suiz hucié et appellé,
En sale et en chambre mené,
Ou tost voy que j'ay a faire,
Qui est chose de hault afaire.
A ce labeur ne quiers avoir
Tiers sochon ne quart pour voir.
La j'ay paine tant que j'en sue,
Et ma parole en devient mue,
Maiz quant j'ay mon harnaz foulé,
Tout desvoié et affolé,
On n'a plus cure de mes behours,
Pour ce que suis ort, lait et lours.
*Response.*
C'est pour ung ramonneur de cheminees.

341. *Demande.*
Qui est cellui qui a femme et enfans et si n'a encoires pas noeuf ans?[220]

[220] Cf. Sébillot, p. 327 (no. 102).

*Response.*

Assez en est quy ont femme et enffans, et si n'ont mie ix vans a vaner le grain.

342. *Demande.*

Plus le boute on mains entrent.[221]

*Response.*

C'est quant l'en chausse ses gans.

343. *Demande.*

Blanc est le champ et
Noire est la semence.
Ly homs qui la semme est
De moult grant science.[222]

*Response.*

*(f.67[v])*

Ce est dit pour papier et encre et cellui qui escript.

344. *Demande.*

Pluz en y a et moins poise.[223]

*Response.*

Ce sont de trouz en une boise.

345. *Demande.*

Plus en y a moins le vent on.[224]

*Response.*

Ce sont de trouz en ung pellichon.

346. *Demande.*

Comment qu'il viegne, comment qu'il voist, il fault tenir le cul a droit.

*Response.*

Ce est dit pour une aguille quant aulcun la voeult enfiller.

[221] Cf. nos. 576, 731.

[222] See Rolland, pp. 105–106 (no. 250), and cf. p. 165 (no. LXXIII). See also (1) R. Bayon, "Devinettes de la Haute-Bretagne," *Rdtp* 5 (1890): 296; (2) Taylor, no. 1063, and accompanying notes; and (3) Thompson (H741). Cf. Taylor, MR, p. 326 (nos. 126–129), and note, p. 372.

[223] See (1) Kerbeuzec, p. 507 (no. 71); (2) Sauvé, p. 90 (no. 111); (3) Sébillot, p. 319 (no. 70); (4) P. Sébillot, *Littérature orale de l'Auvergne*, p. 289 (no. 33); cf. p. 291 (no. 37); (5) Taylor, hn. 1690–1697, and note on pp. 863–864. Cf. *Irish Riddles*, p. 63 (no. 481).

[224] No. 523. Cf. Taylor, hn. 1690–1697.

347. *Demande.*
Quans dens fault il a une bonne erche?[225]
*Response.*
Nulz, puis qu'elle est bonne.

348. *Demande.*
Comment se commence ung commencement?[226]
*Response.*
Tout se commence par T.

349. *Demande.*
Entre deux jambes le vis amble;
Entre deux fesses le vif trepple,
Et quant il vient a la porte,
Son maistre hurte a l'anel.
*Response.*
C'est ung chevallier qui est monté sur ung cheval venant de hors
qui treuve sa porte fermee.

350. *Demande.*
Pour quoy ne vent on le laitbure par aulnes comme par pots?
*Response.*
Pour tant qu'il n'est ne tissu ne fillé.

351. *Demande.*
Pour quoy becque le cocq en la paille?[227]
*Response.*
Pour ce qu'il n'y poeult mordre.

352. *Demande.*
Quel oisel est ce qui donne lait et si volle en
*(f.68)*
l'ayr?[228]

[225] On the possible proverbial basis of this riddle see Cotgrave (*s. v. herce*);
cf. Rolland, p. 138 (nos. 337, 338).
[226] Cf. (1) Kristensen, p. 96 (no. 381); (2) A. E. Perkins, "Riddles from Negro
School-Children in New Orleans, La.," *JAF* 35 (1922): 112 (no. 65); (3) Taylor,
hn. 1573–1575, and no. 469; (4) Flora Thompson, *Lark Rise to Candleford*, p.
436. The Taylor-Abrahams manuscript contains a reference to Karl Knortz,
*Streifzüge auf dem Gebiete amerikanischer Volkskunde*, p. 221 (no. 42).
[227] Cf. *Irish Riddles*, p. 77 (no. 607).
[228] See Rolland, p. 28 (no. 50).

*Response.*
C'est sans autre une chaudesoris.

353. *Demande.*
L[e]quel de tous mestiers font le plus de gens au contraire?[229]
*Response.*
C'est a chavetrie, qui voeult tousjours faire de vielz noeuf, et le plus de gens font de noeuf vielz.

354. *Demande.*
Lequel de tous estas est le plus desiré, le plus resoignié, et le plus rebouté?[230]
*Response.*
C'est vieillesse, pour tant que chascun pretend a y parvenir a son povoir.

355. *Demande.*
Je vous demande de quel chose l'en treuve sur terre en plus grant nombre.
*Response.*
C'est de fueilles en temps d'esté ou de bous, car ung poil a deux bous.

356. *Demande.*
Il est reond, court et groz,
Et si ne voit goutte
Et si ne a nulz os
Maiz ou trou se boute.
*Response.*
C'est la fachon de ung fouant.

357. *Demande.*
De quoy se treuve ung povre le plus aise a moins despendre?
*Response.*
C'est quant il se grate.

358. *Demande.*
Lequel d'une compagnie de bribeurs est le plus fol?
*Response.*
Cellui duquel le pain est le premier mengié.

[229] Cf. no. 270.
[230] See Taylor, hn. 1593–1595. Cf. *Irish Riddles*, p. 60 (no. 459).

359. *Demande.*
Lequel hostil de la maison est le plus fol?[231]
   *Response.*
C'est le tamis, qui jette hors le bon et retient le pire.

360. *Demande.*
Trois asnes passent sur ung pont,
Ne portent riens
*(f.68[v])*
                              et troussé sont.
Et quant ilz ont le pont passé
Ne portent riens et sont toursé.
   *Response.*
Leur maistre estoit appellé troussé.

361. *Demande.*
Vint asne en ung pré; vint asne a l'ostel; vint asne en l'estable;
quantes oreilles ont ilz?[232]
   *Response.*
Vous n'y trouverez que ung asne.

362. *Demande.*
Quelle chose est ce qui a les piés plus haulz que les genoulz?
   *Response.*
C'est une femme enchainte.

363. *Demande.*
Que est ce qui va tout entour de la maison, et si n'entre point en
l'uys?[233]
   *Response.*
Ce sont les parroits.

364. *Demande.*
Quelle beste est ce qui a sa teste entre ses jambes?[234]
   *Response.*
C'est ung chat quant il lesche son derriere.

[231] Cf. nos. 403, 436. See (1) Lacuve, p. 355 (no. 39); and (2) Sébillot, p. 317 (no. 66). Cf. A. Patry, "Devinettes normandes," *Rdtp* 9 (1894): 186.
[232] Cf. no. 479. See Rolland, p. 126 (no. 297). Cf. Bladé, p. 225 (no. 125).
[233] Cf. no. 307. See Taylor, hn. 198–202, entries 198–202 (especially no. 201), and notes on p. 707.
[234] Cf. nos. 482, 739.

365. *Demande.*
Petite suis, point ne suis forte,
Ne puis aler s'on ne me porte.
Maintes gens sont en mon dangier:
Duc, conte, prince et chevallier,
Et se n'estoit par mon exploit,
Bien croy que souvent aroient froit.[235]
   *Response.*
Ce est dit pour l'aguile.

366. *Demande.*
Seriette va par chambre,
Et si n'a ne pié ne jambe,
Et quant est hors chascun le nye,
Et si abeuvre la compagnie.
   *Response.*
C'est une vesse toute nee.

367. *Demande.*
Ung pet espousa une vesse.
Tous deux furent nez d'une fesse,
Et tant ensemble esté ont
Qu'ilz ont engendré ung estront.
Or est le pet et l'estront mors.
(f.69)
Adevinez en quel repaire
La vesse prendra son douaire.[236]
   *Response.*
En vostre nez tant qu'elle dure.

368. *Demande.*
Quelle est la plus joyeuse chose du monde?[237]
   *Response.*
C'est ung pet, car il naist tout chantant et chante jusques a la mort.

369. *Demande.*
De quel metail fut le pet trouvé au feu?

[235] See Taylor, hn. 531–534.
[236] Cf. no. 644.
[237] Cf. (1) Bladé, p. 223 (no. 115); (2) F. Duine, "Devinettes du pays de Saint-Malo," *Rdtp* 16 (1901): 516; (3) Taylor, no. 665, and p. 754 (note for nos. 665–667).

*Response.*
De letton.

370. *Demande.*
De quoy sert ung pet a court?
*Response.*
De huissier, de trompette et de sergent. De huissier, car il fait
ouverture a son maistre; de trompette, car il va sonnant devant son
maistre; de sergant, car le plus hardi prent il bien a pié levé.

371. *Demande.*
Quelz gaiges a le pet a court?
*Response.*
Par trop hault sonner
N'est le pet en grace.
Il fait gens ahonter,
Pourquoy on l'eschace,
Et ne se fait priser
Quelque bien qu'il face.

372. *Demande.*
Qui est de tous arbalestriers le plus soubtil?[238]
*Response.*
C'est le pet, car souvent sa visee prent au talon et vient ferir hault
ou nez.

373. *Demande.*
Qu'est ce? Sur le dur me porte et sur le doulz me traynne.
*Response.*
C'est ung rasteau pour fener ou une fourche.

374. *Demande.*
Sur quel jour de l'an fait il le plus bel prier son curé au souper?
*Response.*
Se jour de quaresmeaulz qu'il fault tout mengier et tost aprés fault
passer par
*(f.69[v])*
ses mains.

---

[238] No. 620. Cf. Taylor, MR, p. 342 (no. 535), and note on p. 388.

375. *Demande.*

Qui est de tous autres le plus privé larron que il soit?[239]

*Response.*

C'est ung monnier, car il ne prent fors de ce qu'on laisse en ses mains.

376. *Demande.*

Pourquoy ne sont monniers pugnis de larrechin?[240]

*Response.*

Pour tant que riens ne prendent s'on ne leur baille, et par ainsi ne sont attains ne convainqus.

377. *Demande.*

Comment s'excusent les monniers quant imposez sont d'avoir trop largement prins meuture?[241]

*Response.*

Il nomme son boisteau raison, sa hughe ou il met son gaing malle-part, et son asne le diable. Puiz dist en soy excusant, se j'en prens que par raison, en malle part soit il bouté, et le diable le puist emporter.

378. *Demande.*

D A [*sic*] quoy cognoist on au marchié la poulaille de ung monnier entre toutes aultres?

*Response.*

C'est par coustume la plus grasse.

379. *Demande.*

Pour quoy dist on les prestres estre soubtilz et advisez plus que aultres gens?

*Response.*

Ilz s'exemptent de mariage.

Ilz s'affranchissent de tout servage,

Ne payent tailles ne fovage.

Long se vestent contre le froit.

Du meilleur boyvent largement.

Souvent chantent haultement.

[239] Cf. nos. 376, 377, 770, 780.
[240] No. 780. Cf. nos. 375, 377, 770. On the proverbial dishonesty of millers, see Hassell, no. 101, and Whiting (M559, M560).
[241] Cf. nos. 375, 376, 770, 780.

Fort se paient, soit tort soit droit.
Se procés ont a leur voisin,
Soit pour maison ou pour jardin,
Souvent fault quitter son droit.
*(f.70)*

380. *Demande.*
A quoy se cognoist ung vuihot d'entre autres gens?
*Response.*
Certes il n'est nulz homs marié quy ne le soit.

381. *Demande.*
Grans est ly bacins a l'environ, mais ja n'aront l'entendement femmes a soy traire tellement et par si tresbonne raison que seuissent dedens pissier sans a tous lez les bors moullier.
*Response.*
Pas n'est ce dit pour les bors du bacin.

382. *Demande.*
En quel temps de l'an est ungs homs plus parfaittement vuihot?
*Response.*
C'est quant il le cuide tout seurement estre; autrement non, car sur lui seul en apend le prejudice.

383. *Demande.*
Quantes manieres puet il estre dit de vuihos?
*Response.*
Telz est vuihot qui n'en dist mot,
Et telz l'est qui beau le got.
Telz l'a esté qui bien s'en taist.
Telz le cuide estre qui n'en tient plais.
Telz a qu'a pou s'en desespere;
De pou dommage grant misere.
Et tel s'il l'est n'en est indigne
Qui femme prend de sa mescine.

384. *Demande.*
Dont vient ce par oyr dire qu'il est tant de vuihoz?
*Response.*
Par oyr dire en est trop plus que autrement. Et male bouche tient grant court; plusieurs a mesdire estudient. Aucuns dient que le bel

embler fait homme larron.[242] Autres dient que chascune femme cuide avoir le plus lasce mari, et autres dient que ayde si est propice
*(f.70[v])*
pour tant que deux font plus que ung.[243]

385. *Demande.*

Desquelz est il plus de vuihos, ou de hommes ou de femmes?

*Response.*

La liberté des hommes poeult frauder les femmes plus que le desirier de elles ne poeult les hommes.

386. *Demande.*

Comment advient il que chascun parle et raille sur ung coulz, et si est de tous ses voisins le derrenier qui le scet?

*Response.*

Tout chascun se gard de lui dire et d'en parler devant lui.

387. *Demande.*

Comment advient que gens ensemble mariez et vivans en grant rihotte par conclusion sont et tousjours demeurent sur une seule voulenté?

*Response.*

Ce que l'un voeult l'autre voeult. C'est que chascun voeult estre maistre.

388. *Demande.*

Pourquoy pleurent les enfans nouveaulz nez?

*Response.*

Pour tant que leur mere n'est plus pucelle.

389. *Demande.*

Comment feroit on de trois vielz deux nouveaulz?

*Response.*

Tout ainsi qu'en toute saison

---

[242] Cf. (1) Cotgrave (*s. v. larron*); (2) Grace Frank and Dorothy Miner, eds., *Proverbes en rimes*, v. 744; (3) Le Roux, II, 171, 234, 332, 476, 492; (4) Richard Jente, ed., *Proverbia Communia*, pp. 260–261 (no. 614); (5) Tilley (O71); and (6) Whiting (E27).

[243] Cf. (1) Cotgrave (*s. v. deux*); (2) Tilley (M390; T642); (3) Whiting (T548).

Se fait de vielz boiz noeufve maison,[244]
Fait on bien par°commun usage
De deux vielz culz noeuf mariage.

390. *Demande.*
Quelles sont au monde quatre choses a nul homme moins possibles
a faire?
    *Response.*
On ne pourroit seche hart tordre,
Ne vieilz chien en laisse amordre,
Ne con a poil garder sans coulles,
Ne sans saller fresces andoulles.
*(f.71)*

391. *Demande.*
A quoy tient il que le monde n'est chose parfaite?
    *Response.*
Il n'est cheval qui ne cope,
Maistre nul qui ne faille,
Femme qui de l'ueil ne clope,
Ne chose qui ne y deffaille.

392. *Demande.*
Le prestre est en s'aube ourdie,
Se tient se macque par le poingnie,
Se va moullier la compagnie.[245]
    *Response.*
C'est quant il a son aube vestue et il tient son espergé en sa main.

393. *Demande.*
Velu dehors, velu dedens,
Haulce ta jambe et fier tout ens.[246]
    *Response.*
C'est quant on voeult chauser unes chausses.

394. *Demande.*
La plus belle flour d'esté,
Je vous ay de si pres esté

[244] Le Roux, II, 492 (*s. v. maison*).
[245] Cf. no. 521.
[246] See Rolland, pp. 64–65 (no. 135); Taylor, nos. 1416–1419, and notes.

Que se mon viz fust embrasé
Vos barbes euisse brulé.
   *Response.*
Ce est dit pour une rose.

   395. *Demande.*
Ma dame est en son lit,
Si s'estent et aprés dist
Que dormir ne puet de l'uel.
Le sire en a grant dueil,
Si se lieve et le met ens,
Son plaisir fait de ses biens.
《《Ha, dist la dame, maintenant
Dormiray je seurement.》》
   *Response.*
Ce fut pour tant que il se leva et ala fermer l'uys de la chambre au
verroul.

   396. *Demande.*
Belle chose entra en la ville, a huit piés, vi oreilles, trois culz et une
queue, c'est bien chose merveilleuse.[247]
   *Response.*
Ce sont deux hommes sur ung cheval.

   397. *Demande.*
Quant on le boute il reboute, et quant on l'en
(f.71[v])
retire tout degoute.
   *Response.*
C'est ung espergé a l'eaue benoitte.

   398. *Demande.*
Comment yroit le vassal devers son seigneur ne a pié ne a cheval,
ne de nuit ne de jour, ne vestu ne desvestu, portant son tresor et sa
povreté, et menant o lui son ami et son ennemi et son bien ou son
mal?[248]

---

[247] See Taylor, hn. 48–55, and notes on pp. 694–696, especially for no. 53. Cf.
Thompson (H744).
[248] Antti Aarne and Stith Thompson, *The Types of the Folktale* (Types 875,
921B). See also Thompson (H1053, H1054, H1057, and H1065).

*Response.*

Il yra devers son seigneur sur ung chariot en la clarté de la pleine lune, affublé seulement d'un mantel senglé, a tout ses bienffais et pechiés, et menant son chien, sa femme et son filz.

399. *Demande.*
Quel est le plus grant ennemi du riche homme a sa mort?
*Response.*
C'est son plus prochain parent, qui desire sa fin pour parvenir a ses biens.

400. *Demande.*
Sur ung estat vitenquemise.
*Response.*
C'est une tenque sur ung estal.

401. *Demande.*
Les doulcettes qui pendoient cul a cul s'entrehurtoient, et tout ce qui en degouttoit en la haire tost cheoit.
*Response.*
Ce[249] sont chandeilles a bougie.

402. *Demande.*
Deux fois fut nez sans baptesme et pour pecheurs au feu rosty.[250]
*Response.*
Ce est dit pour ung chappon.

403. *Demande.*
Quelz sont les deux plus simples meubles qui soient en une maison?[251]
*Response.*
Ce sont ung tamis et ung retrait, car ilz
*(f.72)*
laissent aler le meilleur et retiennent le pire.

404. *Demande.*
Adevinez se c'estoit aussi grant honneur de faire l'anchien mestier en appert et a voulenté comme seroit d'aler a l'eglise ou vendre gros-

[249] Ms. reads "Le."
[250] Cf. nos. 442, 587. See (1) Claret, no. II; (2) Rolland, p. 31 (no. 54); and (3) Jean Molinet, *Les Faictz et dictz de Jean Molinet*, II, 555.
[251] Cf. nos. 359, 436.

serie ou vin a detail ou aultre marchandise, lequel sur tous mestiers
seroit partout le plus requiz?

    *Response.*

Ce seroient ouvriers de nattes, car les aucunes a touz costez et en
grant nombre s'en furniroient pour porter ou faire porter aprez soy.

    405. *Demande.*

On m'en baille et je le prens,
Et bel et net je le vous rens.
Le bon say separer arriere
Du mal; telle est ma maniere.[252]

    *Response.*

Ce est dit pour ung van, qui laisse le mal et le bon retient.

    406. *Demande.*

Que ariez vous plus chier a vostre disner en temps de quaresme,
ou ung carpentier ou ung machon?[253]

    *Response.*

Ung carpentier a toute heure n'y poeult estre mal venu.

    407. *Demande.*

Quel difference a il d'un orfevre a ung chavetier?

    *Response.*

Se l'un fait hanas a piet aussi fait l'autre.[254]

    408. *Demande.*

De quel mestier deviennent toutes vielles gens?

    *Response.*

Quant tout leur temps ont esté cousturiers, ou cordouaniers, ou
tisserans, si deviennent ilz foulons.

    409. *Demande.*

Quelle difference a

(*f.72[v]*)

il du desir d'un jeunne homme a cellui d'un petit enfant?

    *Response.*

Le jenne homme desire belle femme et le petit enfant laide femme.

[252] Cf. no. 559.

[253] The riddle is based on a pun on *carpentier* (carpenter) and *carpe entiere*
(whole carp). The masculine form of *carpe* (wrist) makes no sense here.

[254] The play on words appears to be on *hanap* (goblet) and *harnas* (garment).

410. *Demande.*

Quelle chose est ce? Plus foible est et menue, tant plus la craindent toutes gens.[255]

*Response.*

C'est une longue plance sur quoy il couvient traverser grant riviere.

411. *Demande.*

Quant est une vache plus double de poil?[256]

*Response.*

Lors qu'elle advient de sa teste a son derriere.

412. *Demande.*

En quel temps de l'an porte l'oye plus de vie?[257]

*Response.*

Quant son pareil est sur son dos.

413. *Demande.*

Dont vint jadiz la hayne qui encoires dure d'entre le chien et le chat, et les rats et soris?

*Response.*

Ung tres friant bouchier jadis
Des tripes si tres bien adouba
Que chiens et chats et les soris
A qui c'estoient en debouta,
Combien que de droit ilz donnoient
Toutes les tripes pour leur part.
Bouchiers en lieu de ce donnoient
Depuis aux chiens tempre et tart
Coups de baston ou de pierre.
Pour estre remis en leur droit,
Veu que riens n'y vault priere,
A Romme envoierent tout droit.

414. *Demande.*

Pourquoy arrestent les chiens d'une ville les estranges y venans et les pourquierent devant et derriere, dessoubz et dessus?

---

[255] See (1) Rolland, p. 13 (no. 27); (2) Sébillot, p. 301 (no. 11); (3) Taylor, nos. 1703a and 1703b.

[256] Cf. Rolland, p. 166 (no. LXXVII).

[257] Cf. no. 535.

*Response.*

Le chien, qui vit en esperance d'encoires re-

(f.73)

couvrer leur droit, d'en enquerir tousjours s'avanche; chascun le fait en son endroit.

### 415. *Demande.*

Pourquoy fait par coustume le chien a son maistre si grant chiere lors qu'il revient de quelque part?

*Response.*

Certes son chien lors lui demande
Se de Romme nulz n'est venu,
Se de leur droit n'aront amende,
Ou se tout ilz aront perdu.
Le chat, voiant la grant rudesse,
Qui a telz biens aussi a part,
Laisse les chiens en la moleste
Et au surquier il s'apliqua,
Dont aux gens sont bien venus.
Lors tous chiens par leur envie
Leur prindrent a courir sus
Et a leur faire villonnie.

### 416. *Demande.*

Laquelle chose d'une maison est ce qui en tous temps garde moins le tiers commandement de la loy?

*Response.*

C'est ung huis, qui euvre festes et dimences.

### 417. *Demande.*

Comment advendroit il que ung filz seroit plus viel que sa mere et d'autres filz au contraire?

*Response.*

Celluy filz ne devant sa mere se poeult dire plus viel et autrement au contraire.

### 418. *Demande.*

Laquelle des tripieres du marchié a vostre advis est la moins orde?

*Response.*

Celle qui le moins a de tripes.

419. *Demande.*

Pourquoy dist on par coustume. A ribault tripes, a putain noys?
   *Response.*

Pour tant que leur paresce requiert viande preste.

*(f.73[v])*

420. *Demande.*

Je vey deux cordeliers
Parler a deux beghines.
Je ne sçay que disoient ces
Deux peres as deux filles,
Mais je vey quatre culz
Pendans a deux chevilles.[258]

   *Response.*

C'estoient quatre bouteilles pleines de vin que les deux cordeliers
avoient porté.


421. *Demande.*

Oncques ne le veistes
Ne ja ne le verrez.
Alez hors de cel huys
Et vous le trouverez.[259]

   *Response.*

C'est le vent, combien qu'il soit grant ou petit.


422. *Demande.*

Pourquoy par coustume est le vent plus froit en yver qu'en
esté?[260]

   *Response.*

Pour tant qu'en yver chascun lui clost les huys au devant, et en
esté non.


423. *Demande.*

Quelle est la plus haulte nuyt de tout l'an?

   *Response.*

C'est la nuit de Saint Estienne,[261] pour ce qu'elle est sur le jour de
Noel.

---

[258] Cf. no. 289.
[259] Cf. Taylor, nos. 184, 226, and notes.
[260] See Rolland, p. 134 (no. 324).
[261] St. Stephen's Day is December 26.

424. *Demande.*
Quel est le plus velu mot de tout le grant psaultier?
   *Response.*
C'est *conculcavit.*

425. *Demande.*
Quelle chose est ce qui oncques ne fut ne ja ne sera, et si le povez veoir tous les jours?[262]
   *Response.*
Ce sont les dois de la main aussi longs l'un comme l'aultre.

426. *Demande.*
Je mis mon pié contre son pié
Et mon ventre contre son ventre,
Mon pendu contre son fendu,
Et quant il fut ens il
*(f.74)*
                    harlotta.[263]
   *Response.*
C'est dit pour une huche ou escrin que on defferme atout la clef.

427. *Demande.*
Comment feriés vous ce que Dieu ne poeult faire?[264]
   *Response.*
Il ne poeult parler a meilleur de lui, et vous povez ce bien faire.

428. *Demande.*
Il ne oyt ne ne voit,
Ne mangue ne ne boit,
Mais qui le mettroit en exploit,
Il orroit, verroit, beuveroit, mengeroit
Et en chantant resveilleroit le dormant.
   *Response.*
C'est dit pour ung oeuf, lequel se on le mettoit couver, il en partiroit ung cocq qui fait tout ce que dit est dessus.

[262] See *Irish Riddles*, p. 57 (no. 431), and note, p. 103; Taylor, hn. 1040–1041, no. 1629.
[263] See (1) Kerbeuzec, p. 508 (no. 87); (2) Rolland, p. 70 (no. 144); (3) Sauvé, pp. 87–88 (no. 101); (4) Jean de La Suie, "Devinettes savoyardes," *Rdtp* 11 (1896): 473. Cf. Sébillot, p. 313 (no. 51).
[264] See (1) Claret, no XC; (2) Rolland, p. 108 (no. 257); (3) Taylor, nos. 1715–1720, and notes. Cf. C. Baissac, *Le Folk-Lore de l'Ile-Maurice*, p. 409.

**429.** *Demande.*

Quelz sont les plus courtoises gens a qui l'on puist parler en tous
temps?[265]

*Response.*

Ce sont boisteuz, car en parlant a eulz et au departir ploient le
genoul et font enclinemens.

**430.** *Demande.*

Lequel ameriez vous mieulz, ou que le prestre venist chevauchier
vostre femme a vostre maison, ou que vous la portissiés chevauchier
a son hostel?

*Response.*

Je ameroie mieulz sans comparoison de la porter chevauchier a
son hostel.

**431.** *Demande.*

En bois naist, en pré paist;
La femme le file et fevre fait.
Se volle hault comme oyseau
Et se feut en terre comme pourceau.[266]

*Response.*

Ce est dit pour une flesce de quoy l'en tyre.

*(f.74[v])*

**432.** *Demande.*

Lequel est le meuble d'un maisnage qui mieulz resemble a la
moittié d'un con?[267]

*Response.*

L'autre moittié.

**433.** *Demande.*

Lequel ostil de la maison se fait en tous temps le mieulz servir?

*Response.*

C'est la chiviere, qui de gaires ne sert qui ne la porte a deux.

---

[265] Cf. no. 267.

[266] See Taylor, no. 403, and note on pp. 729–730.

[267] See (1) Bladé, p. 227 (no. 134); (2) *Irish Riddles,* p. 72 (no. 559); (3)
Taylor, hn. 1230–1234, hn. 1403–1404. Cf. Rolland, p. 149 (no. 384).

434. *Demande.*

Quelle est la chose du monde qui mieulz ressemble a la teste d'un boeuf?[268]

*Response.*

C'est la teste d'une vace.

435. *Demande.*

En quel temps de l'an est il le moins de fruits?

*Response.*

C'est quant les arbres sont en fleurs.

436. *Demande.*

Lequel ostil de la maison est le plus sot?[269]

*Response.*

C'est ung fourquier, qui prent assez et riens pour soy ne retient.

437. *Demande.*

Quelle est la plus malheureuse beste du monde?[270]

*Response.*

C'est l'asne, qui porte le blé et la farine et si ne mengue fors cardons. Il porte le vin et boit eaue, et s'il est grevé ne poeut appeller.

438. *Demande.*

Ly peres fut lymeres et lymere fut ly filz.[271]

*Response.*

C'estoient le pere et le filz tous deux serruriers.

439. *Demande.*

Gueule devant, queue devant;

Cul sans poil, pance sans boutine;

Piet braiant, chief cuisant.

*Response.*

C'est ung molin a vent.

*(f.75)*

[268] See Rolland, p. 148 (no. 383), and Taylor, nos. 1403–1404, and related notes. Cf. A. Roque-Ferrier, "Enigmes populaires du Languedoc," *Revue des langues romanes* 7 (1875): 332–333, and Sauvé, p. 95 (no. 130).

[269] Cf. nos. 359, 403.

[270] Cf. Cotgrave (*s. v. ortie*); Le Roux, I, 140; Tilley (A360).

[271] No. 591.

440. *Demande.*

Il n'est point si grant que le pié d'une geline, et si en garderoit on bien l'avoir d'une royne.[272]

*Response.*

C'est une clef et la serrure qu'elle poeult ouvrir et fermer.

441. *Demande.*

Pourquoy a ung four l'autel en dehors et ung moustier l'a au par dedens?

*Response.*

Pour tant que l'en chante dehors le four sans lumiere plus que dedens le moustier a grant lumiere.

442. *Demande.*

Il est deux foiz né et housé et esperonné et se a une teste ou tout le monde croit.[273]

*Response.*

C'est ung cocq, car il fut premier oeuf et en aprés fut il cocq.

443. *Demande.*

Pourquoy fut le four fait?

*Response.*

Pour cuire la paste.

444. *Demande.*

Je suis la belle moult desiree,
La prouffitable et bien amee,
La gracieuse et fort plaisant,
Et dont on se va tost saoulant.

*Response.*

C'est la pleuve ou temps d'avril jusques a la fin du gain.

445. *Demande.*

La belle suis peu amee,
Debonnaire et redoubtee,
La gracieuse pou plaisant,
La pou prisiee bien voeullant.

[272] Cf. (1) Ferrand, p. 227; (2) Kerbeuzec, p. 503 (no. 13); (3) Lacuve, p. 353 (no. 13).

[273] See Claret, no. II, and Taylor, hn. 539–543, no. 539, and note on p. 745. Cf. nos. 402, 587, and *Irish Riddles*, p. 20 (no. 151), and note on p. 95.

*Response.*
Ce est dit de charité.

446. *Demande.*
Saluez moy cellui que j'ayme
Mais point ne le cognois.
Bien le povez cognoistre,
Et oncques vous ne le veistes.[274]
*Response.*
C'est vostre coeur, que je ne cognois mie, et combien
*(f.75[v])*
que oncques ne le veistes, si le debvez vous moult bien cognoistre.

447. *Demande.*
Cellui qui le vent en est liez; cellui qui l'achatte en est courchiés,
et cellui qui le met en besoigne n'en scet riens.[275]
*Response.*
C'est ung luisel que l'en achate pour ung trespassé.

448. *Demande.*
Adevinez que c'est qui a cinq esles et cinq os et si ne poeult voler
au bos.[276]
*Response.*
C'est dit pour une nesple.

449. *Demande.*
Comment donneriés vous a vostre amie une pomme au jour d'huy
quy seroit demain cueillie?[277]
*Response.*
On ne la cueilleroit pas du pié mais de la main.

450. *Demande.*
Ung queuz fut lequel atourna ce que oncques ne ot ne ja n'ara; a

[274] See Taylor, no. 1579.
[275] See Rolland, pp. 119–120 (no. 279); cf. p. 161 (no. XXXIII). See also
Taylor, hn. 1728–1737, and note pp. 867–868. Cf. *Irish Riddles*, p. 62 (nos. 471,
472).
[276] See (1) Bladé, p. 197 (no. 3); (2) Rolland, p. 154 (no. 404), p. 159 (no.
XV); (3) Roux, "Enigmes populaires du Limousin," *Revue des langues romanes*
12 (1877): 180 (no. L); (4) Taylor, hn. 356. Cf. Lacuve, p. 703 (no. 10).
[277] Cf. no. 628.

son maistre dist: ⟨⟨Tenez ce que je n'ay ne vous n'avez.⟩⟩ Le maistre
prist et si menga ce que oncques ne eut ne ja n'ara.
    *Response.*
C'est le maistre et le varlet qui lui baille a mengier les dentiers
du cherf, et ilz estoient chastrez tous deux.

    451. *Demande.*
De cinquante ostez ent cent;
Plus beaulz seront et plus gent,
Et si vauldront trop plus d'argent.
    *Response.*
Prendez cinquante jennes coquelets et si les caponnez, et ainsi
avenra.

    452. *Demande.*
Je pense et pourpense et penser me couvient combien celle me
appartient qui est fille de mon taion et si n'est pas
*(f.76)*
ma tante.[278]
    *Response.*
Ce est doncques ma propre mere.

    453. *Demande.*
Pourquoy par coustume va on ou moustier?[279]
    *Response.*
Pour tant que le moustier ne poeult aler ne venir devers les gens.

    454. *Demande.*
Quant sont les chiens plus esbahis au moustier?
    *Response.*
C'est quant aprés la messe les gens s'en partent sans disner, car de
l'autel couvert cuident que soit la table pour disner.

    455. *Demande.*
Comment envoieriez vous a vostre amie ung poisson de toutes
eaues en ung plat de toutes fleurs et par ung homme de tout conseil?

[278] For other versions, see (1) Mason, "Porto-Rican Folk-Lore: Riddles," *JAF*
29 (1916): 460 (no. 346); cf. p. 466 (no. 416); (2) A. Taylor, "Riddles Dealing
with Family Relationships," *JAF* 51 (1938): 33; (3) *Welsh Riddles*, p. 288
(no. 333).
[279] Cf. no. 529. See (1) Bladé, p. 227 (no. 131); (2) Taylor, no. 1608, and
notes; (3) *Welsh Riddles*, p. 304 (no. 432).

*Response.*

Je luy envoieroie ung saumon en ung plat de chire et par ung prestre.

456. *Demande.*
Desquelles pierres trouve l'on plus en la mer?[280]
*Response.*
Des moulliés.

457. *Demande.*
Je vy madame a s'arche ier.
A crupetons fait son mestier.
Ce qu'elle fait n'est pas rose.
Taste compains que bonne chose.
*Response.*
Il vist madame hier a son arche.

458. *Demande.*
Monseigneur et madame ung estre ont.
*Response.*
Ilz ont ung estre.

459. *Demande.*
Qui abrena que planté a il?
*Response.*
Des feves.

460. *Demande.*
Qu'est ce que plus lui donne on a mengier tant plus brait?[281]
*Response.*
*(f.76[v])*
C'est ung cerens.

461. *Demande.*
De quel maniere de piés a il le plus en la riviere?[282]
*Response.*
Des moulliés.

---

[280] Cf. nos. 319, 461. See (1) P.-M. Lavenot, "Devinettes de la Basse-Bretagne; pays de Vannes," *Rdtp* 5 (1890): 672; (2) Sauvé, p. 96 (no. 133); (3) Sébillot, p. 325 (no. 95); (4) *Welsh Riddles*, p. 302 (no. 415).
[281] Cf. Taylor, pp. 432–433 (hn. 1058–1062, part 7).
[282] Cf. nos. 319, 456. See Rolland, p. 140 (no. 347).

462. *Demande.*
Quel chose du lievre entre plus tost au bois?[283]
*Response.*
C'est l'alaynne.

463. *Demande.*
Plus petit que ung boeuf,
Plus menu que ung oeuf,
Plus amer que sieue,
Et trop plus doulz que lettue.[284]
*Response.*
C'est ung noiel.

464. *Demande.*
Au pié du pont laubitenton
Et dist li ungs maigreaue a cy.
*Response.*
C'est l'aube du jour que on atent au pieu du pont dont l'iaue est maigre.

465. *Demande.*
Je veiz ung chevalier qui estoit filz de jument.
*Response.*
C'est ung cheval que je veiz hier.

466. *Demande.*
Je veiz ung escuier qui n'estoit pas de gent.
*Response.*
C'est ung escu que je veiz hier.

467. *Demande.*
Que vous semble il de ce monde somme toute pour le temps passé, pour le present et pour le futur?
*Response.*
Dieu dispose; fortune regne; ami pour veille [*sic*]; ennemi ne dort; tout fut a autrui; tout est a autrui; tout sera a autrui jusques en fin.

[283] No. 306. See note to no. 306.
[284] Cf. (1) Charlec, "Devinettes populaires du pays de Dol-de-Bretagne," *Rdtp* 18 (1903): 395; (2) Ferrand, p. 226; (3) Kerbeuzec, p. 504 (no. 26).

468. *Demande.*

Blance fut nee; rouge fut paree; en or fut mise, devant le roy assise.[285]

*Response.*

C'est une cherise.

*(f.77)*

469. [*Demande.*]

Qu'est ce dont il fault moult plus a ung que a deux?[286]

*Response.*

C'est d'eaue chaude en ung baing.

470. *Demande.*

Alons dormir, si ferons bien,
Si ferons ce que savez bien;
Mettrons poillet contre veluet
Et marmotin en son cruset.[287]

*Response.*

Ce sont les paupieres que on clost quant on va dormir.

471. *Demande.*

Toute jour oeullette
Et au soir gist en la poudrette.[288]

*Response.*

C'est le feu qui en la fin se coeuvre de cendres.

472. *Demande.*

Il y a en ces champs une vielle dentue, ne chiens ne l'abaient ne loup ne la mengue.

*Response.*

C'est une erche toute desrompue et uzee.

---

[285] See Taylor, hn. 668–669, hn. 1559–1561.

[286] No. 555.

[287] See (1) Claret, no. XX; (2) Sauvé, p. 66 (no. 26); (3) Taylor, hn. 1443–1444, and notes on pp. 845–846.

[288] See (1) Taylor, hn. 785–786, and note on p. 767; (2) Julien Vinson, *Le Folk-Lore du pays basque*, p. 259 (no. 72). See also *Irish Riddles*, p. 27 (no. 208), and note on p. 96; and Rolland, p. 74 (no. 152).

473. *Demande.*

Trois moisnes passoient; trois poires pendoient; chascun print la
sienne, et s'en demoura ii.[289]

*Response.*

L'un des trois moisnes estoit nommé chascun.

474. *Demande.*

Qu'est ce qui toute jour va parmi l'aree et la nuit gist la gueule
baee?[290]

*Response.*

C'est ung soulier.

475. *Demande.*

Quelle beste est ce qui tout ung jour yra et ja ung quart de lieue
ne fera?

*Response.*

C'est ung limechon.

476. *Demande.*

A quel mestier gaigne on sa vie a reculer?[291]

---

[289] For other versions, see (1) Mac E. Barrick, "Riddles from Cumberland
County," *Keystone Folklore Quarterly* 8 (1963): 67 (no. 65); (2) Bladé, p.
222 (no. 114); (3) T. W. C., "Solution of Riddle Wanted," *Notes and Queries*
(7th ser.) 4 (1887): 448; (4) L. W. Chappell, "Riddle Me, Riddle Me, Riddle
Me Ree," *Folk-Say* 2 (1930): 231 (no. 12); (5) Joseph D. Clark, "Riddles from
North Carolina," *SFQ* 25 (1961): 117 (nos. 45A, 45B); (6) Ellen I. Delevingne
et al., "Solution of Riddle (7th S. iv. 448)," *Notes and Queries* (7th ser.) 4
(1887): 511; (7) T. J. Farr, "Riddles and Superstitions of Middle Tennessee,"
*JAF* 48 (1935): 319 (no. 11); (8) J. Fleury, *Littérature orale de la Basse-
Normandie*, p. 371; (9) Halliwell-Phillipps, *The Nursery Rhymes of England*,
p. 124 (no. CC); (10) Parsons, *Antilles*, p. 372 (no. 53), p. 382 (no. 28), p.
416 (no. 59), pp. 436–437 (no. 26), p. 441 (no. 37), p. 453 (no. 96), and the
important notes on p. 346 (*s. v. Each*); (11) W. A. Redfield, "A Collection of
Middle Tennessee Riddles," *SFQ* 1, no. 3 (1937): 43 (no. 93); (12) Rolland,
pp. 126–127 (no. 298); (13) *Welsh Riddles*, p. 292 (nos. 353, 354); (14) A. W.
Whitney and C. C. Bullock, *Folk-Lore from Maryland*, p. 174 (no. 2680). Cf.
*Irish Riddles*, p. 88 (no. 689).

According to the Taylor-Abrahams manuscript, our riddle appears in H. M.
Hyatt, *Folk-Lore from Adams County, Illinois*, p. 660 (no. 10859), and versions
are circulating orally in Kentucky, North Carolina, and Texas. I have not verified
the Hyatt reference.

[290] See Taylor, nos. 445–458, and notes. Cf. Ferrand, p. 228, and Rolland, pp.
65–67 (no. 136).

[291] No. 613; cf. no. 680. See Rolland, p. 103 (no. 239).

*Response.*
C'est ung cordier en fillant la canvre.

477. *Demande.*
*(f.77[v])*
Qu'est ce que deux dos et ung ventre?[292]
*Response.*
C'est ung soufflet.

478. *Demande.*
Qu'est ce qui a quatre piés et une queue et si ne poeult aler avant?[293]
*Response.*
C'est ung rostier.

479. *Demande.*
Vint chats, vint rats, quantes queues ont ilz?[294]
*Response.*
Ilz ont seulement deux queues.

480. *Demande.*
Qu'est ce qui tout le jour va dessus roinsses et espines et ja n'y deschirra chappron ne cottes simples?[295]
*Response.*
Ce est dit pour le soleil et pour la lune.

481. *Demande.*
Qu'est ce qui a les dens au long du dos, pance sans boutine, queue sans eschine et teste sans veue?[296]
*Response.*
C'est une cramillie.

482. *Demande.*
Quelle beste est ce qui a les dens dessoubz sa queue?[297]

---

292 See (1) Bladé, p. 199 (no. 11); (2) Sauvé, p. 81 (no. 74b).
293 Cf. Taylor, hn. 305–310.
294 Cf. no. 361.
295 See Rolland, p. 3 (no. 6). Cf. (1) E.-H. Carnoy, "Devinettes picardes," *Rdtp* 1 (1886): 53; (2) Sauvé, pp. 60–61 (no. 2); (3) Taylor, p. 64 (note 5), and hn. 1192–1196, pt. 6.
296 See Rolland, p. 73 (no. 150).
297 Cf. nos. 364, 739.

*Response.*
C'est ung chien quant il gratte son derriere.

483. *Demande.*
Qu'est ce qui a dens sans teste et queue sans cul?[298]
*Response.*
C'est ung rastel.

484. *Demande.*
Comment feroit on de deux viés ung noeuf?
*Response.*
Il couvendroit mengier deux vielles merdes, si en feroit on ung tout noeuf.

485. *Demande.*
Adevinez que c'est qui n'est pas si grant que le poil d'un lou et si fait devant le roy grant honnour.[299]
*Response.*
*(f.78)*
C'est une aguille a coudre.

486. *Demande.*
Adevinez que c'est. Il n'a ne char ne os, et si a la croix sur le dos.
*Response.*
C'est ung frommage quant il est fait en la fissole.

487. *Demande.*
Adevinez que c'est. Il ne oyt ne ne voit, et si passe oultre la soif.
*Response.*
C'est une riviere qui quant elle desborde et s'espand tost passe oultre des hayes.

488. *Demande.*
Qu'est ce plus est[300] jenne et nouveau nez plus est cremuz et redoubtez?

---

[298] See Taylor, hn. 18–21, and note for no. 18 on p. 692. Cf. Rolland, *Rimes*, pp. 203–204 (no. 35).

[299] Cf. (1) Charlec, "Devinettes populaires," *Rdtp* 18 (1903): 288; (2) O. Colson, "Devinettes populaires recueillies au pays wallon," *Rdtp* 7 (1892): 152 (no. 33); (3) Rolland, *Rimes*, p. 207 (no. 52).

[300] Ms. reads "et."

*Response.*
C'est ung estront.

489. *Demande.*
Il n'a ne cercle ne cerclet.
Mort fut le maistre qui le fet,
Dont plus grant bien si poeult venir
Qui sa vertu voeult en...r[301]
Il est bel et gent et net
Et est plain jusques a l'ueillet.[302]
*Response.*
Ce est dit pour ung oeuf.

490. *Demande.*
De quel mettail treuve l'en au feu ung estront?
*Response.*
De orde touche.

491. *Demande.*
Deux qui courent, dix qui les chacent, deux qui les regardent, et ung qui leur fait la moe.[303]
*Response.*
Ce sont deux poulz qui sont ou sain d'aucune personne, et les deux ieulz les regardent, et la sont les dix dois qui les chacent, et cellui qui les deux pouz voeult prendre leur fait la moe.

492. *Demande.*
Qu'est ce qui tire par le dos tout ce qu'il jette par la gueule?[304]

[301] The middle letters of the word have been obliterated. It probably ends in *-ir.*

[302] See (1) Bladé, p. 219 (no. 97); (2) Fleury, *Littérature orale de la Basse-Normandie*, p. 370; (3) *Irish Riddles*, p. 45 (no. 340), and note on p. 100; (4) Rolland, pp. 34–35 (no. 64); (5) P. Sébillot, *Littérature orale de l'Auvergne*, p. 283 (no. 14); (6) Taylor, hn. 1170–1249, hn. 1170–1178, and note for no. 1171 on p. 820.

[303] See (1) Claret, nos. CXIII, CXXXII; (2) Rolland, p. 41 (no. 79); (3) Taylor, hn. 970–975, pt. 1, hn. 976–982, and note for nos. 971a–971f on pp. 780–781.

[304] Cf. Taylor, hn. 240, and note, p. 712.

*Response.*
*(f.78[v])*
C'est ung soufflet.

493. *Demande.*
Dix tirans et quatre pendans, et cul aval et cul amont, et cul a terre, beau sire, que puelt ce estre?[305]
*Response.*
Ce est dit pour une femme qui trait une vache en ung pot ou chaudron.

494. *Demande.*
Qu'est ce qui ne a ne os ne char ne sang ne bouce ne langue et si appelle souvent les gens?[306]
*Response.*
C'est une cloche a batel pendant.

495. *Demande.*
Qu'est ce? S'il ne pend ou s'il ne s'apoie, il ne repose que sur son dos.
*Response.*
C'est ung soufflet.

496. *Demande.*
Quel beste est ce qui ne couche ne ne lieve, qui a les dens hault et le nez bas, et si porte l'ame et le corps?
*Response.*
C'est ung elephant qui quant il voeult dormir se appuie a ung arbre.

497. *Demande.*
Adevinez que c'est que l'en poeult jetter par dessus une maison et si le tient on toudis.[307]

[305] See Rolland, pp. 21–22 (no. 43); and Taylor, hn. 976–979, and notes on pp. 781–782. Cf. Charlec, "Devinettes populaires," *Rdtp* 19 (1904): 168 (no. 32).
[306] See Rolland, p. 118 (no. 275), and Taylor, hn. 259–265.
[307] See (1) G. Le Calvez, "Devinettes; pays de Tréguier," *Rdtp* 7 (1892): 342; (2) A. Orain, *Folk-Lore de l'Ille-et-Vilaine*, II, 147; (3) Rolland, p. 86 (no. 184); (4) Sauvé, p. 84 (no. 86); (5) Taylor, hn. 1341.

*Response.*
C'est ung luissel de fillé.

498. *Demande.*
Adevinez que fait tout le plus jenne de Paris.[308]
*Response.*
Il enviellist.

499. *Demande.*
Huy est; demain ne sera mie, et a la Saint Jehan povoit mengier cerises.
*Response.*
C'est dit pour une espousee qui le jour qu'elle espouse elle est pucelle et l'endemain ne le sera mie. Et a la Saint Jehan
*(f.79)*
mengera cherises.

500. *Demande.*
Adevinez que c'est. Oncques mais ne fut ne il jamais ne sera.
*Response.*
C'est Dieu, qui oncques ne fut mauvais ne ja ne sera.

501. *Demande.*
Par engien fut fait vaisseau de fust; de cire moult est biau, et vuit et plain tout d'un poiz est; adevinez que c'est.
*Response.*
C'est ung tableau de cyre a escripre de greffe.

502. *Demande.*
Adevinez que c'est. J'ay mon poing plain de vergelettes qui ne sont ne verdes ne seches.[309]
*Response.*
Ce pevent estre verges d'or ou d'argent.

503. *Demande.*
Adevinez que c'est. Plus y a de pieces et mains lieve le mont.
*Response.*
Ce est dit pour poree.

[308] See Rolland, pp. 143–144 (no. 360). Cf. *Welsh Riddles*, p. 296 (nos. 377, 378).
[309] See Lacuve, p. 356 (no. 55). Cf. Taylor, hn. 1116.

504. *Demande.*

Adevinez que c'est. La sur ces champs a quatre suers qui courent aussi fort l'une que l'aultre et si ne pevent acconsievir l'une l'autre.[310]

*Response.*

Ce pevent estre les quatre roes de ung charriot ou les quatre volans de ung molin a vent.

505. *Demande.*

Adevinez que c'est. Tant moins en y a et plus poise.[311]

*Response.*

C'est quant l'ame est hors du corps d'une personne.

506. *Demande.*

Adevinez que c'est. Longues et lees et menues martellees, se droittes estoient au ciel attain-

*(f.79[v])*

droient.

*Response.*

Ce est dit pour la terre.

507. *Demande.*

Adevinez que c'est qui va et sa mere n'ala oncques.

*Response.*

C'est ung ver qui est en une pomme ou en une poire.

508. *Demande.*

Adevinez que c'est. Je vey ung oisel sans plumes, ung arbre sans rayns; ung homme sans piés vient et le menga sans bouche.

*Response.*

C'est ung oisel que on tourne en la haste, quy n'a ne piés ne bouche.

509. *Demande.*

Adevinez que c'est. Plus est jenne plus est grant.

*Response.*

C'est ung frommage.

[310] See (1) Claret, no. IX; (2) Rolland, p. 102 (no. 236); (3) Taylor, hn. 952–957, hn. 954–957, hn. 996–1001, hn. 1014–1015, the riddles bearing these numbers and also no. 1029, and the notes on pp. 778, 787–788, 791; (4) Taylor, MR, p. 345 (nos. 580–582), and notes on p. 390. Cf. R. Le Chef, "Contes, devinettes, formulettes, . . . recueillis à Bréal-sous-Montfort (Ille-et-Vilaine)," *Rdtp* 10 (1895): 667.

[311] See Taylor, hn. 1690–1697.

510. *Demande.*
Cinq sont et xxv oreilles ont.
*Response.*
Ce sont cinq nesples.

511. *Demande.*
Adevinez que c'est. Il a emmy ces champs une blanche levriere, et se n'y a haye ne buisson ou sa queue n'adviegne.
*Response.*
C'est la nesge quant elle chiet sur la terre.

512. *Demande.*
Adevinez de quelles fueilles on treuve tout le mains au bois.[312]
*Response.*
De celles sans queue.

513. *Demande.*
Adevinez que c'est: Aragiés.
*Response.*
Nennil, ung rat ne a nulz giés par coustume.

514. *Demande.*
Adevinez que ce puet estre: Avanpiés?
*Response.*
Nennil, ung van n'a nulz piés.

515. *Demande.*
Adevinez que c'est: il
*(f.80)*
est mors et salette.
*Response.*
Ce est ung herenc.

516. *Demande.*[313]
Adevinez que c'est. Vuislonc, vuislé, saclon, saclon salé.
*Response.*
C'est ung huys long et lé et ung sac long et large.

517. *Demande.*
Qui est le prestre des oyes?

[312] Cf. no. 310, and Thompson (H705.1).
[313] In ms. "Demande" is preceded by "A." Apparently the scribe started to write "Adevinez," saw his mistake, but did not erase the "A."

*Response.*
C'est ung prestre entre ung tropeau d'oyes.

518. *Demande.*
J'ay maguement saoulee auguez.
*Response.*
C'est une jument que le maistre a donné boire au guez.

519. *Demande.*
Veistes vous oncques le prestre soursemé?
*Response.*
C'est ung prestre qui se retreuve sur ung champ qui est tantost semé.

520. *Demande.*
Adevinez que c'est. Cent chariots et cent charrettes ne le mene-roient mie, et si la couvreroit on bien de ung van.[314]
*Response.*
Ce est ung puis.

521. *Demande.*
Veistes vous oncques ung prestre en l'aubourdie?[315]
*Response.*
C'est ung prestre qui a vestu une aube ourdie.

522. *Demande.*
Adevinez que c'est. Plus y a de trouz et plus poise.
*Response.*
C'est ung haubregon.

523. *Demande.*
Adevinez que c'est. Plus en y a moins le vent on.[316]
*Response.*
C'est de trouz en ung pellichon.

---

[314] Cf. Rolland, pp. 97–98 (no. 221). See Taylor, nos. 1286–1288, hn. 1315–1336, and note for nos. 1315a and 1315b on p. 834; *Irish Riddles*, pp. 54, 55 (nos. 413, 420), and notes on p. 102.
[315] Cf. no. 392.
[316] See no. 345 and notes to it.

524. *Demande.*

Lequel ariez vous plus chier, ou a toudis sacquier ou a tousjours bouter?

*(f.80[v])*

   *Response.*

A tousjours bouter, car a saquier n'est que traveil.


525. *Demande.*

Adevinez que c'est quy n'est pas plus grant que le corps d'une puce et si lui viennent les oreilles plus grandes que une aumuce.[317]

   *Response.*

C'est la semence de ung collet, car quant elle est levee elle a la fueille aussi grande que l'oreille d'une mulle.


526. *Demande.*

Adevinez que c'est a entendre: Quant je fus vifs, je peuz les vifs; or suis je mors; les vifs je pors, et par desseure les vifs m'en voys.[318]

   *Response.*

C'est ung chesne dont l'en fait une nef.


527. *Demande.*

Quant tu fus vifs, et je fus vifs,

Tu ne chassas ne me presis.

Or es tu mors, et je suis vifs;

Pas ne me chassoies et si m'as pris.

   *Response.*

C'est ung homme qui en son vivant a chassié ung oiselet et point ne l'a pris. Or quant l'homme fut mort, le oiselet vint boire au hanepier ou tez du mort, qui versa sur l'oiselet. Lors dist l'oiselet: ⟨⟨Pas ne me chassoies et si m'a pris.⟩⟩


528. *Demande.*

Qu'est ce qui va le plus droit parmi le bois?[319]

---

[317] No. 281.

[318] Cf. no. 304. See (1) Claret, no. CXII; (2) Rolland, pp. 44–45 (no. 89); (3) Taylor, no. 828, and notes. Cf. *Irish Riddles*, p. 28 (nos. 217, 218), and note on p. 97.

[319] No. 318.

*Response.*
C'est[320] la moille.

529. *Demande.*
Pourquoy va le bergier au buisson?[321]
*Response.*
Pour tant que le buisson ne poeult aler a lui.

530. *Demande.*
Comment donneriés vous a vostre amie ung
(*f.81*)
chappelet d'estrons souef flairant?
*Response.*
C'est ung hanap de vin que l'en tient sur ses cinq dois, et l'en boit
le vin et le chappelet demeure.

531. *Demande.*
Abbé bouta; cocqacia; tale art; maloart.
*Response.*
C'est ung abbé que on bouta, et ung cocq y a, et dist on me aloe
art te aloe art.

532. *Demande.*
Adevinez que c'est. Damoiselle, Dieu vous gard, celluy qui vous
vit hier soir vous mande par moy s'il vient il ne viendra mie, et s'il ne
vient il viendra. Sire messagier, Dieu vous gard, si m'aist Dieu, il ne
viendra pas.[322]
*Response.*
C'est une femme mariee qui dist et entend que se son mary vient
son ami ne viendra point. Et se son mary ne vient son ami viendra.

533. *Demande.*
Qu'est ce qui a poil ainchois que cuir?
*Response.*
C'est une queneule.

[320] Ms. reads "Qest."
[321] Cf. no. 453. See Taylor, no. 1608, and notes; and *Welsh Riddles*, p. 304
(no. 432).
[322] See (1) Lavenot, "Devinettes de la Basse-Bretagne; pays de Vannes,"
*Rdtp* 5 (1890): 667–668; (2) Parsons, *Antilles*, p. 434 (St. Bartholomew, no. 1),
and note on p. 344 (under "Corn and pigeons"). For additional references, see
Taylor, hn. 944–945, and corresponding notes on p. 777.

534. *Demande.*
Quelle chose est au monde qui moins prouffite quant il est clos?
*Response.*
C'est ung livre.

535. *Demande.*
En quel temps porte l'oye a son gré plus de plumes?[323]
*Response.*
C'est quant le gars la cauque.

536. *Demande.*
A quoy cognoistriez vous une geniche entre ung tas de brebis?[324]
*Response.*
On la cognoist a l'ueil.

537. *Demande.*
Lesquelles brebis menguent le plus, ou les blanches ou les noires?[325]
*Response.*
(*f.81[v]*)
Ce doibt estre des blanches, quant il en y a plus grant nombre.

538. *Demande.*
Vif fut, mort est; en sa gueule tient ung oz vif.[326]
*Response.*
C'est ung pié en ung soulier.

539. *Demande.*
Cognoissiés vous point ung oeuf d'une noire geline?
*Response.*
Ce est dit pour ung oeuf, qui n'est pas une noire geline.

540. *Demande.*
Veistes vous oncques ung ou plusieurs fours a cheval?

[323] Cf. no. 412. See (1) Rolland, p. 162 (no. XLIV); (2) Sauvé, p. 98 (no. 146); (3) Tupper, "The Holme Riddles (MS. Harl. 1960)," *PMLA* 18 (1903): 229 (no. 73), and note on p. 262.
[324] No. 606. Cf. *Welsh Riddles*, pp. 302–303 (nos. 421, 422).
[325] Cf. *Irish Riddles*, p. 77 (no. 612), and note on p. 106; *Welsh Riddles*, p. 305 (nos. 441, 442).
[326] Cf. Rolland, p. 163 (no. LIII); and Taylor, hn. 453, hn. 828–829, and no. 862.

*Response.*
On poeult bien veoir ung four quant on est a cheval.

541. *Demande.*
Cognoissiés vous point le marle des blans pains?
*Response.*
Ce est croie, que l'en cognoist bien envers blanc pain.

542. *Demande.*
De quelle chose est on eschars aux povres et larges aux riches?
*Response.*
C'est d'eaue benoitte, car on en donne ung petit aux grans seigneurs et largement aux povres gens.

543. *Demande.*
Lequel jour de l'an voit on plus clerement les sains du moustier?
*Response.*
C'est le jour de la chandeleur, que moult de gens portent chandeilles alumees parmi l'eglise.

544. *Demande.*
Je vis sans yeulz morir ung mort.
Aprés sa mort n'estoit pas mort.
Ancoires vit il et si est mort.
Tout ce veys je aprés la mort.
*Response.*
C'est une personne, condempné ladre, que l'en
*(f.82)*
voit encoires vivre, aler et parler.

545. *Demande.*
J'en ay et vous en avez.
Aussi ont les bois et les prez,
Les eaues et ainsi les mers,
Les poissons, les bestes et les blez,
Et toutes aultres choses du monde,
Ainsi que il tourne a la reonde.[327]
*Response.*
C'est de ce que nous appellons umbre.

[327] Cf. no. 741. See (1) Lacuve, p. 702 (no. 2); (2) Rolland, p. 8 (no. 19); (3) Taylor, hn. 1573–1575, pt. 1.

546. *Demande.*

Adevinez que c'est qui moult souvent va et se remue et si ne part ja pour tant de sa place.[328]

*Response.*

C'est la grant roe de ung molin a eaue.

547. *Demande.*

Adevinez que ce veult estre: damalmapart.

*Response.*

C'est une femme qui est appellee Dame Alme qui dist napeart.

548. *Demande.*

Levez, levez de posete; mettez voz piés en haropte; canque paque la ráte emporte, quencarne contramont la dulesse, quanque lipille est arse se Dieu n'aide.[329]

*Response.*

C'est ung bon homme qui estoit en une maison, et la il vit ung chat qui emportoit une chandeille contremont toute alumee, et il crioit: ⟨⟨La maison est arse se Dieu n'y met remede.⟩⟩

549. *Demande.*

La guette siet a la paroit.
Se vous la touchiés de vo doit,
Elle mort par telle maniere
Que tost le tireriés tout arriere.[330]

*Response.*

Ce est dit pour l'ort——.[331]

[328] See Taylor, hn. 125–130, pt. 5.

[329] See (1) Aarne-Thompson (Type 1562A); (2) Fauset, pp. 144–145 (no. 12); (3) J. W. Hassell, Jr., *Sources and Analogues of the* Nouvelles Récréations et joyeux devis *of Bonaventure des Périers*, I, 108–114, and II, 195–196; (4) Robert Petsch, *Neue Beiträge zur Kenntnis des Volksrätsels*, pp. 21–22; (5) Taylor, hn. 842–856; (6) Taylor, MR, p. 366 (no. 1027), and note on pp. 408–410.

[330] See Taylor, no. 342, and notes on p. 718; and *Irish Riddles*, pp. 34–35 (nos. 269–270), and note on p. 98. Cf. the rather different version that appears in Ye. 93 (see no. 549 in the Appendix).

[331] In the manuscript the final word begins with the letters *lort*, which are followed by indistinct letters, apparently two in number. Professor A. E. Carter, who kindly examined the manuscript for me, read the word as *lortir*, but I find it impossible to fit this meaningfully into the sentence. It may be that the word is *l'ortier* ("the nettle plant" or "the place where nettles grow"). All things considered, however, *l'ortie* ("the nettle") seems to be the correct reading.

550. *Demande.*
Adevinons, je m'y accors,
Deux se combatent corps
*(f.82[v])*
                                 a corps,
Sans avoir dangier de leurs corps,
Et si n'ont ne ame ne corps.[332]

551. *Demande.*
Quelles sont quatre choses qui journellement se font au monde
sans gaires de besoing?
*Response.*
Tuer ung homme, car aussi bien il morra; ne corner le jour, car
aussi bien il viendra; ne aourer le diable, car nul bien il ne fera; ne
batre sa femme, car nulle jamais n'en amendra.

552. *Demande.*
Pourquoy se doibvent toutes femmes garder d'eulz habandonner
a fol amour?
*Response.*
Pour tant que les chetifves qui s'i boutent pour les meschiefs qui
s'i treuvent en plourent aprés maintes larmes.

553. *Demande.*
Je suis de la terre burelure.
Plus y pleust tant plus est dure;
Plus fait chault et plus est mole;
Plus y vente tant plus en vole.
*Response.*
Ce est dit pour terre nommee sablon.

554. *Demande.*
Quant est ce que les femmes font par coustume voulontiers le fait
et le deffait et plus fort?
*Response.*
C'est quant tenchent leurs petis enfans et si scevent que ilz plour-
ront; puis leur donnent de la verge, si plourent et crient; puis en les
rapaisant si pleurent tantost que l'enfant cesse son dueil.

[332] The "Response" has been omitted. While we can only guess what the
answer may have been, it is interesting to compare Taylor, hn. 966–968, and
notes on pp. 779–780, and Taylor, MR, no. 609.

**555.** *Demande.*
Adevinez de quoy c'est dont il convient plus a une personne que a deux.[333]
*(f.83)*
    *Response.*
C'est d'eaue en ung baing.

**556.** *Demande.*
Adevinez pourquoy le lievre [sault] par coustume les fossez.
    *Response.*
Pour[334] tant que il ne le poeult agamber.

**557.** *Demande.*
Compains puis estre dit a la mort.
Qui ainsi ne l'entend a grant tort,
Car le vif mort errant je rens
Au desplaisir de ses parens,
Soient moiens, grans ou petis.
Puiz que tel dueil si est permiz,
Heureuz est qui ne me cognoist
Et contre mon art se pourvoit,
Car au besoing je n'ay cousin,
Parent, bon ami ne voisin
Que s'il eschiet soubz mon conduit
Que ja y doibve prendre deduit.
    *Response.*
De ce vous advertist le maistre de la haulte oeuvre.

**558.** *Demande.*
Adevinez quantes queues de veau il couvendroit pour avenir depuis la terre jusques au chiel.[335]
    *Response.*
Une, mais qu'elle fust assez longue.

[333] No. 469.
[334] Ms. reads "Iour."
[335] See (1) *Irish Riddles*, p. 84 (no. 661a), and note on p. 108; (2) Kerbeuzec, p. 507 (no. 72); (3) Lacuve, p. 354 (no. 35); (4) Rolland, pp. 142–143 (no. 356); (5) Sauvé, p. 99 (no. 150); (6) *Welsh Riddles*, p. 286 (nos. 322–323). Cf. Rolland, *Rimes*, p. 200 (no. 17).

559. *Demande.*
Adevinez lequel estilz d'une maison est le plus sage.[336]
  *Response.*
C'est ung van, car tous jours retient le meilleur.

560. *Demande.*
Adevinez que c'est qui est ars avant qu'il soit ou feu.
  *Response.*
C'est ungs [*sic*] dont l'en tire entre deux bersaulz.

561. *Demande.*
Adevinez pourquoy se gist la vache ou pré.[337]
  *Response.*
Pour tant que jamaiz ne s'y poeult seoir.
(*f.83[v]*)
562. Pour estant absent d'aucun savoir quans poins cellui aroit
jetté sur troiz dez.

Une dame jette trois dez sur une table, et la sourvient ung homme
lequel voeult savoir combien et quele pointure elle ara jetté sur
chascun det. Lors dist a la dame qu'elle double les poins du premier
det et sur iceulz poins adjouste cinq et toute icelle somme multiplie
par cinq et aveuc la somme qui en viendra mette les poins du second
det et encoires dix aveuc, et toute celle multiplication multiplie par
dix.[es] Et aveuc toute celle somme mette les poins du tiers det. Adont
demandera il a la dame combien toute la somme contient, et lors
qu'elle lui aura dit ostera l'homme de toute icelle somme ccc.l. Et
chascun cent quy luy demourra seront les poins *du premier, les*
*dixaines les points*[388] du second, et chascune unité en dessoubz dix
seront les poins du tiers det.[339]
  *Response.*
Que il soit ainsi que la dame eust jetté trois, deux et as. Adont luy
dira cellui qu'elle double les poins du premier det, lequel est trois, et

---

[336] Cf. no. 405. See (1) Kerbeuzec, p. 505 (no. 46); (2) Lacuve, p. 355 (no.
42); (3) Patry, "Devinettes normandes," *Rdtp* 9 (1894): 186.

[337] See *Welsh Riddles*, p. 304 (no. 436).

[338] The words in italics appear in the margin of the ms., apparently in a
different hand.

[339] On this problem, see W. Lietzmann, *Lustiges und Merkwürdiges von*
*Zahlen und Formen*, p. 165; cf. W. W. R. Ball, *Mathematical Recreations and*
*Essays*, p. 12.

seront six, et puis mette cinq avecques, si seront onze, et puis multiplie onze par cinq fois font lv. Et aveuc icelle somme adjouste les poins du second det, qui sont deux, sont lvii. Et aveuc mette dix, sont lxvii. Et lors multipliera par dix foiz, sont vi.ᶜlxx. Et aveuc ce mette les poins du tiers det, monte vi.ᶜlxxi. Or rostez de icelle somme ccc et l. comme cy aprés est

*(f.84)*

figuré, et lors lui restera ccc.xxi., lesquelz ccc sont les poins du premier det, et xx. sont deux dix.ᵉˢ, qui sont les poins du second det, et ung les poins du tiers.

### 563. *Demande.*

Je veis ungs homs, qui labouroit. Je lui demanday qu'il faisoit. Le nom de m'amie nomma s'il eust mis ung e pour ung a.[340]

*Response.*

Un appelloit m'amie Jehenne.

### 564. *Demande.*

Prendez sans s le tier mois
Et le nom de Dieu en anglois.
Et la trouverez sans demour
Le nom de ma leal amour.

*Response.*

Ma tres belles amours est[341] appellee Margot.

### 565. *Demande.*

Se vous vouliés envoier une pomme a vostre amie par amours et la convenist baisier ou my lieu, comment en feriés sans le adommager?

*Response.*

Vous baiseriés la fleur sur l'arbre et puis l'enseigneriés de ung fil de soye pour aprés la recognoistre.

### 566. *Demande.*

Comment diroit on a son ami ung demi mot que il bien entendist?

*Response.*

Ung souspir vault bien ung demi mot.

---

[340] Nos. 261, 563, and 564 belong to the same category. See the note for no. 261.

[341] Ms. reads "et."

567. *Demande.*

Il est ung homme qui oncques de femme ne ouy bien dire. Et si en est ung aultre qui oncques n'en pot bien dire. Et se ilz povoient, tousjours mal en diroient. Et aveuc ce dient les femmes que ilz ont tresbon droit.

*Response.*

*(f.84[v])*

Ce sont deux hommes dont l'un ne oyt goutte et ung autre qui oncques ne parla.

568. *Demande.*

Adevinez laquelle de toutes les eaues du monde est la plus large et moins parfonde.[342]

*Response.*

Ce est la rousee.

569. *Demande.*

Adevinez que c'est. Trop estroit pour ung et bien a point pour deux et trop large pour trois.[343]

*Response.*

C'est quant aulcun a courrouz au coeur. C'est trop pour lui seul, mais quant il s'en descoeuvre a ung aultre il s'en treuve allegié. Et quant il le dit encoires a ung aultre il le dist a trop de gens, et pour tant est trop large.

570. *Demande.*

Adevinez que c'est; quant les ennemis entrent en une maison pour prendre l'oste, la maison s'en fuyt par les fenestres.[344]

*Response.*

Ce est dit pour ung pescheur qui prent le poisson. Quant il haulce la nasse, l'eaue qui est la maison du poisson yst par les pertuis de la nasse.

---

[342] See Rolland, pp. 6–7 (no. 14), and Taylor, hn. 1103, nos. 1103a and 1103b, and note on pp. 811–812.

[343] See Rolland, p. 105 (no. 248), and Taylor, hn. 1738.

[344] Cf. no. 303. See (1) Claret, no. XXVII; (2) Rolland, pp. ix–x, 38–39 (no. 71); (3) Taylor, hn. 906, no. 906, and note on pp. 773–774.

571. *Demande.*

Adevinez que c'est. Noire s'en va tout droit au bois et blanc y demeure.[345]

*Response.*

C'est une noire geline qui pond ung oeuf au bois.

572. *Demande.*

Adevinez que c'est. Ainchois que le pere soit né, le filz est dessus la maison.[346]

*Response.*

Ce est dit pour le feu, lequel avant que il soit alumé la fumiere, qui est ditte filz du feu, est montee par dessus la

*(f.85)*

maison.

573. *Demande.*

Adevinez que c'est. On en a trop peu en deux et on en a trop en trois.

*Response.*

C'est quant on va en une terre arree. L'en a trop peu a agamber en deux royes et en trois on en a trop.

574. *Demande.*

Adevinez que c'est. Deux hommes sont qui deux filz ont; ce sont quatre comme je croys, mais certes ce ne sont que troiz.[347]

*Response.*

C'est le grant pere qui a ung filz, et ce filz a ung petit filz.

---

[345] See (1) Le Roux, I, 176, II, 479; (2) A. Tobler, ed., *Li Proverbe au vilain*, no. 119; (3) Samuel Singer, *Sprichwörter des Mittelalters*, II, 124 (no. 119); (4) Taylor, nos. 866–869, and notes on p. 772; (5) Tilley (H418). Cf. *Irish Riddles*, p. 7 (no. 50), and note on p. 92. According to the Taylor-Abrahams manuscript, oral versions are circulating in Kentucky.

[346] See (1) Claret, no. CX; (2) Rolland, pp. 75–76 (no. 155); (3) Taylor, hn. 985, no. 985, note on pp. 783–784, hn. 1007; (4) Thompson (H763).

[347] No. 730. See (1) *Irish Riddles*, p. 81 (nos. 643, 644), and notes on p. 107; (2) Mason, "Porto-Rican Folk-Lore," *JAF* 29 (1916): 493 (no. 735); (3) Taylor, "Riddles Dealing with Family Relationships," *JAF* 51 (1938): 36. The Taylor-Abrahams manuscript, which indicates that oral versions are current in Texas, cites the following texts as pertinent: (1) Lajos Ehrlich, "Találos mesék," *Magyar Nyelvör* 6 (1877): 322; (2) Geijer and Campbell, "Gåtor," p. 53 (no. 137); (3) Sándor Paszlavsky, "Találos mesék," *Magyar Nyelvör* 7 (1878): 134.

575. *Demande.*
Adevinez que c'est. Noirot sur noirot et rougot lui bat le cul.[348]
*Response.*
C'est ung trepié au feu et il y a ung pot dessus, et le feu est des-
soubz batant au cul du pot.

576. *Demande.*
Adevinez que c'est. Plus le boute on et moins entre.[349]
*Response.*
C'est une merde.

577. *Demande.*
Qui de mon mestier a besoing
Voulontiers je oeuvre et par grant soing.
Maistre Aulz si me duist en tous temps,
Et ma science ne suis cellans,
Car de tous més suis conduiseur,
Du grant, du moien, du myneur.
Sans gouster en ay les narines
Pleynes et mes vaisseaulz et tynes.
Cuisinier ne bouteillier ne a
Dela les grans mers ne decha
Qui aist l'adveu par telle guise,
Comme le porte ma franchise.
*Response.*
Ce est dit pour le maistre de la basse oeuvre.

578. *Demande.*
*(f.85[v])*
Au bois m'en alay; ce que je y prins je y laissay; ce que je n'y prins
mie je rapportay.[350]
*Response.*
C'estoient poulz, car ceulz que on y prendoit on y laissoit, et
ceulz que on n'y prendoit point on rapportoit.

[348] See (1) Rolland, pp. 77–78 (no. 160); and (2) Taylor, hn. 871–877, and
note for no. 872 on p. 773. Cf. *Irish Riddles*, pp. 23, 24 (nos. 179, 181), and
note on p. 96; and Taylor, MR, p. 329 (nos. 213, 214), and note on p. 375.
[349] No. 731; cf. no. 342.
[350] See (1) Aarne-Thompson (Type 921); (2) Claret, no. CXIII; (3) Rolland,
pp. 41–42 (no. 80); (4) Taylor, hn. 460, nos. 460a and 460b, notes on pp.
735–736, hn. 1591–1592, nos. 1591, 1592, and note on p. 858; (5) Thompson
(H583.3).

579. *Demande.*

Adevinez que c'est. Je veis gens emmy ces champs qui n'estoient filz ne de hommes ne de femmes.[351]

*Response.*

C'estoient toutes filles.

580. *Demande.*

Adevinez que c'est. Mon pere et ma mere eurent ung enfant, et si n'est ne mon frere ne ma suer.[352]

*Response.*

Ce suis je moy meismes.

581. *Demande.*

Ung enfant porta ma mere, si engendra mon pere, et si n'est son filz et si n'est mon frere.[353]

*Response.*

C'est sa propre suer.

582. *Demande.*

Adevinez que c'est. Je vey de mes yeulz la mere qui le porta, et si ne fut oncques nee de mere, et si ne desservi oncques l'amour de Dieu.

*Response.*

C'estoit une femme qui avoit l'ennemi ou corps, qui oncques ne fut nez de mere et si ne desservy oncques l'amour de Dieu.

[351] See (1) A. M. Bacon and E. C. Parsons, "Folk-Lore from Elizabeth City County, Virginia," *JAF* 35 (1922): 321 (no. 83); (2) Campa, *Sayings and Riddles in New Mexico*, p. 59 (no. 238); (3) Haffner, "Volksrätsel aus Baden," p. 77 (no. 120); (4) Hanika-Otto, *Sudetendeutsche Volksrätsel*, p. 93 (no. 572); (5) Kristensen, p. 209 (nos. 7, 8); (6) Perkins, "Riddles from Negro School-Children," *JAF* 35 (1922): 110 (no. 34); (7) Rolland, p. 122 (no. 286); (8) *Welsh Riddles*, p. 287 (nos. 325–327).

The manuscript data made available to me through the generosity of Professors Taylor and Abrahams indicate that versions of our riddle are circulating orally in Chicago, Illinois, and in Texas. They also call attention to variants in the following references, some of which I have been unable to verify: (1) Geijer and Campbell, "Gåtor," no. 112; (2) Hyltén-Cavallius, *Gåtor*, pp. 17, 18 (nos. 95, 100); (3) Joos, *Raadsels*, no. 972; (4) Nicolson, *Gaelic Riddles and Enigmas*, p. 61; (5) Ström, *Svenska folkgåtor*, p. 410 (no. 51); (6) Wossidlo, *Mecklenburgische Volksüberlieferungen*, I, 118 (no. 355).

[352] See (1) Brandl, p. 60 (no. 63); (2) F. W. Waugh, "Canadian Folk-Lore from Ontario," *JAF* 31 (1918): 64 (no. 699). The Taylor-Abrahams manuscript material also includes a reference to Joos, *Raadsels*, no. 96.

[353] See Taylor, "Riddles Dealing with Family Relationships," *JAF* 51 (1938): 34. Cf. *Irish Riddles*, p. 78 (no. 627), and note on p. 107.

583. *Demande.*

Adevinez que c'est. Se je venoie ou je ne trouvasse nulluy, je parle-
roie a nulluy. Et a grant piece que j'ay nullui porté a mon coeur, de
quoy me pourroie je resjoir, car ne l'un ne l'autre ne me pourroit
resjoyr.

*(f.86)*

   *Response.*

C'est ung homme qui ayme une femme quy a nom nulluy. Et se il
trouvoit nulluy il parleroit a lui qu'il avoit long temps porté a son
coeur, et nul aultre ne le pourroit resjouir.

584. *Demande.*

Adevinez que c'est. Je vins par la ou il me donna je sçay bien quoy
et m'envoie[354] aprés luy, maiz je ne sçay aprés qui.

   *Response.*

C'est une femme qui s'en aloit elle savoit bien ou. Et ung chevallier
lui donna son amour, et celle ne savoit quy il estoit. Et elle bien scet
que il lui donna son amour, et si lui envoie[355] aprés le chevallier, et si
ne scet qui il est.

585. *Demande.*

Adevinez que c'est: une femme qui a plus a faire que dix autres et
si ne fait guaires.

   *Response.*

Ce est dit pour une femme enchainte, et les autres ne le sont point.

586. *Demande.*

Adevinez que c'est qui est sur sa mere et en sa femme et si mengue
son pere.[356]

---

[354] Ms. reads "mennoie"; "m'envoie" makes better sense.
[355] Ms. reads "eñoie."
[356] See Rolland, pp. 116–117 (no. 272), and Taylor, note for nos. 539–540h
on pp. 745–746. Cf. (1) the second unnumbered riddle following no. 590 in the
Appendix; (2) Duine, "Devinettes du pays de Saint-Malo," *Rdtp* 16 (1901):
518; (3) Lacuve, p. 353 (no. 14); (4) Lavenot, "Devinettes de la Basse-
Bretagne; pays de Vannes," *Rdtp* 5 (1890): 671; (5) Milin, "Notes sur l'Ile de
Batz," *Rdtp* 10 (1895): 54; (6) Orain, *Folk-Lore de l'Ille-et-Vilaine*, II,
152–153; (7) Roux, "Engimes populaires du Limousin," *Revue des langues
romanes* 12 (1877): 176 (no. XIV); (8) Sauvé, pp. 91–92 (no. 118); (9)
Sébillot, pp. 321–322 (nos. 78, 79); (10) Sébillot, *Littérature orale de
l'Auvergne*, pp. 294–295 (no. 47).

*Response.*
C'est ung prestre qui est en une eglise. La terre est sa mere; l'eglise est sa femme, et il use le corps Nostre Seigneur, qui est son pere.

587. *Demande.*
Adevinez que c'est qui vint et ala et le monde enseigna et puis moru pour les pecheurs.[357]
*Response.*
Ce fut ung cocq qui aloit et venoit, et si enseignoit le monde, car
*(f.86[v])*
il chantoit les heures, et aprés l'en le tua pour mengier et par ainsi moru pour les pecheurs.

588. *Demande.*
Adevinez que c'est. Quant en hault monta son nom porta; quant il descendi son nom perdy.[358]
*Response.*
Ce est dit pour le blé; quant l'on le porte amont sur la tremuie pour mouldre c'est ancoires blé ou fourment, et quant il vient en bas c'est farine.

589. *Demande.*
Que fais tu cy, toy qui de cy ne es mie? Je y suis venue seule et sans compaignie, et se je te mengue qui te rescourra? Se celluy ne m'oublie qui m'y envoia, entre toy et moy yrons ou il sera.[359]
*Response.*
C'est le poisson qui dit a la mousce en l'eaue pendant a l'ainc, et la mousce respond ainsi que ovez.

590. *Demande.*
Adevinez que c'est. Trois sont, dont l'un tourne, l'autre va et vient, et l'autre trait la langue.
*Response.*
C'est une femme qui fille: d'une des mains tourne le fuisel, et de l'autre les dois vont et viennent, et quant elle moulle son fil si trait la langue.

[357] Cf. nos. 402, 442. See Claret, no. II.
[358] See Taylor, hn. 1547–1558.
[359] See (1) Kerbeuzec, p. 502 (no. 7); and (2) Archer Taylor, "Riddles in Dialogue," *Proceedings of the American Philosophical Society* 97 (1953): 65.

591. *Demande.*
Adevinez que c'est. Ly peres fut lymere et lymere fut ly filz.[360]
*Response.*
C'est ung orfevre qui a ung filz; le pere lysme et aussi fait le filz.

592. *Demande.*
Je vous demande quelz sains ce sont qui jamais n'entreront en paradis
*(f.87)*
et se n'y ont que faire.[361]
*Response.*
Ce sont sain de porc, de cheval, de chappon et aultres telz semblables.

593. *Demande.*
Je vous demande lors que Antecrist viendra en ce monde de qui ne de quelle chose il sera le plus esbahy.
*Response.*
Ce sera quant on luy moustrera une civiere, car il ne sçaura penser lequel bout yra devant.

594. *Demande.*
Je demande qui fist le premier pet a Romme.[362]
*Response.*
Ce fut le cul.

595. *Demande.*
Quelz gens ne sont jamais joieulz quant l'en prye Dieu pour eulz?
*Response.*
Ce sont brinbeurs et truans quant ilz demandent l'aumosne et l'en leur dist: ⟨⟨Dieu vous voeulle aydier.⟩⟩

596. *Demande.*
Se Dieu ne vouloit jamaiz plus estre Dieu, et les sains en feissent ung aultre par election et plus de voix, de qui le feroient ilz?
*Response.*
Ce seroit de Benoit, car l'en dist par coustume ou benoit soit Dieu ou Dieu soit benoit.

[360] No. 438.
[361] Cf. Rolland, p. 163 (no. XLVI).
[362] Cf. Rolland, p. 162 (no. XL); and Sauvé, p. 94 (no. 126).

597. *Demande.*

Combien au plus hault poeult valloir le meilleur homme du monde?[363]

*Response.*

Il poeult valloir jusques a xxix deniers; c'est a ung denier pres du meilleur, car Dieu n'en fut vendu que trente.

598. *Demande.*

Je demande a quelz gens l'aumosne est le moins bien emploiee.[364]

*Response.*

(*f.87[v]*)

C'est aux aveugles, pour tant que l'en pourroit donner a tel qui vouldroit veoir pendre le donnant pour sa veue recouvrer.

599. *Demande.*

Je vous demande sur toutes quelle est la plus lealle marchandise qu'il soit.

*Response.*

Ce sont les degrez d'une montee ou d'une eschielle, car nulz ne les fourcompte qu'il ne lui en meschiee.

600. *Demande.*

De quoy sont les eglises de Paris couvertes?

*Response.*

De riens, car se elles estoient couvertes on ne les pourroit veoir.

601. *Demande.*

Je demande pourquoy Dieu prist char humaine.

*Response.*

Pour tant qu'il n'avoit cure de celle de Normendie ne de celle de Piccardie.

602. *Demande.*

Je demande pourquoy Dieu prent les bons.[365]

*Response.*

Pour tant que il n'a cure des vollees.

[363] See Thompson (H711.1).
[364] Cf. Rolland, p. 104 (no. 243); and Rolland, *Rimes*, p. 210 (no. 65). See also *Li Romans de Bauduin de Sebourc*, II, 257 (vv. 218–226).
[365] See Hassell, no. 117.

603. *Demande.*
Pourquoy ne sont jamais les crucefiz rongneuz?
*Response.*
Pour tant qu'ilz ne se pevent gratter.

604. *Demande.*
Sur quel jour de la septmaine doibt l'en plus tost mettre cuire sa cuisine en pots de terre?
*Response.*
C'est le dimence, pour tant que tous curez sur tel jour prient et font pryer pour tous biens qui sont en terre.

605. *Demande.*
Je demande a quoy faire il vault mieulx
*(f.88)*
estre varlet que maistre.[366]
*Response.*
C'est varlet d'aveugle pour plusieurs raisons.

Des demandes que fait le roy au bergier, et comment le bergier respond.[367]

*Le bergier.*
Je m'y chemynoie de Amiens a Corbie,
Si rencontray le roy et toute sa maisnie.
Le roy me dist: ⟨⟨Dieu te gard, mon amy.⟩⟩
⟨⟨Et Dieu te benye,⟩⟩ moult tost luy respondi.

*Le roy.*
⟨⟨A qui es tu?⟩⟩ dist le roy.[368]
Je suis a mon seigneur.
Mais qui est ton seigneur?

[366] Rolland, p. 104 (no. 244).

[367] In connection with the passage that follows, a version of the "Riote del monde," see the following references: (1) *Histoire littéraire de la France,* XXIII, 104; (2) Gervais de La Rue, *Essais historiques sur les bardes;* (3) F. Michel, ed., *La Riote du monde;* (4) A. de Montaiglon and G. Raynaud, eds., *Recueil général et complet des fabliaux,* II, 242–256; (5) F. Palgrave, ed., *Cy ensuyt une chanson moult pitoyable des grievouses oppressions . . . ,* pp. xiii–xxx; (6) J. Ulrich, "La Riote du monde," *Zeitschrift für romanische Philologie* 8 (1884): 275–289; (7) H. L. D. Ward and J. A. Herbert, *Catalogue of Romances in the Department of Manuscripts in the British Museum,* I, 813–817.

[368] In the rest of this text, quotation marks have been omitted.

Le mary de madame.
Et qui est ta dame?
La femme monseigneur.
Dont viens tu maintenant?
Je viens de cy oultre.
Ou vas tu?
Je voys la.
Comment as tu a nom?
Ainsi que mon parrin.
Comment a ton parrin a nom?
Tout ainsi que moy.
Dont es tu?
Je suis de no [*sic*] ville.
Ou est vostre ville?
Entour le moustier.
Ou est le moustier?
En l'atre.
Ou siet l'atre?
Sur l'eaue.
Comment appelle on l'eaue?
Elle vient sans appeller.
Je le savoie bien, dist le roy.
Pourquoy dont le demandez vous?
Ne vouldroies tu pas vendre le cheval que tu chevauches? dist
le roy.
Ouy, sire, plus voulontiers que ne le donneroie.
Et combien me coustera il?
Autant que vous l'achatterez.
Quel eage a il?
Je ne fus point au naistre.
Mais est il jenne?
Pour moy ne ot il jamaiz sa barbe rese.
A il deux bons yeulz?
Oncques ne me firent mal.
Voit il tresbien?
Il voit plus
(*f.88[v]*)
　　　　　　loing qu'il ne vouldroit courir.
Boit il bien?

Certes, il beuveroit trop plus de eaue que ne feriés de vin.

Mengue il bien?

Il mengeroit plus de avaine en une nuyt que ne feriés de pain et de char en deux.

Est il sains de ventre et de nez et de tout le corps?

Je tiens que non, car encoires n'est il eslevé pour saint ne mis en fiertre.

Je demande s'il est net de galles et de suros.

Certes, sire, oncques a moy ne s'en plaindi.

Est il point rongneuz ne morveuz?

Oncques ne le veiz gratter ne son nez mouchier.

Est il fort de membres?

Par ma foy, sire, oncques a lui ne luittay.

Court il bien?

Je ne sçay tant ferir d'esperons que la teste ne laisse la queue derriere.

Estes vous point marié?

Au moins le est ma femme.

Avez vous nulz enfans?

Nannil, sire, maiz ma femme en a trois.

Comment appellon [*sic*] vostre femme?

Elle vient assez sans appeller; assez respond sans demander; assez se deffend sans boucler.

Par ma foy, beaulz amiz, gaires ne prise voz dis.

Et certes voz douze ne me vallent gaires.

De quelle terre es tu?

Sire, estes vous pottier; voulez vous de moy faire pots de terre?

Je te demande de quelle condition tu es.

Certes, je suis de telle condition dont j'ay moult de compaignons, car j'apete a boire du meilleur et souvent ayme mieulz a la taverne que au moustier, car le tonnoire jamais n'y chiet. J'ayme mieulz estre yvre que malade et

(*f.89*)

banny que pendu, savoir que cuidier,[369] envie que pitié,[370] vielle debte que vielle guerre.[371]

Quant le roy en vist la fachon il picque oultre sans plus mot dire.

---

[369] See Le Roux, II, 349.
[370] See (1) Le Roux, II, 347; (2) Tilley (E177); (3) Whiting (E133).
[371] Cf. Le Roux, II, 350, 435; and Tilley (D170).

*L'acteur.*

Non plus ne sceut de ce bergier le roy, sicomme je suppose. C'estoit bien pour lui courrouchier. Non plus, etc. Il ne voult la plus varier ne plus questionner la chose. Non plus, etc.

606. *Demande.*

A quoy perchevriés vous une jenne vache en ung grant fouc de brebis?[372]

*Response.*

On la perchoit a l'ueil.

607. *Demande.*

Je demande quelz sont de tous les deux plus orts mestiers en une ville.

*Response.*

Ce sont ung cuisinier et une atourneresse de espousees, car le cuisinier appointe a chier et l'atourneresse a ronchiner.

608. *Demande.*

Combien fauldroit il que une poire pendist au poirier ainchois qu'elle feust bien meure?

*Response.*

Plus tost pourriroit que devenir meure, car les meures croissent sur les hayes.

609. *Demande.*

Pour quoy par coustume a l'on talent de pissier?[373]

*Response.*

Pour les trespassez.

610. *Demande.*

De quel boire sur tous autres pisse on le moins?

*Response.*

C'est de vesses, car on en beuveroit cent ainchoiz que on en pissast une.

611. *Demande.*

Je vous demande quelz

*(f.89[v])*

---

[372] No. 536.
[373] No. 334.

gens au monde sont qui gaingnent leur vie tous jours plus joieuse-
ment.[374]

*Response.*

Ce sont chantres de musique et menestrelz.

612. *Demande.*

Je vous demande quelz gens sont au monde plus propices pour
envoyer en la guerre.

*Response.*

Ce sont bouchiers et ribaulz, car les bouchiers frappent par cous-
tume en la teste et les ribaulz plus bas et par ainsi ilz abatent tout.

613. *Demande.*

Quelz gens par coustume gaingment leur pain au reculler?[375]

*Response.*

Ce sont cordiers en fillant la canvre.

614. *Demande.*

Quelz gens ne pevent par coustume estre coulz en faisant leur
mestier?

*Response.*

Ce sont brouttiers, car le brouttier boutant sa brouette chargié, sa
feme tirant devant, il la poeult veoir par derriere.

615. *Demande.*

A quelle heure du jour est tout homme trouvé moins aidable?[376]

*Response.*

C'est en chaussant ses braies, car se garde lors d'estre sourpris.

616. *Demande.*

Je vous demande qui souffle par contraire a ung pelletier, chascun
faisant ce qu'il scet faire.

*Response.*

C'est le cul qui souffle le poil par dehors et le pelletier par dedens.

617. *Demande.*

De toute maniere de
*(f.90)*
poil lequel a vostre advis est tousjours le plus espés?

[374] Cf. Rolland, pp. 115–116 (no. 271).
[375] No. 476; cf. no. 680.
[376] Cf. no. 619.

*Response.*
C'est celluy qui croist au plus pres du cul.

618. *Demande.*
Sur quele beste naist le poil ains qu'il aist pel?
*Response.*
C'est sur ung estront musy.

619. *Demande.*
En quel temps de l'an sont les femmes plus deffensables?[377]
*Response.*
C'est quant elles chausent les brayes.

620. *Demande.*
Quel est le plus soubtil arbalestrier de tous et dont moins on se garde?[378]
*Response.*
C'est le cul, car de son trait encoche vers le talon et en va ferir au nez.

621. *Demande.*
Quant est ce que ung homme poeult bien a sa femme racourcher ses ongles?
*Response.*
C'est lors qu'il se perchoit qu'elle se deffent assez du becq.

622. *Demande.*
Je vous demande quelz gens ce sont qui plus dilligamment vont querant ce que jamaiz ne voulroient trouver.[379]
*Response.*
Ce sont jalouz, bergiers, coulz et autres. Le jalouz quiert de l'estat sa femme, le bergier aprés les trouz de ses souliers, etc.

623. *Demande.*
Laquelle de toutes les voisines est entre elles la plus recommandee?
*Response.*
C'est celle qui le plus souvent chausse les braies.

[377] Cf. no. 615.
[378] No. 372. See note for no. 372.
[379] See Hassell, *Sources and Analogues* . . . , II, 144 (note 20); and Whiting (T190).

624. *Demande.*

Quel grain de semence crie on le plus hault et plus joieusement?
*Response.*
(*f.90[v]*)
C'est une feve noire quant l'en la treuve ou gasteau.

625. *Demande.*

Quel chose est ce: plus est court plus a grant gueule?
*Response.*
C'est ung sacq.

626. *Demande.*

De quel maniere de pain mengue on le moins a tout le cresson?
*Response.*
Ce est pain a chanter.

627. *Demande.*

Quel chose est ce qui a les cornes au cul?[380]
*Response.*
Ce est ung sacq.

628. *Demande.*

Comment mengeriez vous au jour d'huy ung oeuf cuit et si le peleriez demain?[381]
*Response.*
Ainsi en advient pour tant que mie ne se poille des piés.

629. *Demande.*

Sur quel jour de l'an ont les mousches et les araignés plus grant paour?
*Response.*
C'est le jour de Pasques flouries pour les rainsseaulz que chascun porte.

630. *Demande.*

En quel temps de l'an conseille ung fol moult bien ung sage?[382]

[380] See Rolland, *Rimes*, p. 204 (no. 41).
[381] Cf. no. 449.
[382] Cf. the proverb, "Un fol advise bien un sage." See (1) Cotgrave (*s. v. fol*); (2) Le Roux, I, 244; (3) Morawski, *Proverbes français antérieurs au XVe siècle*, p. 89 (no. 2450); (4) Tilley (F469); and (5) Whiting (F404).

*Response.*

C'est a eschever ung mauvais pas et prendre ung bon quant le fol va devant.

631. *Demande.*

Pourquoy dist on qu'il est des cons si gras et groz envers les autres?
*Response.*

Ce est dit pour ceulz qui sont seans pres du fumier.

632. *Demande.*

De quelle matiere par ouyr dire sont a Paris faittes montees a vis et drecheoirs en chambres?
*Response.*

*(f.91)*

Ce est de char et de sang, de os et de nerfs, car ces plaisans visages et doulz tetins font bien souvent monter, tendre et dreschier les vis.

633. *Demande.*

Pourquoy sont souvent plusieurs cons si maigres?
*Response.*

C'est quant on y fait trop souvent la soupe.

634. *Demande.*

En quel temps de l'an pert le con sa saison?[383]
*Response.*

C'est quant son plus prochain voisin souffle.

635. *Demande.*

Pourquoy pissent les femmes mariees plus trouble que les pucelles?
*Response.*

Pour tant que elles sont perchiés au plus bas pres de la lye.

636. *Demande.*

Quant est ce que une femme pisse sur plus onnie et nette place?
*Response.*

C'est quant elle toute baissiee cuidant seulement pissier fait ung sonnet qui souffle roit contreterre, si nettoie la entour.

637. *Demande.*

En quel temps de l'an usent aucunes femmes de plus grant souplece?

[383] Cf. no. 654.

*Response.*
C'est quant elles par une vesse font ressortir[384] leur cul a leur nez.

638. *Demande.*
En quel lieu sur une femme seroit en temps d'yver mieulz repeue et yvernee?
*Response.*
Entre ses deux grans ortaulz.

639. *Demande.*
Quel est tel vallet? Se il ne lui monte en la teste, riens ne feroit ne pour
(*f.91[v]*)
maistre ne pour dame.
*Response.*
Ce est dit pour ung vit qui au besoing ne se voeult mettre en point.

640. *Demande.*
Quelles sont les trois plus grandes merveilles qu'on treuve en ung mesnage?
*Response.*
Ce sont premierement ung trou de cul qui clost et oeuvre de soy, puis ung vit qui se bende sans guindas n'autre ayde, et puis ung con qui porte son eaue la gueule en bas sans ja espandre.

641. *Demande.*
Quel difference y a il de faire ung chevallier a faire une dame?
*Response.*
Grant difference y a, car l'en fait ung chevallier en donnant la collee par en hault, et puis le chevallier fait sa femme dame en la brocquant par en bas.

642. *Demande.*
Comment pourroit on partir une vesse en deux?
*Response.*
Par bouter son nez ou cul d'une vielle. Et se bien l'estoupoit au vessir rechepvroit la moittié de la vesse en l'une narrine et l'autre moittié en l'autre narrine.

---

[384] In the ms. *ressortir* has been lined through, and in the margin what appears to be *revenir* has been added.

643. *Demande.*

Quant est ce que femmes font le moins de pechié a vessir au moustier?

*Response.*

C'est en quaresme, que lors les sains ont leurs nez estoupez et muchiez.

644. *Demande.*

Ung pet espousa une vesse. Tous deux sortirent d'une fesse. Longtemps ensemble ne ont regné, et guaires ilz

*(f.92)*

n'ont acquesté terres, prez, bois ne maison, et vecy la froide saison, qu'ilz ne se scevent ou saulver, mais ou se pourront ilz bouter?[385]

*Response.*

En vostre nez pour la bruyne.

645. *Demande.*

Pour quoy n'est il par coustume que les femmes requierent aux hommes comme les hommes aux femmes?

*Response.*

Pour tant que les femmes sont le plus du temps prestes et les hommes point, lesquelz se requis estoient paieroient bien souvent d'une faulte pour quinze.

646. *Demande.*

Pourquoy sont par coustume les hommes plus sages que les femmes?

*Response.*

Pour tant que ung homme a deux testes et la femme n'en a que une.

647. *Demande.*

Pourquoy ne fait on des femmes comme des hommes poursieuvans et messagieres?

*Response.*

Pour tant qu'en leurs boistes qui sont si chaudes se effacheroit l'emprainte de la chire des seaulz.

648. *Demande.*

Pourquoy en la danse macabree ne dansent[386] nulles femmes mais ung mort et ung homme vif?

---

[385] Cf. no. 367.
[386] Ms. reads "sansent."

*Response.*

Pour tant que les femmes n'ont cure de danser aveuc les mors mais tres bien aveuc les vifs.

649. *Demande.*

Pourquoy se fait la chemise d'une femme plus large par en bas que celle d'un homme?

*Response.*

Pour tant qu'en la chemise d'une femme on y
*(f.92[v])*
poeult aucunesfois entasser deux culz et quatre genoulz.

650. *Demande.*

Qui vous moustreroit la chemise d'une vielle et la chemise d'une jenne, a quoy cognoistriez vous l'une de l'autre?

*Response.*

Celle de la vieille doit estre plus uzee par derriere et celle de la jenne par devant, l'une par gratter son derriere et l'autre par gratter son devant.

651. *Demande.*

Je vous demande se le a.b.c. tout au long est masle ou femelle.

*Response.*

Je vous dy bien que il doit estre femelle, car on y treuve cul et quon et point de vit.

652. *Demande.*

Pourquoy n'est en le a.b.c. point nommé le vit aussi bien que le cul et le con?

*Response.*

Pour tant que la sai[n]te escripture ne poeult ne doibt jamais faillir, et le vit souvent fault, et vous savez que la sainte escripture est escripte de l'a.b.c., mais pour recouvrer de ce que il n'y fut pas mis, il est deux fois nommé en la fin des oroisons contre le con, une comme il appert quant l'on dist: ⟨⟨*Qui tecum vivit.*⟩⟩[387]

---

[387] *Qui tecum vivit* is part of the ending of certain prayers in the Roman Catholic liturgy. For example, in the Mass the prayer for the mixing of the water and the wine ends: "Qui tecum vivit et regnat in unitate Spiritus sancti Deus, per omnia saecula saeculorum. Amen." The same ending appears in another prayer of the Mass, the one beginning: "Libera nos, quaesumus Domine, ab omnibus malis . . ."

653. *Demande.*

Je vous demande que me dittes quant vous sçaurez que ung con est de bon et juste poiz.[388]

*Response.*

C'est quant la languette ne passe que a point.

654. *Demande.*

En quel temps de l'an est le con plus redoubté?[389]

*Response.*

*(f.93)*

C'est lors que son prochain voisin rue de gros engiens, car adont nulz n'y ouzeroit approchier.

655. *Demande.*

Je vous demande se le cul et le con aidoient a chanter la messe duquel prendriés vous plus voulontiers la paix.

*Response.*

Je la prendroie du con, car le vit n'en porte point, pour tant que le plus le con chante des vifs et le cul des mors.

656. *Demande.*

Je vous demande que c'est: de tant plus que l'on le quiert et moins l'on le treuve.

*Response.*

C'est le fons du con, qui oncques n'est trouvé.

657. *Demande.*

Quelle est la chose au monde de plus contraire condition a ung con?

*Response.*

C'est ung four, car le four ne s'eschauffe sans grant feu et au contraire le con s'eschauffe par grant moisteur. Et la paste que l'en boute dedens le four molle et moiste, l'en la retire assez tost dure et seche, et du con il advient tout le contraire, car ce que l'en y boute par coustume est dur et roide, et quant il s'en retire l'en le treuve tout mol et moiste.

658. *Demande.*

Quant est ce que le vit rend au con plus de grief et d'angoisse?

[388] No. 691.
[389] Cf. no. 634.

*Response.*
Ce est lors qu'il recule.

659. *Demande.*
Lequel fut premier au monde, ou les pois ou le pesach?
*Response.*
Le pesach, qui premier prist sa naissance de terre
*(f.93[v])*
par la voulenté du createur.

660. *Demande.*
En quel temps de tout l'an est le con plus couard et plus subgect?
*Response.*
C'est quant la femme fait la buee et qu'elle la bat et lave, car adont voeulle ou non il recule contre les horions.

661. *Demande.*
Ou cuidriés vous prendre soit de jour ou de nuit la plus grasse geline de tout le poullier?
*Response.*
Emprés le cocq au lez senestre, car le cocq est si noble que celle il aime et cognoist entre les autres.

662. *Demande.*
Je vous demande sur quoy se siet la nouvelle mariee l'endemain du jour de ses nopces.
*Response.*
L'en dist qu'elle ne se poeult seoir fors sur or batu.

663. *Demande.*
Quant est le viel cocq en saison de mengier?
*Response.*
Quant il est demouré tout seul.

664. *Demande.*
Une femme va son chemin. En alant son con lui chiet. Ung qui vient aprés le treuve et est content de le remettre comme il requiert s'il poeult, comment en doibt il faire?
*Response.*
Mette le plus velu devant et le plus doulc ensieuvant.

665. *Demande.*

Quelz gens poeult on dire qui se marient le jour de Pasques flouries?

*Response.*

Ceulz qui tantost entrent en la septmaine peneuse.

666. *Demande.*

*(f.94)*

Quelz gens par coustume se marient plus voulontiers aprés aoust?

*Response.*

Ce sont povres servans qui pour desir de couchier estaurent pour tout l'iver ung lit aux povres.

667. *Demande.*

Ungs homs et une femme ayment moult l'un l'autre. Dont il advient que ungs autres homs requiert icelle femme de son amour. Je vous demande s'elle en doibt parler a son amy ou non.[390]

*Response.*

Sire, elle le poeult et doibt dire a son ami s'elle le treuve attempré et bien amesuré, et ce pour son honneur tousjours garder, car entre vraiz et loiaulz amans il ne doibt avoir chose par couverture cellee combien que l'un ou l'autre le desirast.

668. *Demande.*

Dame, je vous demande dont mauvais rappors viennent tousjours.

*Response.*

Certes, dame [*sic*], ilz viennent le plus par envie, car tous envieuz sont voulontiers mal disans.

669. *Demande.*

Sire, pour quoy amera une femme par fol amour mieulz son ami que son bon mari?

*Response.*

Dame, a mon advis pour tant qu'elle est a son mary tousjours subjette et avecques son amy se retreuve en sa liberté et dame et maistresse.

670. *Demande.*

Sire, comment chainderiés vous vostre amie de une corroie a dix debouz et a xxxii jointures et si seroit toute d'une piece?

*(f.94[v])*

---

[390] No. 96.

*Response.*
Dame, je la chainderoie ainsi par accoller doulcement a deux bras.

671. *Demande.*
Quelle est la chambre d'amours ou sont les lits, les paremens et toutes plaisances et deduits?[391]
*Response.*
C'est de joyr entierement.

672. *Demande.*
Sire, je vous demande que or me dittes. Il advient que deux amans ayment une dame, dont l'un la sert de beau parler et l'aultre de largement donner. Lequel a vostre advis la doibt gaingnier?
*Response.*
Dame, celluy quy sa dame sert de beau parler.

673. *Demande.*
Sire, a quoy cognoist on pensees d'amours et longs souspirs en coeurs de jallous?
*Response.*
L'en les cognoist a ce que ilz sont ambedeux pales de face et en coeur pensif.

674. *Demande.*
Il advient que ung amoureuz a du tout son coeur donné a une damoiselle. Je vous demande lequel lui vault mieulz, ou que il soit escondis, ou que l'en aist de luy faulse pitié.[392]
*Response.*
Dame, il lui vault trop mieulz que il soit escondit.

675. *Demande.*
Sire, je vous demande en quelle saison de l'an sont par coustume amours plus malades.
*Response.*
C'est au mois de may, pour ce que le temps et la saison renouvelle.

---

[391] No. 182.
[392] No. 170; cf. no. 256. See Le Roux, II, 346: "Mieulx vault bon escondit que mauvais attrait."

676. *Demande.*

*(f.95)*

Quelle est la chose en amours ou l'en parvient le plus tost et de legier?[393]

*Response.*

Dame, je tiens que ce soit a desplaisir et courrouz.

677. *Demande.*

Sire, je vous demande quelle chose est ce en la fin qui de l'amant moustre le fin coeur et le fol coeur.[394]

*Response.*

Dame, a mon advis c'est joyr d'amours, car en coeur fin l'amant escroit et en coeur fol l'amant descroist.

678. *Demande.*

Dame, je vous demande. Ilz sont deux femmes, l'une jenne et l'autre plus aisnee, et toutes deux mariees. Et si se doubte chascune d'estre vuihote. Laquele a vostre advis prent sa jalousie plus a coeur et aigrement?

*Response.*

Sire, ce doibt estre la plus vieille, car elle pense: ⟨⟨Se mon mary me eslonge pour plus jenne et belle, je demourray esgaree.⟩⟩ Et la jenne poeult penser: ⟨⟨Au fort je suis jenne; se il me habandonne, le blasme est a lui. Au fort pour ung perdu deux recouvrez.⟩⟩[395]

679. *Demande.*

Je vous demande quant c'est que les femmes remuent plus souple-ment le cul et a moins de traveil.

*Response.*

C'est quant elles cousent, car adont font bondir le cul de l'aguille hault et bas et de tous sens.

680. *Demande.*

Quelz choses a vostre advis besoignent plus et mieulz en reculant qu'en alant toudis avant?[396]

---

[393] Nos. 30, 793.

[394] Cf. no. 122.

[395] See (1) Le Roux, II, 374; (2) Morawski, no. 1701; and (3) Whiting (O39).

[396] Cf. nos. 476, 613.

*Response.*

*(f.95[v])*

C'est ung qui fille canvre a faire cordes, et ung qui tend aux plou-
viers et ceriots.

681. *Demande.*

Quel est meilleur achat pour quaresme, ou d'un mauvaiz herenc
ou d'une bonne pomme?

*Response.*

Le chat ne mengue de pomme.

682. *Demande.*

Qu'est ce quy est pendu et traynné ou riens ne prouffite?

*Response.*

C'est ung rasteau.

683. *Demande.*

Pourquoy est il deffendu aux prestres de non couchier aveuc
femmes?[397]

*Response.*

C'est affin que avant chanter ilz ne boivent.

684. *Demande.*

Sur quel jour de l'an fait le pourcel a l'ostel son maistre plus grant
chiere?

*Response.*

C'est le propre jour que l'en mengue ses tripes.

685. *Demande.*

Qu'est ce que plus on sacque et plus racource?

*Response.*

C'est de l'or ou de l'argent en la bourse.

686. *Demande.*

Pance contre pance, la main au cul, et le boiel au trou.[398]

*Response.*

C'est ung enffant que une femme alaitte.

687. *Demande.*

Sur quel jour de l'an font les gens plus de moues?

[397] Cf. nos. 688, 768.

[398] See Rolland, p. 123 (no. 290); and Taylor, no. 1235, and note on p. 828.

*Response.*
C'est sur le jour du vendredi saint, que toutes gens baisent la ra-membrance de la croix et tant maintes relicques.

688. *Demande.*
Pour quoy hommes mariez ne pevent dire messe?[399]
*Response.*
*(f.96)*
Pour tant que moult souvent il a but avant que il parte de son lit.

689. *Demande.*
Pour quoy on porte la bouteille sur les champs?
*Response.*
Pour ce qu'on n'y poeut si aise porter la queue.

690. *Demande.*
Qui porta jamaiz la plus digne portee de tout le monde?[400]
*Response.*
Ce fut l'asne quant il porta Dieu et Nostre Dame en Egipte.

691. *Demande.*
En quel temps de l'an est le con de plus juste poiz?[401]
*Response.*
C'est quant la languette ne passe point.

692. *Demande.*
Comment feroit on de une femelle plusieurs mascles?
*Response.*
L'en couperoit une besace en deux ou en quatre, si en feroit l'en des sacquelets.

693. *Demande.*
A quoy est ce qu'en nul temps de l'an bure ne vault riens?
*Response.*
A estouper la gueule de ung four chault.

694. *Demande.*
Comment on se pourroit garder que jamais chien ne morderoit personne?

[399] Cf. nos. 683, 768.
[400] The reference is to Matt. 2: 13–14.
[401] No. 653.

*Response.*

Tenez vous tousjours vers la queue et tournez comme le chien.

695. *Demande.*

Comment on garderoit que taupes ne feroient dommage en jardin?
*Response.*

Il ne le fault que faire paver de grans quarreaulz.

696. *Demande.*

Comment se pourroit enfiller une aguille derriere son dos?
*Response.*

*(f.96[v])*

Se la voulez enfiller, faire le povez devant vous, et par ainsi ce sera derriere vostre dos.

697. *Demande.*

Je vous demande pourquoy jennes gens sont par coustume plus chaulz que les vieulz.
*Response.*

Pour tant que les jennes sont fourrez dedens et les vieulz dehors.

698. *Demande.*

Quelz femmes sont au monde qui sans pechié pevent porter en tous temps queues et cornes?
*Response.*

Ce sont femmes, filles et meschines de taneurs et de bouchiers.

699. *Demande.*

Je vous demande en quel temps de l'an les chiens seuffrent plus grant douleur de dens.[402]
*Response.*

C'est quant le loup les tient a bons dens par la gorge ou autre part.

700. *Demande.*

Je vous demande quant c'est que ly cu rez poeult couchier avecques une femme mariee et faire son devoir de engendrer enfans sans faire pechié.
*Response.*

Quant ung homme marié a esté aux estuves et son cul rez, aprés pour tant ne laisse mie de couchier aveuc sa femme.

[402] Cf. Rolland, p. 141 (no. 350).

701. *Demande.*
Quel est de tous les bouchiers du monde le plus soubtil et mieulz apris?[403]
*Response.*
Ce doit est[re] ung con, car sans les chiens il scet berser sa char et si scet avoir la moule hors des os sans les rompre,
*(f.97)*
ce que nulz bouchiers ne pourroit faire.

702. *Demande.*
Quelle personne doibt par raison estre sur tous autres le moins interroguié en jugement?
*Response.*
C'est ung foireuz, car son fait est tout cler.

703. *Demande.*
Pourquoy par coustume ont toutes vaches si tres grant pance?
*Response.*
Pour tant que point n'ont jamais porté chainture.

704. *Demande.*
Quel chose trompe en la fin d'esté et en mars plus les grues et bistardes?
*Response.*
C'est de ahaner sans semer.

705. *Demande.*
*Qui locutus est post mortem?*[404]
*Response.*
*Samuel.*

706. *Demande.*
Quelles sont les trois dignes vertus que homme qui couche aveuc sa femme poeult en ung instant avoir?
*Response.*
La premiere, quant sa femme fait ung pet et il le oyt, lors scet il bien qu'il n'est pas sourt. La seconde, quant il en a la senteur au nez

[403] Cf. no. 718.
[404] The reference is to 1 Sam. 28: 3, 7–20. See Max Förster, "Kleinere mittelenglische Texte," *Anglia* 42 (1918): 212 (no. 5).

il pense bien qu'il n'est mie punaiz. Et la tierce vertu et la greigneur est qu'il bien scet que sa femme n'est pas morte.

707. *Demande.*
*Qui locutus est antequam natus?*[405]
*Response.*
*Johannes Baptista.*

708. *Demande.*
De quel chose est ce dont par coustume le plus des gens ont le plus grant fain?
*Response.*
C'est de longue herbe.[406]

*(f.97[v])*

709. *Demande.*
*Quis est non habens patrem neque matrem?*[407]
*Response.*
*Melchisedech.*

710. *Demande.*
Ou est l'aumosne en tous temps la mieulz employé [*sic*], ou a une vielle mendiant [*sic*] ou a une fillette d'estuves?
*Response.*
A une fillette d'estuves, car elle ne poeult son pain gaingnier par honneur.

711. *Demande.*
*Qui fecit luctum antequam nasceretur?*[408]
*Response.*
*Jacob.*

712. *Demande.*
Quele chose est ce dont l'en a honneur et prouffit?
*Response.*
C'est d'une courte cornette.

---

[405] See Förster, "Kleinere mittelenglische Texte," *Anglia* 42 (1918): 213 (no. 6); Taylor, BR, p. 241 (no. 3), and corresponding note on p. 245.

[406] Possibly a reference to the proverb, "Il faut que l'herbe soit bien courte quand on ne trouve que repaistre." See Cotgrave (*s. v. herbe*).

[407] See Taylor, BR, p. 241 (no. 5), and note on p. 245.

[408] The reference is to Genesis 25: 22.

713. *Demande.*
*Clamans non habens linguam.*[409]
    *Response.*
*Sanguis Abel.*

714. *Demande.*
Qui est la plus tenvene chose au monde?
    *Response.*
C'est de ung estront la crouste, car l'on ne la sauroit mengier sans mye.

715. *Demande.*
*Qui manducavit et bibit nec ossa nec carnem habuit?*[410]
    *Response.*
*Raphael.*

716. *Demande.*
Quelz gens gaignent journellement le plus sur les mescroians?
    *Response.*
Ce sont monniers, tisterans de toilles et cousturiers.

717. *Demande.*
*Vivit non natus et non moritur.*[411]
    *Response.*
*Angelus.*

718. *Demande.*
Qui est le plus soubtil barbier au monde?[412]
*(f.98)*
    *Response.*
C'est le con, car a un estour il poeult moullier une teste, deux barbes, et se tient le bacin.

719. *Demande.*
*Qui hab[u]it barbam antequam natus?*[413]

---

[409] See Taylor, BR, p. 242 (no. 10), and note on p. 248.
[410] The reference is apparently to Tobias 12: 19.
[411] No. 729. Cf. Claret, no. LXXIX.
[412] Cf. no. 701.
[413] *Hercus* is apparently a Middle Latin form of the Classical Latin *hircus* ("he-goat").

*Response.*
*Hercus.*

720. *Demande.*
En quel temps de l'an est le con plus orgueilleuz?
*Response.*
Lors que de tout son povoir il tient sa maçue, car adont ne tient
compte de prince s'il n'est roys.

721. *Demande.*
*Qui fuit mortuus et non natus?*[414]
*Response.*
*Adam primus homo.*

722. *Demande.*
Comment partiroit on une vesse en douze parties?
*Response.*
Faittes une vesse sur le moieul d'une roe, et douze personnes ayent
chascun son nez aux xii trous, et par ainsi chascun en ara sa part.

[414] Compare this riddle with no. 266 and notes to no. 266. See (1) Claret, no.
LXXXI; (2) Colson, "Enigmes populaires," *Wallonia* 5 (1897): 129 (no. 260);
(3) Förster, "Kleinere mittelenglische Texte," *Anglia* 42 (1918): 212 (no. 1);
(4) Haffner, "Volksrätsel aus Baden," p. 97 (no. 279); (5) *JM*, p. 485; (6)
Johnson, "Folk-Lore from Antigua, British West Indies," *JAF* 34 (1921): 85 (no.
29); (7) K. Jurgelionis, *Misliu Knyga*, p. 2 (no. 21); (8) Kristensen, p. 259 (no.
1); (9) G. Pitrè, *Indovinelli, dubbi, scioglilingua del popolo siciliano*, p. 4 (no.
4); (10) Rolland, p. 111 (no. 260); (11) Siebert, *Der Dichter Tannhäuser*, pp.
192–193; (12) Taylor, BR, p. 241 (no. 1), and note on pp. 243–244; (13)
Thompson (H813); (14) *Welsh Riddles*, p. 308 (no. 456); (15) Wilmanns, p.
168 (no. 20), and note on pp. 174–175; (16) Wölfflin-Troll, "*Joca Monachorum*,
ein Beitrag zur mittelalterlichen Räthsellitteratur," *Monatsberichte der königlich
preussischen Akademie der Wissenschaften zu Berlin*, 1872, p. 109 (no. 2).
The Taylor-Abrahams manuscript asserts that this riddle is current orally in
Texas and also cites as pertinent the following references: (1) Butsch, *Strass-
burger Räthselbuch*, p. 25 (no. 274); (2) J.-B. Chabot, "Eclaircissements sur
quelques points de la littérature syriaque," *Journal asiatique* (10th ser.) 8
(1906): 277; (3) Christoffersson, *Gåtor från Skytts härad*, p. 61 (no. 1); (4)
Feilberg, *Bidrag til en ordbog over jyske almuesmål*, IV, 3; (5) E. de La Fon-
taine, *Die luxemburger Kinderreime*, p. 58 (no. 28); (6) Joos, *Raadsels*, nos.
820–822, 553; (7) L. Salmon, "Folklore in the Kennet Valley," *Folk-Lore* 13
(1902): 421; (8) K. D. Stafset, *280 gamle norske gaator*, pp. 20, 37 (no. 132);
(9) Wossidlo, *Mecklenburgische Volksüberlieferungen*, I, 126 (no. 409).

723. *Demande.*
*Qui fuit natus et non mortuus?*[415]
*Response.*
*Helyas.*

724. *Demande.*
Qui fut parin a Sanson et aussi marrines?
*Response.*
Son parin fut le soleil et ses deux marines la lune et une vesse, car tous troiz n'ont point de son.

725. *Demande.*
*Qui fuit bis natus et semel mortuus?*[416]
*Response.*
*Jonas.*

726. *Demande.*
Quel boiz croist entre le cul et le con?[417]
*Response.*
*(f.98[v])*
De deux manieres, c'est assavoir caurre et puyne.

727. *Demande.*
*Quis fuit bis mortuus et semel natus?*[418]

[415] See (1) Förster, "Kleinere mittelenglische Texte," *Anglia* 42 (1918): 212 (no. 2); (2) *JM*, p. 486; (3) Johnson, "Folk-Lore from Antigua, British West Indies," *JAF* 34 (1921): 85 (no. 27); (4) Jurgelionis, *Misliu Knyga*, p. 2 (no. 22); (5) Kristensen, p. 261 (no. 9); (6) Rolland, p. 111 (no. 261); (7) Taylor, BR, p. 241 (no. 2), and note on pp. 244–245; (8) Thompson (H814); (9) *Welsh Riddles*, p. 308 (no. 460); (10) Wölfflin-Troll, "*Joca Monachorum . . . ,*" p. 109 (no. 7). The following references appear in the Taylor-Abrahams manuscript: (1) Butsch, *Strassburger Räthselbuch*, p. 25 (no. 275); (2) Joos, *Raadsels,* nos. 824–825; (3) La Fontaine, *Die luxemburger Kinderreime*, p. 59 (no. 29); (4) Reusner, *Ænigmatographia*, p. 261; (5) Salmon, "Folklore in the Kennet Valley," *Folk-Lore* 13 (1902): 421; (6) Stafset, *280 gamle norske gaator*, pp. 19, 37 (no. 125); (7) Ström, *Svenska folkgåtor*, p. 249 (no. 3); (8) Wiedemann, *Aus dem inneren und äusseren Leben der Ehsten*, p. 288.

[416] Cf. *JM*, p. 486, and Wilmanns, no. 38.

[417] Cf. *Les Faictz et dictz de Jean Molinet*, ed. N. Dupire, II, 559, vv. 30–32. For the play on words involved, compare Godefroy, *Dictionnaire de l'ancienne langue française . . . (s. v. chaurre)*, and Tobler and Lommatzsch, *Altfranzösisches Wörterbuch (s. v. coudre)*; cf. also in Godefroy *puine* and *puisne*.

[418] See (1) Förster, "Kleinere mittelenglische Texte," *Anglia* 42 (1918): 212 (no. 4); (2) *JM*, p. 486; (3) Taylor, BR, p. 241 (no. 4), and note on p. 245.

*Response.*
Lazarus.

728. *Demande.*
Qu'est ce qui est devant tantan et c'est au jour d'huy?
*Response.*
C'est le museau d'une vache quant elle a une campane sonnant quy
lui pend au col.

729. *Demande.*
*Qui vivit nec natus nec mortuus?*[419]
*Response.*
Angelus.

730. *Demande.*
Deux hommes sont;
Deux filz ont;
Ce sont quatre comme je crois,
Maiz certes ce ne sont que trois.[420]
*Response.*
C'est ung tayon quy a ung filz, lequel filz a ung aultre filz.

731. *Demande.*
Quel chose est ce: tant plus le boute on tant moins y entre?[421]
*Response.*
C'est quant l'en fait ung estront.

732. *Demande.*
Quelz deux choses sont ce au monde qui voulontiers prendent leur
repast a teste descouverte?
*Response.*
L'une est ung con, et l'autre ung oiseau de proye.

733. *Demande.*
Quel difference trouvez vous d'un pourcel a ung vit?
*Response.*
Ung pourceau au froter et grater se couche, et ung vit se lieve.

[419] No. 717. See Claret, no. LXXIX.
[420] No. 574. See note for no. 574.
[421] No. 576; cf. no. 342.

734. *Demande.*

Lequel pour ung repas se contente plus courtoisement, ou l'oisel de
*(f.99)*
proye ou le con?

*Response.*

C'est l'oisel de proye, car il est content de la char seulement et non
pas le con se aveuc la char il n'a la moille des os.

735. *Demande.*

Quelz jours en l'an poeult on mettre gaige en la taverne sans des-
honneur?

*Response.*

Trois jours y a; et premierement le jour du bon venredi y poeult
on laissier ses chausses et soulliers; le second jour est la veille Saint
Jehan Baptiste y laissier ses couteaulz et sa chainture et en prendre
une de herbes, et le tiers le jour de may y laissier son chappeau et
cornette et prendre ung chappelet de flours et verdure.

736. *Demande.*

Sur tout le corps de l'homme ou est il trouvé le plus espés?

*Response.*

Ce n'est pas loing du trou derriere.

737. *Demande.*

Quel est le plus grant traittre que le cul trouve?

*Response.*

C'est la coulle, qui peu a peu approche et baise le cul, puis le fiert
tantost sans point escryer.

738. *Demande.*

Quelles deux choses sont ce au monde, l'une d'Orient et l'autre
d'Occident, qui si tost que se rencontrent s'entendent par amour
ensemble?[422]

*Response.*

Ce sont deux culz.

739. *Demande.*

Quelle beste est ce que on voit porter sa queue entre deux yeulz?[423]

---

[422] Cf. no. 766.
[423] Cf. nos. 364, 482.

*Response.*
*(f.99[v])*
C'est ung chat quant il lesce son derriere.

740. *Demande.*
De quelle chose est ce dont toute creature se pourroit le moins passer?[424]
*Response.*
Ce est de l'ayr.

741. *Demande.*
Quelle est la chose au monde que nulz ne poeult eschiever?[425]
*Response.*
C'est a toute chose son umbre.

742. *Demande.*
De quelle religion sont plus de bastardes?
*Response.*
C'est des filles Dieu, car leur pere ne fut oncques marié.

743. *Demande.*
Comment nommeroit on ung moisne sans faire la moe?
*Response.*
On le nommeroit ung abbé.

744. *Demande.*
Comment espeliroit on char sallee par quatre lettres?[426]
*Response.*
Lart est char sallee.

745. *Demande.*
Pourquoy ne dist on jamais *benedicite* a la souppe?
*Response.*
Pour tant que cieulz qui le diroit sa part tandis perdre pourroit, et on dit d'usage qu'a la soupe s'on ne t'y appelle se t'y boute.

---

[424] No. 282.
[425] Cf. no. 545. Cf. Rolland, p. 8 (no. 19); Taylor, no. 113, hn. 1573–1575 (pt. 1), hn. 1614–1615.
[426] Cf. (1) Kerbeuzec, p. 503 (no. 24); (2) Parsons, *Antilles*, p. 423 (nos. 35, 36, 37); (3) *Welsh Riddles*, p. 294 (nos. 361, 362).

746. *Demande.*

De toutes les saulses laquelle s'engelle le moins?
    *Response.*

Sausse chaulde.

747. *Demande.*

Quelz jours en l'an est ce que plus de gens sont d'une livree?
    *Response.*

C'est quant il nege.

748. *Demande.*

Laquelle de toutes les saintes entra la premiere en paradis?
    *Response.*

Ce fut Sainte Barbe, car elle y entra aveuc

*(f.100)*

Nostre Seigneur.

749. *Demande.*

Duquel endroit sur l'omme lui vient il plus de coustenge et plus souvent?
    *Response.*

C'est par la bouche, car pour la furnir tousjours on y boute a peu de relief.

750. *Demande.*

Quel est le plus joly des cinq sens de l'omme?
    *Response.*

Ce sont ses yeulz.

751. *Demande.*

Quel est le plus hardi endroit de l'homme?
    *Response.*

C'est la main au costé du coeur.

752. *Demande.*

Duquel lieu sur corps d'homme poeult il venir plus de prouffit?
    *Response.*

Du nez, car on n'y va guaires qu'on n'en rapporte.

753. *Demande.*

Quel de tous aultres est le plus ort saulsier que l'en pourroit trouver?

*Response.*

C'est le vit, car quant il a tout estampé il sert de crachier ou mortier.

754. *Demande.*

Dont vint *dominus?*

*Response.*

Vous le trouvez a midi ou il dit: ⟨⟨*Nisi quia dominus.*⟩⟩[427]

755. *Demande.*

Qui fist la mere du dyable?

*Response.*

Ce fut *ecce*, car l'on dit ou psaultier *ecce parturit injusticiam; concepit dolorem, et peperit iniquitatem.*[428]

756. *Demande.*

Comment metteriés vous cuire et boulir vostre char que pour quelque feu que feissiés la graisse ne s'en fuyroit jamais hors du pot?

*Response.*

Il fauldroit doncques

*(f.100[v])*

la char boulir en ung chaudron ou payelle.

757. *Demande.*

Quelz sont les deux plus grans hayneuz que le cul aist?

*Response.*

Ce sont le nez et la bouche, car ilz ne voeulent touchier ne sentir riens qui du cul viegne.

758. *Demande.*

De quoy a il le moins au monde?

*Response.*

D'estrons de pape, maiz encoires treuve on moins de estrons de porquier, car si tost qu'il a chié les pourceaulz le menguent.

759. *Demande.*

Quelz sont les plus certains serviteurs et plus prest a toute heure que le cul aist?

[427] Canon A. L. Gabriel of the University of Notre Dame has suggested that *Nisi quia dominus* is to be "identified with the opening words of Psalmus 123, recited on Tuesdays, *Feria tertia* for Vespers in the Roman Breviary." I am unable to explain the connection with *midi.*

[428] Psalms 7: 15 (verse 14 in some texts).

*Response.*
Ce sont les mains, qui toute dilligence font a toute heure pour le maintenir joliement.

760. *Demande.*
Quez [*sic*] sont au monde deux choses de moult contraire condition?
*Response.*
Ce sont achier et merde, car par tremper l'achier devient dur et l'aultre devient mol.

761. *Demande.*
Quel de tous labeurs est le plus tost perdu et de moins de prouffit?
*Response.*
C'est a vouloir tenir ung cul net, car quoy que on y face tantost flaire comme par avant.

762. *Demande.*
Pourquoy ne ont les cons nulz dens?
*Response.*
Pour tant que ce qu'ilz prendent par suchier ilz avalent sans maschier.

763. *Demande.*
En quel temps de l'an est le cul plus gay et joly
*(f.101)*
et mieulz flairant?
*Response.*
C'est ou mois de may, quant on le frote de ces doulces herbes souef sentans.

764. *Demande.*
Quelle est la plus soutille chose qui soit en se monde?
*Response.*
C'est une vesse, car elle vient ferir les gens en plain midi au nez, et si ne scet nulz sa venue s'il premier ne la sent.

765. *Demande.*
Qui est le meilleur et le plus habille coustre que l'en treuve?
*Response.*
C'est le con, car a une corde il fait sonner deux cloches.

**766. *Demande*.**

Quelz sont les deux choses au monde qui s'entrefont le plus grant recognoissance a l'aborder?[429]

*Response*.

Ce sont deux culz masculin et feminin.

**767. *Demande*.**

Quant deux vaches vont aux champs et que l'une boute la corne ou cul de l'aultre qui a plus d'elles deux la corne au cul?

*Response*.

Celle qui sa corne le y a le plus parfont.

**768. *Demande*.**

Pourquoy est il en plusieurs contrees deffendu que nulz prestres ne soient mariez?[430]

*Response*.

Affin que ilz ne perdent leur messe par boire ains que ilz partent le matin du lit.

**769. *Demande*.**

Quelz sont les gens au monde les plus hardis et asseurez?

*Response*.

Ce sont ceulz qui n'ont pas paour de ung contre quatre, maiz bien pevent avoir doubte de eulz meismes sans aultre.

*(f.101[v])*

**770. *Demande*.**

De quelz manieres de gens par tout le monde est plus grant dommage de leur mort?[431]

*Response*.

C'est de ung monnier, car pour sa mort il fault faire de ung preud-homme ung larron.

**771. *Demande*.**

Quelz gens sont ce au monde qui moult chier vendent ce que tous les jours leur est presté?

*Response*.

Ce sont advocas et procureurs qui chierement vendent leur parole.

[429] Cf. no. 738.
[430] Cf. nos. 683, 688.
[431] Cf. nos. 375, 376, 377, 780.

772. *Demande.*

Quelz sains sont ce ou moustier qui font a toutes gens plus de ayde et plus de prouffit, et qui moins sont alumez et honnourez et plus durement traittiés?

*Response.*

Ce sont les sains qui sont sur les verrieres a la pleuve et au vent, au chault et au froit.

773. *Demande.*

En quelz lieux est la croiz assise ou elle a moins de reverence et d'honneur que autrement?

*Response.*

En quatre lieux, et premierement sur le clochier de l'eglise, car les oiseaulz chient souvent dessus; en la chimentiere, car les chiens pissent dessus; sur le dos d'un asne, car le monnier y assiet son derriere, et sur la poittrine de croisiés de oultre mer, car souvent ilz en coeuvrent mainte folle femme.

774. *Demande.*

Quelz sont les deux meubles en une maison

*(f.102)*

qui a toute heure sont plus prests pour servir de leur office?

*Response.*

C'est la langue de la bonne dame et le cul des petis enfans.

775. *Demande.*

Quel est le meuble plus cordial de la maison?

*Response.*

C'est le canebutin aux chandeilles, qui se laisse pendre pour eviter le dommage de son maistre.

776. *Demande.*

Qu'est ce quy ne puet servir sans trou, et se trou a servir ne poeult?

*Response.*

Ce sont l'entonnoir et la bouteille.

777. *Demande.*

Pourquoy par coustume put le cul et non la bouche?

*Response.*

Pour tant que au baptesme on met du sel a la bouche et non au cul.

778. *Demande.*

Je le mets ou il ne demeure point pour le retrouver ou je ne le mets point.

*Response.*

C'est quant le compaignon emplist la bouteille a tout l'entonnoir.

779. *Demande.*

Quelz gens pevent faire grant testament des biens d'autruy?

*Response.*

Ce sont monniers, car quoy qu'ilz laissent a leurs hoirs, ceulz bien scevent ou le prendre.

780. *Demande.*

Pourquoy se monniers sont larrons n'en fait on bonne justice?[432]

*Response.*

Pou de plaintes s'en font, et que plus est, ne sont prins au fait, et n'ont rien se on ne leur apporte.

*(f.102[v])*

781. *Demande.*

Qui voeult amer et oncques n'ama, que dist il quant il vient la?

*Response.*

S'amans ensemble ne scevent parler, Amours les aprent a parler.

782. *Demande.*

Lequel vault mieulz, ou a joyr d'amours a l'aventure ou a s'en deporter pour les doubtes a venir?

*Response.*

Considerer fault le lieu, le temps et le personnage.

783. *Demande.*

Dont vient principalment la cause d'amer?

*Response.*

Par forment desirer.

784. *Demande.*

Dont sourdent les plus aspres desirs tant d'une partie comme d'aultre?

*Response.*

Par les biens que l'en treuve en sa partie.

[432] No. 376; cf. nos. 375, 377, 770.

785. *Demande.*
Qui plus reconforte tous amans en amours?[433]
   *Response.*
Espoir et souvenir.

786. *Demande.*
Dont procede jalousie en amours?[434]
   *Response.*
Par asprement et franchement amer.

787. *Demande.*
Quelz choses font plus entretenir amours?[435]
   *Response.*
Trois: loiauté, sens et estre secret.

788. *Demande.*
Se jalousie est en rien propice en amours.[436]
   *Response.*
Ouy, on en est plus secret, couvert et dilligent.

789. *Demande.*
A qui dure plus longuement et asprement jalousie, a l'amant ou a la dame?[437]
   *Response.*
*(f.103)*
A l'omme pour tant que il est de plus vertueuse complexion et courage, et a la femme en tant qu'elle ne s'en oze descouvrir.

790. *Demande.*
Quelle est la souveraine vertu qui soit en amours?[438]
   *Response.*
Loiaulté.

791. *Demande.*
Dont viennent les vaillances que l'amant furnist en armes?

[433] No. 7.
[434] No. 9.
[435] No. 8.
[436] No. 10.
[437] No. 18.
[438] No. 22. Cf. nos. 97, 196.

*Response.*
L'en dit que plus procedent par la dame.

792. *Demande.*
A qui griefve plus jalousie, a l'omme ou a la femme?[439]
*Response.*
A la femme pour la subjection en quoy se retreuve.

793. *Demande.*
A quel chose parviennent amans plus tost, a merchy ou a cour-
rouz?[440]
*Response.*
A courrouz.

794. *Demande.*
Que appellez vous le tres grant bien d'amours.[441]
*Response.*
Le don de merchy.

795. *Demande.*
Que doibt ensieuvir a l'amant aprés le don de merchy?[442]
*Response.*
Bonne unité en coeur et pensee.

796. *Demande.*
Ou fault il plus de sens, ou de acquerre merchi ou le garder quant
acquis est?[443]
*Response.*
A le bien garder.

797. *Demande.*
Quelle chose est mercy?[444]
*Response.*
Merchy est amour de bon coeur ottroyee duquel vient le nom de
amy.

[439] No. 19.
[440] Nos. 30, 676.
[441] No. 32.
[442] No. 33.
[443] Nos. 35, 144.
[444] No. 37.

798. *Demande.*
Quelle chose est amour?[445]
   *Response.*
Amour est noble vertu
*(f.103[v])*
concheue de toutes haultes vertus.

799. *Demande.*
Lequel vault plus, ou sens ou amour ou bien celler?[446]
   *Response.*
Sens, car de sens toutes vertus naissent.

800. *Demande.*
Lequel en amours vault mieulz, loiauté ou sens?[447]
   *Response.*
Loiaulté qui vient de foy, laquelle est chief des vertus.

801. *Demande.*
Duquel se doibt dame plus resjoyr, ou de sens ou de biauté?[448]
   *Response.*
De sens quant il est bon.

802. *Demande.*
Pourquoy fut amours establie?[449]
   *Response.*
Pour nourrir paix et joye.

803. *Demande.*
Quel amour est plus forte, de regard ou de parole?[450]
   *Response.*
C'est de regard.

804. *Demande.*
Quelle amour vault mieulz, ou ditte ou par signe?[451]

[445] No. 38.
[446] No. 39.
[447] No. 40; cf. no. 71.
[448] No. 41; cf. nos. 55, 91.
[449] No. 42.
[450] No. 43.
[451] No. 44.

*Response.*
Celle qui se declaire de bouche.

805. *Demande.*
Quelles conditions doit avoir femme vertueuse?[452]
*Response.*
Honneste, humble et de doulce maniere.

806. *Demande.*
S'en amours a laits, amans ou amies.[453]
*Response.*
Nennil, se par faulte de bon amour non.

807. *Demande.*
Par quoy vient joye en coeur de amans?[454]
*Response.*
Par doulz espoir.

808. *Demande.*
Dont vient le mouvement de tost amer?[455]
*Response.*
Seulement de beauté
*(f.104)*
et de bonne renommee.

809. *Demande.*
Quelle est plus sceure amour, ou celle qui vient par sens ou par
beauté?[456]
*Response.*
Celle qui vient par sens.

810. *Demande.*
Quelle amour est plus forte a conquerre, ou de celle qui oncques
n'ama ou de celle qui amé a?[457]
*Response.*
De celle qui oncques n'ama.

[452] No. 48. Cf. no. 173.
[453] No. 50. See Hassell, no. II (*L*), and Whiting (L550).
[454] No. 56. Cf. no. 141.
[455] No. 57.
[456] No. 60.
[457] No. 64.

811. *Demande.*

Qui vault mieulz, ou amer sans estre amé ou estre amé sans amer?[458]

*Response.*

Estre amé sans amer.

812. *Demande.*

Pourquoy ne ayme pas la dame toutes fois que requise en est?[459]

*Response.*

Pour la doubte de mesprendre.

813. *Demande.*

Quelles sont les quatre vertus en amours qui petit valent l'une sans l'autre?[460]

*Response.*

Honneur, largesse, amour et joye.

814. *Demande.*

Qui plus tost amaine l'amant a son desirier, ou[461] sens ou loiaulté?[462]

*Response.*

C'est sens, et loiaulté est dure a trouver.

815. *Demande.*

Quelle est la plus belle vertu aprés loiaulté?[463]

*Response.*

Ce est maniere.

816. *Demande.*

Dont procede paour de mesprendre?[464]

*Response.*

De sens nourry en bonne cremeur.

817. *Demande.*

Quel chose est ditte plaisance?[465]

[458] No. 63.
[459] No. 68.
[460] No. 70.
[461] Ms. reads: "... ou ou sens ..."
[462] No. 71.
[463] No. 75.
[464] No. 76.
[465] No. 77.

*Response.*
Plaisance est propos
*(f.104[v])*
de bien perseverer en bon amour.

818. *Demande.*
Dont procede plaisance?[466]
*Response.*
De vray et bon espoir.

819. *Demande.*
Pourroit nulz amer sans espoir?[467]
*Response.*
Ouy, par plaisance.

820. *Demande.*
Dont vient honneur?[468]
*Response.*
De bon vif naturel sens.

821. *Demande.*
Quelle chose est noblesse?[469]
*Response.*
Noblesse est sieuvir les vertus et fuir les vices.

822. *Demande.*
Laquelle aime mieulz, ou celle qui prent ou celle qui donne?[470]
*Response.*
Celle qui donne.

823. *Demande.*
Se en parfait amour eust oncques point de fin.[471]
*Response.*
Non pas, car amour parfaitte vient de Dieu.

[466] No. 78.
[467] No. 79.
[468] No. 81.
[469] No. 82.
[470] No. 83. Cf. no. 156.
[471] No. 90.

824. *Demande.*
Dont a il plus en amours, de mal ou de bien?[472]
*Response.*
De biens, pour espoir des guerredons qui venir en pevent.

825. *Demande.*
Lequel vault mieulz, savoir les pensees de sa dame ou elle sache les siennes?[473]
*Response.*
Il n'est que savoir les pensees de sa partie.

826. *Demande.*
Quant est la dame plus joieuse en coeur?[474]
*Response.*
Quant son ami fort la requiert de son amour, et au contraire toute tourblee [*sic*] quant il d'elle se part sans la requerir.

827. *Demande.*
Lequel des deux, ou
*(f.105)*
l'amant ou la dame, change plus tost couleur au perchevoir l'un l'autre, le premier perchevant et se tous deux ensemble?[475]
*Response.*
La dame par sa condition fraisle.

828. *Demande.*
Se par regard amour se donne, s'en doit on taire ou le dire a partie?[476]
*Response.*
Il se doibt dire, car la bonté non sceue ne gré ne grace.

829. *Demande.*
Duquel usent plus les dames en amours, ou de faintise ou de franchise?[477]
*Response.*
De faintise, qui est ditte semblant sans voulenté.

[472] No. 94.
[473] Nos. 98, 138.
[474] No. 99.
[475] No. 100.
[476] Nos. 104, 148.
[477] No. 107.

830. *Demande.*
Comment doibt estre amours par son droit nom appellee?[478]
*Response.*
Les aucuns dient fole plaisance, mais sur correction bien m'est advis que amours vient et sourt de noblesse de coeur et fondee de charité.

*S'ensievent les xiii vertus moult propices au monde.*
En prince loyauté.
En clerc humilité.
En prelat sapience.
En avocat eloquence.
En chevallier prouesse.
En riche homme largesse.
En herault cognoissance.
En femme contenance.
En drap belle couleur.
En vin bonne saveur.
En marchant foy tenir.
En subget obeyr.
En avoir soufissance.
Tel est loial ordonnance.[479]

*S'ensievent les trois choses qui au monde s'accordent.*
*(f.105[v])*
Trois choses y a en ce monde qui sont tout d'un accord.
Ce sont le prestre et le juge, et le tiers est la mort.
Tout premier le prestre prent et au vif et au mort,
Et le juge aussi prent et a droit et a tort,
Et la mort si n'espargne le foible ne le fort.

*VI choses mal propices.*
Six choses sont en ce monde qui point n'y ont mestier: De prestre hardi; de couart chevallier; de mire piteuz, ne rongneuz boulengier; de convoitteuz juge, ne puant barbier.[480]

*Les conditions et proprietez du chien.*
Premierement, le chien est de telle condition qui sur toute rien

---

[478] No. 108. Cf. no. 62.
[479] See *JP*, I, f. 125, and II, 255 (no. 601).
[480] Cf. Le Roux, II, 416.

ayme mieulz son maistre. Raison, car se son maistre lui avoit copé
la pate et durement batu, si seroit incontinent la paix faitte.

Le plus hayneuz. Raison, car s'il tenoit ung os et son maistre lui
vouloit oster, il le morderoit.

Le plus hardi. Raison, se cent hommes venoient de nuyt ou de jour
sans cognoissance sur l'ostel de son maistre, tout seul leur courroit sus.

Le plus couard. Raison, car se plenté de viande estoit ou mylieu
de la maison et ung enfant y estoit atout une petite verge qui
menachast le chien, il n'y ozeroit approchier.

Le plus leal. Raison, car se le maistre desvestu laissoit quelque
part sa robe, son
*(f.106)*
chien la garderoit jusques a la mort.

Le plus faulz. Raison, se le maistre estoit malade et qu'il y eust
appointié viande pour son maistre santé recouvrer, le chien l'aroit
plus chier pour luy.

Le plus sage. Raison, se le chien estoit navré et playé, mais que il
y peust avenir de sa langue il se garira sans phisicien.

Le plus sot. Raison, car il aroit plus chier une piece de tripe que
tout l'avoir de son seigneur.

Le plus veritable. Adont compta le chien que le prestre venoit
aucunesfois veoir sa dame, mais incontinent qu'elle ainsi l'entendy
prist a son mari l'os et le jetta au chien pour luy estouper la gueule,
disant qu'il l'avoit bien gaignié. On doibt au perilleuz chien jetter in-
continent et sans tarder l'os en la gueule, si qu'il se taise quant il ne
dit chose qu'il plaise.

*Choses impossibles.*

Quant l'en verra ung cherf voller en l'air sicomme fait le vent,
aussi le poisson ahaner la terre pour semer fromment, le plonc aussi
flotter par dessus l'eaue clere ou noire, lors orrez vous certainement
femme dire parole voire.

*Deux demandes et deux responses.*

831. *L'amant.* Dame, je vous demande lequel vous ameriés mieulz,
ou ung oiselet mort et plumé ou deux tous viz.

*Response.*

Sire, je auroie plus
*(f.106[v])*
viz, car ilz sont de plus grant vertu et si en auroie deux pour ung.

832. *Demande.*

Sire, je vous demande lequel vous ameriez mieulz, ou une piece de boeuf ou d'un bacon.

*Response.*

Dame, je aroie bien chier d'un bacon, mais qu'il ne fust trop viez.

*Explicit.*

# Index to the Riddles

This Index to the *Adevineaux amoureux* is limited to the riddles, specifically to the entries numbered 213–252, 259–605, 606–666, and 679–780 inclusive. The carefully selected key words listed below are followed by the appropriate entry numbers.

Abbé, 531, 743
A, b, c, 651, 652
Abel, 261, 266, 713
Achier, 760
Adam, 721
Advocas, 771
Agamber, 556, 573
Age. SEE eage
Aguille, 346, 365, 485, 679, 696
Ahaner, 704
Alaine, 306, 462
Alaitter, 686
Alaynne. SEE alaine
Allemaigne, 263
Ame, 505, 550
Amende, 251
Ami, 231, 467
Andoulles, 390
*Angelus*, 717, 729
Ans, 341
Aourer, 551
Araignés, 629
Arbalestrier, 372, 620
Arbres, 435
Arc, 277, 560
Arche, 457
Argent, 685
Asne, 360, 361, 377, 437, 690
Atourneresse de espousees, 607
Aube, 392, 464, 521
Aumosne, 710
Autrui, 467
Aveugle, 265, 598, 605
Ayr, 282, 740

Bacin, 381
Baisier, 565

Baptesme, 259, 777
Barbe, Sainte, 748
Batre, 551
*Benedicite*, 745
Beneichon, 328
Benoit, Saint, 596
Bergier, 264, 529, 622
Bericles, 331
Bersail, 250
Besace, 692
Blaireau, 327
Blé, 588
Blocq de boys, 248
Blocqueaulz, 248
Boire, 610, 683, 688, 768
Boisteau, 377
Boistes, 647
Boisteuz, 267, 429
Boiz, 389
Bon venredi. SEE vendredi saint
Botte de vin, 230
Bouche, 749, 757, 777
Bouchier, 413, 612, 698, 701
Boulir en ung chaudron ou payelle, 756
Bouteille, 689, 776, 778
Bouteilles . . . de vin, 420
Bouter, 524
Braies, 615, 619, 623
Brebis, 219, 537, 606
Bribeur, 358
Brinbeurs, 595
Broche, 230
Brouette, 262
Brouttiers, 614
Bruges, 242, 339
Buee, faire la, 660

Buisson, 529
Bure, 693

Calle, 302
Campane, 728
Canebutin, 775
Caponner, 451
Carpentier, 406
Cauquer, 535
Caurre, 726
Çavetier (savetier), 268, 270, 407
Cayn, 266
Cent ans, 244
Cerens, 460
Cerise, 290. SEE ALSO cherise
Chainture, 703
Chandeille, 276, 401, 548
Chandeleur, 543
Chandelier, 275
Changier, 241, 338
Chanter, 683
Chantres de musique, 611
Chappon(s), 226, 402
Char, 293, 601, 632, 744
Charité, 445
Charriot, 504
Chascun, 473
Chastrer, 450
Chat, 364, 413, 479, 548, 681, 739
Chaudesoris, 352
Chausser, 342, 393, 615, 619, 623
Chausses, 393
Chavetier. SEE çavetier
Chavetrie, 353
Chemise, 649, 650
Cherfs, 213, 215
Cherise, 468, 499. SEE ALSO cerise
Chesne, 304, 526
Cheval, 232, 322, 326, 349, 391, 465,
    540
Chevallier(s), 216, 223, 228, 349, 584,
    641
Chevauchier, 430
Chevés, 314
Chien, 314, 315, 390, 413, 414, 415,
    454, 482, 694, 699
Chiviere. SEE civiere
Cirurgiens, 278

Cisne, 271
Civiere, 433, 593
Clef, 426, 440
Clers, 233
Cloche, 260, 494
Clochier, 274
Cocq, 351, 428, 442, 531, 587, 661,
    663
Coeur, 446, 751
Coffres, 247
Cognoistre, 536
Con, 390, 432, 631, 633, 634, 640, 651,
    652, 653, 654, 655, 656, 657, 658,
    660, 664, 691, 701, 718, 720, 726,
    732, 734, 762, 765
*Conculcavit*, 424
Connins, 213, 215
Coq. SEE cocq
Coquelets, 451
Corde, 249
Cordelier(s), 237, 420
Cordier, 476, 613
Corne, 767
Corner, 551
Cornette (courte), 712
Corps, 505, 550
Coudre, 679
Coulle, 737
Coulz, 386, 622
Courrouz, 569
Coustre, 765
Cousturiers, 716
Coutelet, 264
Couvreur d'estrain, 313
Cramillie, 481
Croie, 541
Croissant, 308
Croiz, 339, 773
Crouste de ung estront, 714
Cueillir, 449
Cuignié, 269
Cuisinier, 607
Cul(z), 291, 389, 594, 616, 617, 620,
    637, 640, 642, 651, 652, 655, 679,
    726, 738, 757, 759, 761, 763, 766,
    774, 777

Dame(s), 228, 252, 562, 641

Damoiselle, 216
Danse macabree, 648
Deffendre, 621
Deffuler, 315
Degrez d'une montee ou d'une eschielle, 599
Denier(s), 221, 222, 224, 225, 235, 236, 237, 238, 239, 240, 243, 246
Deniers (xxix), 597
Dens, 347, 699, 762
Departir, 231
Derriere, 411, 482, 739
Dez, 562
Dieu, 427, 467, 500, 548, 690
Dimence, 604
Disner, 213, 214, 220, 225, 226
Doigt. SEE dois
Dois, 425, 491, 530
Douaires, 243
Douleur de dens, 699

Eage, 244
Eaue, 282, 283, 291, 297, 303, 469, 555, 570
Eaue benoitte, 542
*Ecce*, 755
Eglise, 586
Elephant, 496
Emplir, 778
Encre, 343
Enfant. SEE enffant
Enffant(s), 238, 239, 686
Enfiller, 346, 696
Englume, 332
Ennemi, 467, 582
Entonnoir, 776, 778
Enviellir, 498
Erche, 347, 472
Escorce, 307
Escot, 223
Escrin, 426
Escu, 466
Escuiers, 216, 223, 232
Espergé, 392, 397
Espousee, 499
Estaindre les chandeilles, 276
Estre (ung), 458
Estront, 488, 618, 714, 731, 758

Estienne, la nuit de Saint, 423

Face, 338
Faisans, 225
Famine, 311
Farine, 588
Femme(s), 223, 547, 554, 582, 583, 584, 621, 636, 637, 638, 641, 645, 646, 647, 648, 679, 698
Femme (belle), 409
Femme (laide), 409
Femme de village, 286
Femme enchainte, 362, 585
Femme mariee, 532, 635, 700
Femme qui fille, 590
Femme qui trait, 493
Fener, 298
Feu, 291, 471, 572, 575
Feuilles de papier, 233
Feve, 459, 624
Filet, 252
Filler canvre, 680
Filles, 235, 579, 698
Filles Dieu, 742
Fillette d'estuves, 710
Filz, 417, 438
Flesche, 277, 431
Foireuz, 702
Fol, 630
Fortune, 467
Fossez, 556
Fouant, 356
Foulons, 408
Four, 286, 329, 331, 333, 441, 443, 540, 657, 693
Fourche, 373
Fourment, 247
Fourquier, 436
Fourrez, 697
Freres, 240
Frommage, 486, 509
Fueille du houz, 323
Fueilles, 355
Fueilles a queue, 310
Fueilles sans queue, 512
Fusees, 252

Gand, 242, 245

Gans, 342
Gardes, 218
Gaynes, 272
Geline, 539, 571, 661
Gens d'armes, 301
Gens de guerre, 300
Giés, 513
Grant pere, filz, petit filz, 574
Grater (se), 357, 603
Gueule, 693

Haine. SEE hayne
Hanas, 407, 530
Harnas, 303
Hart, 390
Haste, 508
Haubregon, 522
Hayne, 413
Helyas, 723
Herbe, 708
Hercus, 719
Herenc, 222, 234, 515
Homme(s), 223, 548, 567, 583, 645, 646, 648
Homme qui a chassié ung oiselet, 527
Hommes mariez, 688, 700
Hommes menans brouettes, 262
Hommes (deux) sur ung cheval, 396
Horions, 245
Huche, 426
Hughe, 377
Huis, 395, 416, 516
Huissier, 370
Huys. SEE huis

Ieulz. SEE oeil

Jacob, 711
Jalouz, 622
Jardin, 695
Jehan, la Saint, 499, 735
Jehan Baptiste, Saint, 259, 707
Jehenne, 563
Johannes Baptista. SEE Jehan Baptiste, Saint
Jonas, 725
Jour(s), 233, 242
Jour de may, 735
Jument, 518

Ladre (condempné), 544
Laitbure, 350
Langue, 774
Languette, 653, 691
Larmes, 552
Larrons, 279, 780
Lart, 744
Lazarus, 727
Letton, 369
Lettres, 302
Lieues, 227, 242
Lievres, 213, 215
Limechon, 324, 475
Livree, 747
Livre (ung), 534
Loup, 326, 699
Luisel, 447
Luissel de fillé, 497
Lune, 305, 308, 480, 724

Maçue, 720
Madame, 457
Main, 292, 751, 759
Maison, 389
Maistre, 360, 387, 391, 415, 450, 518, 605
Maistre de la basse oeuvre, 577
Maistre de la haulte oeuvre, 557
Mallars, 214
Marchant(s), 217, 224, 229, 230, 232, 234
Margot, 564
Mariage, 389
Marier (se), 240, 320, 665, 666
Maris, 243
Marteaulz, 332
Medechins, 278
Melchisedech, 709
Menestrelz, 611
Mengier, 663, 681, 684
Mer, 319
Merchier, 246
Merde, 484, 576, 760
Mere, 388, 417, 452
Meschine, 698
Messagier, 227
Messe, 236, 237, 330, 768

Meure, 608
Midi, 754
Moieul d'une roe, 722
Moille du bois, 318, 528
Mois de may, 763
Moisne, 473, 743
Moittié, 432
Molin a eaue, 546
Molin a vent, 439, 504
Monnier, 375, 376, 377, 378, 716, 770, 779, 780
Monnoie(s), 241, 280
Montaignes, 288, 291
Mordre, 351, 694
Mousce, 589, 629
Moustier, 441, 453, 454
Moy, 580
Museau, 728

Negier, 747
Neige. SEE nesge
Nerfs, 632
Nesge, 511
Nesple, 448, 510
Nez, 338, 367, 642, 644, 752, 757
Noiel, 463
Normendie, 601
Noys, 419
Nulluy, 583

Oeil, 327, 338, 491, 536, 606, 750
Oeuf, 221, 269, 428, 442, 489, 539, 571, 628
Oie. SEE oye
Oiseau de proye, 732, 734
Oisel, 508
Oisons, 289
Ombre. SEE umbre
Ongle, 264
Or, 280, 490, 685
Or batu, 662
Orfevre, 407
Orfevre qui a ung filz, 591
Orloge, 245
Ortaulz, 638
Ortie, 549
Os, 293, 632

Ouvriers de nattes, 404
Oye, 412, 517, 535

Pain(s), 216, 358
Pain a chanter, 626
Pance, 703
Paour, avoir, 769
Papier, 343
Pareil (son), 412
Parent, 399
Paresce, 419
Parole, 771
Parroits, 363
Pas, 294, 630
Pasques flouries, 629, 665
Paste, 443
Pattars, 231
Paupieres, 470
Paver, 695
Peler, 628
Penser, 228
Perchier, 635
Pere, 438
Personnage de quartes, 317
Pertriz, 214, 225
Pesach, 659
Pescheur, 570
Pestilence, 300
Pet, 367, 368, 369, 370, 371, 372, 644, 706
Piccardie, 601
Pié, 461, 514
Pie, 273
Pié (ung) en ung soulier, 538
Pierre, 309, 319, 456
Pigne, 285
Pille, 339
Pissier, 334, 335, 381, 635, 636
Plance, 410
Plat de chire, 455
Pleuve. SEE pluie
Plourer, 552, 554
Pluie, 444
Plumes, 535
Poil, 411, 617, 618
Poire(s), 235, 507, 608
Pois, 659

Poisson, 303, 570, 589
Pomme(s), 218, 449, 507, 565, 681
Poree, 503
Pot, 575
Poulces, 250
Poullaille, 226, 300, 378
Poulles, 226
Poulz, 285, 491, 578
Pourceau, 733
Pourcel. SEE pourceau
Povre, 236
Prest, 645
Prestre, 379, 392, 430, 455, 517, 519,
    521, 586, 683, 768
Procureurs, 771
Prouffiter, 320
Pucelle, 388, 499, 635
Puis, 249, 520
Putain, 419
Puyne, 726

Quaille(s), 214, 225, 273
Quaresme, 643
Quaresmeaulz, 374
Queneule, 533
Queue, 315, 479, 558, 689, 694

R, 296
Ramonneur de cheminees, 340
Raphael, 715
Rasteau, 373, 682
Rastel, 483
Rat, 413, 479, 513
Reculer, 658
Regnart, 327
Retrait, 403
Ribault, 419, 612
Riens, 600
Riviere, 410, 487
Roe, 504, 546
Roland, 245
Rose, 394
Rostier, 478
Rousee, 568

Sablon, 553
Sac, 516, 625, 627

Sacquelets, 692
Sage, 630
Sain de porc, de cheval, de chappon,
    etc., 592
Sains, 772
Saint Omer, 333
Samuel, 705
Sang, 632
Sanson, 724
Saquier, 524
Saumon, 455
Sausse, 746
Savetier. SEE çavetier
Seigneur, 398
Sel, 777
Selle, 284
Semence, 281, 525
Senglers, 215
Seoir, 561
Septmaine peneuse, 665
Seran. SEE cerens
Sergent, 370
Serrure, 440
Serruriers, 438
Servans, 666
Soeur. SEE suer
Soleil, 305, 480, 724
Son, 316
Sonnet, 636
Soris, 413
Soufflet, 477, 492, 495
Soulier, 474
Soupe, 633
Souplece, 637
Souppe, 745
Souris. SEE soris
Souspir, 566
Suer, 240, 581

T, 348
Tableau de cyre, 501
Talons, 287
Tamis, 359, 403
Taneurs, 698
Taupe, 695
Taverne, 224
Tayon, 730

Tencher, 554
Tendre aux plouviers et ceriots, 680
Tenque, 400
Terre, 506, 586
Terre arree, 573
Testament, 238, 239
Teste, 434, 646
Tisterans de toilles, 716
Toises, 249
Tonneaulz, 217, 229, 234
Touche, 490
Trenchant, 309
Trente et six compaignons, 220
Trepié, 575
Trespassez, 334, 609
Tripes, 418, 419, 684
Tripiere, 418
Trompette, 370
Trou, 312, 344, 345, 523, 640, 736
Troussé, 360
Trouver, 336
Truans, 595
Tuer, 551

Ueil. SEE oeil
Umbre, 545, 741
Uys. SEE huis

Vache, 411, 434, 493, 561, 606, 703, 728, 767

Vallees, 288
Vallet. SEE varlet
Valloir, 337
Van, 341, 405, 514, 559
Varlet, 228, 450, 605
Vassal, 398
Veau, 325, 558
Vendredi saint, 299, 687, 735
Vent, 421, 422
Ver, 507
Verges, 502
Verrieres, 772
Vesse, 366, 367, 610, 637, 642, 644, 722, 724, 764
Vie, 412
Vieillesse, 354
Vin, 217, 229, 230, 321
Vire, 250
Vit, 316, 338, 639, 640, 651, 652, 655, 658, 733, 753
Voir, 331
Voisin(e), 623, 634, 654
Volans, 504
Vollees, 602
Vuideurs d'escuelles, 295
Vuihot, 380, 382, 383, 384, 385. SEE ALSO coulz

Yeulz. SEE oeil
Ysabel, 261

*Appendix*

GUIDE TO THE APPENDIX.

The numbered entries in the Appendix appear in the following order and on the folios indicated:

Folio  *1* [v]: 1, 2, 3, 4

2:     5, 7, 8, 9, 10, 11, 12, 13

*3*:     14, 15, 16, 17, 19, 20

*4*:     21, 22, 23, 24, 25, 26, 27

*5*:     28, 29, 31, 32, 34, 35, 43, 55

*6*:     209, 65, 67, 69

*7*:     83, 86, 89, 90, 94, 95, 96

*8*:     97, 98, 103, 105, 107, 111, 112, 113

*9*:     114, 115, 116, 117, 118, 119, 120, 121, 122, 124, 126

*10*:    128, 130, 165, 166, 173, 174, 176, 177, 178, 179, 180, 181

*11*:    182, 183, 184, 185, 186, 187, 188, 189, 191, 192

*12*:    195, 132, 136, 134, 152, 158, 159, 164, 196

*13*:    197, 198, 203, 206

*14*:    259, 265, 266, 269, 277, 281, 285, 294, 295, 296, 297

*15*:    305, 308, 309, 342, 343, 346, 349, 351, 352, 361, 362, 356, 364, 365, 394, 396, 397, 402, 425

*16*:    426, 428, 431, 359, 559, 439, 440, 366, 442, 446, 447, 449, 451, 452, 453, 427

*17*:    455, 458, 461, 465, 466, 473, 519, 475, 477, 478, 480, 481, 483, 491, 493, 494, 497, 498, 499

*18*:    502, 504, 505, 507, 509, 310, 514, 522, 528, 529, 410, 535, 537, 539, 540, 542, 545, 549, 553, 555

*19*:    556, 558, 559, 560, 561, 568, 569, 570, 572, 575, 579, 580, 581, 585, 586, 588, 590

*20*:    324, 327, 331, 333, 335, 336, 357, 367, 375, 376, 380, 382, 388, 416, 418, 422, 424, 476, 490, 533

*21*:    706, 370

*24*:    213, 214, 216, 217, 218, 219, 220, 223

*25*:    224, 227, 228,  230

*26*:    232, 236, 238, 240

*27*:    241, 244, 250, 251

THE TEXTS OF THE INCUNABULA EDITIONS

The following is the text of the *Adevineaux amoureux* supplied by the copy that I have designated as Ye. 93. Most of the variants found in the other fifteenth-century printed copy, Ye. 186, have been included in the text between parentheses. The variants that could not be indicated satisfactorily in this manner have been cited in the notes. Copy Ye. 93 bears no title. In Ye. 186 the title has been entered in handwritten form. The title has been included, between parentheses, in the text presented below.

*(f.1)*
*(Les Adevineaux amoureux)*[1]

*Pour par chevalier (chevaliers) et escuiers entreteni (entretenir) dames et damoiselles en gracieuses demandes et responses et pour joyeusement deviser et passer le temps ensemble, affin ausi d'eviter oyseuse mere et nourrice de tous vices, j'ay tissu un petit livret ou quel j'ay entrechangié pluiseurs honnestes demandes et responses que fist nagaires une damoiselle a un gentil chevalier sage et courtois touchant le fait et mestier d'amours, qui n'est pas pou de chose a mener et conduire, comme autreffois l'ay esprouvé et comme le font de present pluiseurs (pluisurs), qui par aventure se cestui livret avoient veu, ilz en seroient plus et mieulx usitez envers les dames a respondre et aussi a demander choses honnestes et affreans a tout honneur. Et pareillement le chevalier a son tour demande a la damoiselle pluiseurs demandes touchant le fait des dames, ausquelles la damoiselle respond moult sagement et prudentement, comme il apperra ou procés de ce petit volume. Et (Ee) pour ce que en commun proverbe se dit que en moult de parolles ne deffault vice[2] et aussy que esdittes demandes et responses y seront mises pluiseurs dictions et mos qui sembleront deshonnestes a aucunes, par quoy ilz paraventure vouldront blamer (blasmer) cest euvre, je leur prie qu'ilz aient (ayent) regard au premier imposieur d'iceulx, lequel n'en eust aucune honte de les ainsy nommer, et aussy que toutes choses qui sont escriptes sont a nostre instruction et doctrine escriptes,[3] comme nous tesmoigne (tesmoingne) l'appostre. Pourquoy je supplie a tous les liseurs de ceste euvre, et especialement aux dames, que desplaire ne leur vueille. Et s'aucune chose y a qui leur semble

---

[1] Material set off with single asterisks does not appear in the manuscript.
[2] A Biblical reference; see Proverbs 10: 19. Cf. Tilley (W828) and Whiting (S608 and W593).
[3] 2 Timothy 3: 16.

deshonneste et vergoingneuse, tournent le fueillet, en convertissant leur maltalent en risee joyeuse, delaissant cest article a une autre qui paraventure comme bonne galoise le mettera en euvre et en fera son prouffit. Or me soit doncques pardonné, car ceste hardiesse m'a mis en corrage le noble et gentil chevalier seigneur de La Marche,[4] que Dieu gard, et aincoires pour augmenter (augumenter) cedit traittié si (*si* omitted in Ye. 186) m'a de sa
*(f.1[v])*
grace donné aucunes demandes et responses moult honnestes, dont je l'en remercie.

*Honneur aux dames.* *

    1. *La damoiselle demande.*
    Sire chevalier, puis que temps et loisir avons de deviser, affin (afin) aussi pour mieulx et plus sagement gouverner et conduire ma gentillesse en honneur, je vous supplie et requiers que me dittes tout premierement qui est la cause pourquoy on aime.
    *Le chevalier.*
    Damoiselle, moult grant chose me demandez, mais a vostre correction et des plus sages et experimentez, je treuve qu'ilz sont quatre manieres de desirs, desquelz les poursuivans amours usent diversement. Le premier des desirs est de grant pris, car on aime une dame ou damoiselle pour d'elle aprendre et mieulx valoir et pour le tresgrant bien et honneur qui est en elle et par ce acquerre honneur et pris. Le second desir, qui est honneste, est que on aime s'amie, ou la damoiselle son amy (ami), pour avoir a mariage, qui est saint estat. Le tiers, qui est lait et deshonneste, est quant aucun aime pour attraire prouffit et gaing de sa partie. Et le quart, qui est naturel, est quant on aime sa partie pour joyr a sa volenté et plaisance.
    2. *La damoiselle.*
    Sire chevalier, lequel de ces desirs est le plus honneste et vault le mieulx?
    *Le chevalier.*
    Damoiselle, le premier vault trop mieulx des autres, car toutes manieres (manires) de gens pevent amer par cellui desir sans en aucune maniere (manire) meffaire.
    3. *La damoiselle.*
    Sire chevalier, je vous demande en fleur de gentillesse lequel vous

[4] See the Introduction, note 4.

ameriez le mieulx (meulx), ou a joyr de voz amours sans desirer ou a
desirer sans joyr (joir).

*Le chevalier.*

Damoiselle, a les desirer sans en joyr (joir), car nul ne puet savoir
la grande vertu qui est en amouss [*sic*] (amours) s'il n'a avant eu
et sentu l'aguillon (l'aguislon) de loyal desir.

4. *La damoiselle.*

Sire chevalier, aincoires vous de-

*(f.2)*

mande lequel vous aimeriez mieulx, ou a faillir a l'amour de vostre
amie pour doubte que on ne s'en apperceust et par aventure qu'elle
en peust estre blamee (blasmee) ou a en joyr (joir) par tel si qu'elle
en demourast en celle aventure.

*Le chevalier.*

Damoiselle, trop mieulx aimeroie a faillir de la joyssance (jois-
sance) de son amour, car je ne puis ne ne doy estre avanchié la ou
madame en amours fust en riens amoindrie de son honneur.

5. *La damoiselle.*

Sage chevalier, or me dittes lesquelles deux choses sont qui plus
nuisent et font de mal en amours aux vrays et loyaux amans.

*Le chevalier.*

Damoiselle, a mon avis (aviz) ce sont desir et paour, car desir
esmeut tousjours l'amant a requerir sa dame de merci, et la paour
qu'il a d'estre escondis l'esbahist telement qu'il n'ose ne scet parler
a elle quant il s'i treuve.

7. *La damoiselle.*

Sire chevalier, je vous demande par contraire qui sont les deulx
(deux) choses qui plus de biens (bien) font en amours aux vrays
(vrais) amans.

*Le chevalier.*

Certainement, damoiselle, ce sont souvenir et esperance, car le
souvenir lui met audevant la grande beauté et les grans biens qu'il a
veus et trouvez en sa dame, et esperance lui promet qu'elle aura de
lui merci (mercy).

8. *La damoiselle.*

Aincoires vous demande, sire chevalier, que me dittes qui sont les
trois choses qui plus font durer amours entre amant et amie.

*Le chevalier.*

Damoiselle, je croy que ce sont sens, loyauté et bien celer, car sens
aprent a bien et honneur savoir; loyauté lui fait loyaument per-

severer, et bien celer tient les vrais amans soubz lui pour estre plus
secrez.

9. *La (Le) damoiselle.*

Sire chevalier, dittes moy en riant dont jalousie puet venir aux
vrays (vrais) amans.

*Le chevalier.*

Je cuide, damoiselle, qu'elle leur viengne de tresloyaument et de
tresardamment (tresardanment) amer, car pou ou nul puet amer
sans estre ja-

*(f.2[v])*

loux ou jalouse.

10. *La damoiselle.*

Et ceste jalousie dont nous parlons, sire chevalier, puet elle faire
aucun bien en amours?

*Le chevalier.*

Certes, damoiselle, oyl, entant que les amans en deviennent plus
secrez (secrés) et mieulx celans et mettent paine a eulx sagement
garder de faire chose qui desplaise a cellui ou a celle que on aime, et
ainsi en ceste chose est jalousie bonne, et non autrement.

11. *La damoiselle.*

Sire chevalier, je vous demande se vous amiez une damoiselle
laquelle demourast en aucune loingtaine contree et vous alaissiez en
(*en* omitted in Ye. 186) par dela, lequel ameriez vous mieulx, ou que
vous la trouveissiez mariee a aucun ou qu'elle fust de ce monde tres-
passee.

*Le chevalier.*

Trop mieulx l'ameroie trouver trespassee de ce monde, car com-
bien que moult de paines et de melencolies en eusse a l'oublier,
aumoins je n'en verroye point joyr un (ung) autre, laquelle chose se
mariee estoit force me seroit veoir et souffrir, qui aincoires pis (piz)
me feroit.

12. *La damoiselle.*

Sire chevalier, je vous demande en quel temps les amans prendent
plusgrant delit, ou en recordant en eulx la beauté, sens et honneur
qu'ilz ont veu en leurs dames ou quant ilz les voient presentement.

*Le chevalier.*

Damoiselle, je croy que c'est en recordant les graces et vertus de
leurs dames, car quant l'amant voit so dame en amours il est si sous-
pris et si ravis (ravys) de son amour et beauté que en sa pensee
(penssee) n'a nul arrest, mais aprés quant il est absent et il pense

(pensse) et remire en soy la grande beauté et les vertus d'elle et l'onneur dont elle est aornee, il rechoit une leesse et plaisance en son cuer que ce lui est une seconde gloire, et n'est homme qui [l]e (le) peust penser se esprouvé ne l'a.

13. *La damoiselle.*

Sire chevalier, aincoires (aincorres) vous demande; se vous aviez un vostre bien amé compaignon lequel sceust tous vous [*sic*] secrez et vous pareillement les siens et entre vous deulx (deux) amissiez une damoiselle, lequel ameriez vous mieulx (mieulz)

*(f.3)*

s'il convenoit qu'il fust ou que vous prensissiez s'amie a femme en mariage ou qu'il prensist la vostre (voustre)?

*Le chevalier.*

Damoiselle, trop mieulx ameroie (aimeroie) qu'il preist la mienne, car se je prendoie s'amie, je lui feroie (ferroie) desloyauté qui me tourneroit en vice et a vilonnie (villonnie), laquele j'ayme (j'aime) mieulx qu'il le me face que moy a lui, combien qu'il m'en desplairoit moult et me tourneroit a grant tourment de le souffrir.

14. *La damoiselle.*

Sire chevalier, ilz sont deux hommes qui tous deux aiment une damoiselle, dont chascun d'eux cuide estre le mieulx amé. Or avient que eulx deux sont un (ung) jour a une dansse, et la damoiselle ou milieu, laquele porte sur son chief un chapel de roses, et l'un des compaignons aussi en porte un autre. La damoiselle bien aprise prent le sien de dessus son chief et le met sur le chief de cellui qui point n'en a, et tantost prent l'autre chapel (chappel) de dessus le chief de cellui qui apporté l'avoit a la feste et le met sur son chief. Or vous demande auquel la damoiselle monstre le plusgrant signe d'amour.

*Le chevalier.*

Damoiselle, elle monstre plusgrant signe d'amour a cellui duquel elle prent le chapel (chappel) de dessus son chief, car le prendre monstre signe de fiance et d'amours, et le donner est une courtoisie que toutes dames pevent faire sauve leur honneur.

15. *La damoiselle.*

Sire chevalier, ilz sont deux hommes qui tous deux aiment une damoiselle, et chascun d'eux lui requiert avoir guerredon de son service. La damoiselle vueillant (veuillant) user de courtoisie ottroye a l'un qu'il prengne d'elle un (ung) seul baisier, et de l'autre elle sueffre qu'il l'accole tant seulement. Or vous demande auquel elle monstre plusgrant signe d'amour.

*Le chevalier.*

Damoiselle, sachiez que c'est a cellui auquel elle ottroye le baisier, car cent milles accolers n'atainderoient (n'attainderoient) pas a un baisier ottroié (ottroyé) d'une dame en amours.

16. *La damoiselle.*

Sire chevalier, aincoires vous demande en toute honnesteté que

*(f.3[v])*

me dittes se vous aviez une dame en amours et vous lui requeriez de son amour tant que par sa debonnaireté elle le vous ottroyast par tel convenant que jamais plus ne lui demanderiez aucune chose se vous accepteriez cestui marchié ou non (*ou non* omitted in Ye. 186).

*Le chevalier.*

Certes, damoiselle, nennil, car ce ne puet estre que en parfaite amour ait fin ne contredit d'aucunes chose[s] (choses) que l'un amant puist faire a l'autre sauve son honneur.

17. *La damoiselle.*

Sire chevalier, je vous demande aincoires une joyeuse demande et question, assavoir se vous estiez avec vostre dame d'amours en lieu secret, du quel vous voz tendriez plus grevé, ou s'elle vous disoit qu'elle eust le cuer dolent de ce que trop vous aimast, ou se elle regrettoit un (ung) autre qu'elle eust amé avant vous.

*Le chevalier.*

Damoiselle, trop mieulx ameroye (aimeroie) le premier que le second, car de ce qu'elle regretteroit l'amour d'un autre ce me seroit trop grieve chose a oyr.

19. *La damoiselle.*

Sire chevalier, je vous demande que me dites (dittes), se vous le savez, au quel des deux grieve plus jalousie, ou a l'omme ou a la femme.

*Le chevalier.*

Certainement, dame, je croy que jalousie grieve plus a la femme que a l'omme, et la raison si est pour ce que l'omme est franc et si a puissance et seignourie sur femme pour la corrigier et maistroier, laquele chose n'a pas la femme par dessus l'omme, et si peut (puet) homme aler franchement par tout ou il lui plaist que ne puet la femme; pourquoy je croy que jalousie lui grieve plus que a l'omme, qui est seigneur et maistre par dessus elle.

20. *La damoiselle.*

Sire chevalier, dittes moy par courtoisie se vous amiez une dame ou damoiselle que de vray vous sceussiez qu'elle ne vous amast point ne n'auriez espoir de jamais (jamaiz) d'elle estre amé et vous eussiez un vostre compaignon et bon amy (ami), vouldriez vous qu'il l'aimast et que d'elle fust amé.

*Le chevalier.*

Certes, damoiselle, point ne voul-

*(f.4)*

droie qu'elle l'amast, car imais [*sic*] (jamais) mon cuer ne se pourroit a ce consentir que je veisse un autre joyr de l'amour de madame et je en fusse mendiant.

21. *La damoiselle.*

Sire chevalier, une joyeuse demande vous vueil (veuil) demander. Se vous amissiez une dame de fine amour, lequel ameriez vous le mieulx, a avoir d'elle tous voz voloirs et plaisirs par tel si que jamais ne la veissiez ne parlissiez a elle, ou que la peussiez veoir et a elle parler sans la jamais touchier?

*Le chevalier.*

Damoiselle, trop mieulx ameroie a la veoir et parler a elle sans la touchier, car trop seroit chose brutale et grieve a un (ung) homme de estre en la compaignie de sa dame sans la jamais veoir ne povoir parler ne deviser a elle.

22. *La damoiselle.*

Sire chevalier, pour mieulx saouir [*sic*] (savoir) vostre corrage, je vous demande que me respondez a une question, assavoir se toutes graces estoient a vous a donner qui sont en amours et (vous n'en) peussiez donner a nullui que l'une tant seulement, laquele donneriez vous a vostre dame en amours.

*Le chevalier.*

Dame, je lui donneroie loyauté, car entre toutes les vertus c'est la plus souveraine en amours.

23. *La damoiselle.*

Sire chevalier, ilz sont deux gentilz hommes qui aiment une damoiselle, desquelz l'un lui requiert de son amour toutes les fois qu'il puet venir en place ou il puet trouver la damoiselle mais en elle ne puet trouver aucun merci, car elle ne l'aime point. Et l'autre escuier ne l'ose requerre de son amour et si perchoit tresbien au semblant d'elle qu'elle l'aime tresloyaument. Or vous demande lequel d'eux vit en plusgrant anoy de cuer et en plusgrant (plusgrande) merancolie.

*Le chevalier.*

Dame, je vous respons que ce doit estre cellui qui est escondis de s'amie, car estre escondi de sa dame est la plusgrande angoisse que amans puissent recevoir en amours.

24. *La damoiselle.*

Sire chevalier, aincoirer [*sic*] (aincoires) vueil (veuil) de vous savoir une gracieuse res-

*(f.4[v])*

ponse. Ilz sont deux ou trois escuiers qui tous aiment une damoiselle et bien scevent tous l'un de l'autre. Et tant que tous d'un accord ilz vont parler a elle pour d'elle savoir auquel d'eux trois elle se vouldroit tenir, par tel si (sy) qu'ilz laisseront cellui qu'elle choisira en possession de l'amour d'elle. La damoiselle subtille (subtile) et bien aprise oye la requeste des trois escuiers, s'aprocha de l'un d'eux et l'estraingny par le doy, au second marcha sur le pied, et au tiers gyngna de l'ueil. Or vous demande auquel elle donne plusgrant signe d'amour.

*Le chevalier.*

Damoiselle, cellui a qui elle gingne (de l'ueil), car l'ueil, c'est le messagier du cuer et non le doy ne le pied.

25. *La damoiselle.*

Sire chevalier, pour rire je vous demande. S'il avenoit que vous amissiez dame ou damoiselle de parfaitte amour et vous seussiez bien que un autre l'amast aussy parfaitement comme vous, lequel auriez vous (*vous* omitted in Ye. 186) plus chier, ou que tous deux faillissiez a l'amour d'elle sans jamais y recouvrer ou que tous deux en eussiez vostre desir et volenté?

*Le chevalier.*

Certes, damoiselle, trop mieulx ameroie que tous deux y faillissons (faillissions), car plus tost vouldroie (vouldroit) languir en sa merci attendant qu'elle fust ainsi (ainsy) de son honneur amoindrie.

26. *La damoiselle.*

Sire chevalier, je vous demande se ainsi (ainsy) estoit que ne peussiez avoir l'ottroy de l'amour de vostre dame en amours fors par trayson se vous la prendriez (prenderiez) ou non.

*Le chevalier.*

Damoiselle, oyl, par tele condicion que la trayson ne fust trop ou deshonneur d'elle, car cestui vice seroit en aprés pardonnable.

27. *La damoiselle.*

Sire chevalier, lequel de deux ameriez vous mieulx, ou languir trois ans pour vostre amie et puis vous l'eussiez a femme a grande leesse, ou que prestement l'eussiez et puis que languissiez trois (troys) ans aprés?

*Le chevalier.*

Certes, damoiselle, que je languisse les trois ans premierement et puis en leesse l'espousaisse, car grant desplaisir est de commen-
*(f.5)*
cer chose que ajoye ne se puisse achever.

28. *La damoiselle.*

Sire chevalier, je vous demande lequel vous ameriez le mieux, ou a predre [*sic*] (perdre) amours par vostre lacheté ou a les gaignier par traison (trayson).

*Le chevalier.*

Damoiselle, a les gaignier par trayson, car qui aime loyaument ne puet faire trayson pour acquerrir (acquerir) l'amour de sa dame pour tant que ce ne soit tel deshonneur qui lui puisse tourner en reproche (reprocche).

29. *La damoiselle.*

Sire chevalier, s'il avenoit que vous retournissiez des joustes ou tournoy ou d'aucun noble fait d'armes dont raportissiez le pris et l'honneur et vostre dame en amour vous demandast qui auroit eu l'onneur pour ce jour, comment lui responderiez vous sans vous vanter?

*Le chevalier.*

Dame, je lui diroie qu'elle en auroit eu le pris, car se vray amant fait aucun bien qui lui soit tourné a loenge et honneur, le pris en doit estre a sa dame pour l'amour de laquele il l'a fait.

31. *La damoiselle.*

Sire chevalier, voulentiers (volentiers) sauroie de vous duquel il y a le plus, ou de pensseez en amours ou de souspirs (suspris) en cuer jaloux.

*Le chevalier.*

Damoiselle, sachiez que en tous deux il en y a grant plenté, mais je croy qu'il y ait plus de pensseez en amours que en cuer jaloux.

32. *La damoiselle.*

Sire chevalier, aincoires vous demande quele chose appellent les amans le grant bien d'amours.

*Le chevalier.*

Damoiselle, c'est le don de merci, paré de grase, flouri de joye et enluminé de playsance.

34. *La damoiselle.*

Sire chevalier, aincoires me plaist il savoir de vous une demande. Ilz sont deux damoiselles soeurs, toutes d'un sens et d'une beauté, desqueles vous amez l'une parfaitement et si savez bien que point ne vous aime. Et l'autre vous aime de tout son cuer. Or est le cas tel qu'il leur fault passer une riviere, mais la fortune est qu'il convient l'une

*(f.5[v])*

d'elles noyer et en vous est de restourre et sauver laquele qu'il vous plaist (palist). Si vous prie que me dittes laquele vous sauveriez, ou celle qui vous aime ou celle qui point ne vous aime.

*Le chevalier.*

Certes, damoiselle, je rescourroie celle que j'ameroie, car ce seroit grande desloyauté de laissier perir ce que mon cuer ameroit, dont jamais il n'auroit joye. Et combien que de present elle ne m'aimast point, si auroie tousjours espoir que en temps avenir elle auroit de moy pitié, car espoir est ce qui soustient les amans et non autre.

35. *La damoiselle.*

Sire chevalier, je vous demande auquel des deux il convient plus grant sens a l'amant, ou a acquerre amours ou merci de sa dame ou a garder amours et merci quant la dame en a fait l'ottroy.

*Le chevalier.*

Damoiselle, a garder (grader) amours et merci quant on en a l'ottroy, car trop est pres (prez) envie de dangier, qui tousjours agaittent les amoureux pour les surprendre et empeschier leurs deduis et plaisances.

43. *La damoiselle.*

Sire chevalier, je vous demande laquele amour est plus durable et plus aspre, ou celle qui se fait de regard sans parler ou celle qui est ditte de bouche.

*Le chevalier.*

Certainement, damoiselle, c'est celle qui (que) se fait de regard sans parler, car les regars amoureux sont aspres et telement penetratis qu'il perchent les cuers d'amans et d'amies.

55. *La damoiselle.*

Sire chevalier, aincoires (aincores) convient que me dites (dittes) une chose pour la conclusion de mes demandes; c'est que me dittes

lequel vous ameriez (aimeriez) mieulx, ou que vostre dame en
amours fust belle par raison et sage outreement (oultreement) ou
sage par raison et belle outreement (oultreement).

*Le chevalier.*

Damoiselle, je vous respons que mieulx ameroie qu'elle fust
sage outreement et belle raisonnablement, car combien que beauté
soit une chose moult prisié et moult desiree en amours, si le surmonte
la vertu de sens, autant

*(f.6)*

que fait le soleil la clerté de la lune.

209. *La damoiselle.*

Sire chevalier, aincoires vous demande lequel vit en plusgrant
malaise, ou cellui qui est fins jaloux de s'amie et si en joyst, ou cellui
qui vit en priant merci sans nul ottroy d'amours et sans jalousie.

*Le chevalier.*

Damoiselle, cellui qui est jaloux de s'amie et si en joyst, car jalou-
sie si est le plus mauvais vice et plus grief (grieve) aux amans qui
soit entre tous autres.

*La damoiselle.*

Sire chevalier, affin de non plus vous traveillier je metteray fin a
mes demandes, vous remerciant de tout mon possible de voz hon-
nestes et gracieuses responses, par lesquelles j'ay entencion d'orres en
avant me mieulx et plussagement conduire ens ou pelerimage [*sic*]
d'amours, ouquel je suis en chemin pelerine, que je n'eusse sceu faire
sans vostre debonnaire conseil. Et oultre (outre) plus se en moy est
aucun passetemps de demandes affreans a damoiselle honnestes
(honnste) et dignes de responses, je vostre humble disciple et cham-
beriere me submés et offre de mon possible sans riens vous en celler,
sans touteffois touchier a l'onneur des dames tant soit pou, car je suis
icy pour garder leur honneur en tant que en moy en est, et aussy, sire
chevalier, je vous sçay si prudent et si discret que a ce ne vouldriez
touchier, comme assez l'ay desja esprouvé et congneu.

*Le chevalier.*

Damoiselle, trop me donnez de voz loenges et gracieuses parolles
mal en moy merités, car chose ne vous ay apris ne monstré que sauve
vostre grace ne sceussiez aussy bien et trop mieulx que moy ains que
les vous deisse, mais ce que vous en ay respondu a esté et est du tout
(a) vostre noble correction. Et de ce que m'en portez en vostre hon-
neur moult me plaist et telement que m'en constraingniez estre

a perpetuité vostre loyal chevalier en amours. Or damoiselle, mais qu'il ne vous ennoye et que point ne vous donne de traveil, attendu aussi (aussy) que avons aincoires temps assez et lieu convenable de deviser

*(f.6[v])*

en maniere de passetemps, et aussi (aussy) que moult me peseroit le departement d'entrenous, je vous requiers que me vueilliez (veuilliez) satisfaire par voz gracieuses (grarcieuses) responses a aucunes secretes demandes apartenans (appartenans) aux dames et dont entre nous hommes ne povons congnoistre (cognoistre) se n'est de par vous, protestant toutesvoiez (toutesvoies) que ceste chose ne fay par arrogance ou presumpcion (presumption) ne pour autre male foy ou decepcion (deception) fors seulement pour mous [*sic*] (nous) entretenir en parolles (parrolles) joyeuses (joieuses) et honnestes, ensuivant celles dont m'avez nagaires fait les demandes.

    *La damoiselle.*

Sire chevalier, trop feroie a blasmer de desdaing et d'ingratitude se ceste vostre requeste vous escondissoie, mais d'une chose vous suplie, c'est que prenez en gré mon petit sens femenin et des responses que vous feray n'y adjouster grant substance, ains le mettés et imputez a mon tendre et jone eage, et sur ceste protestacion commenciez qaunt [*sic*] (quant) il vous plaira.*

    65. *Le chevalier.*

Damoiselle, doncques pour mieulx me conduire en amours, s'il vous plaist, vous me direz lequel de deux mieulx (mieulz) vauldroit a dame ou damoiselle, ou qu'elle ottroiast son desir et amour a un escuier de bonne condicion de qui elle seroit loyaument amee, ou qu'elle l'escondist sans y jamais povoir recouvrer.

    *La damoiselle.*

Sire chevalier, mieulx lui vauldroit (voulroit) ottroier son amour que l'escondire, car on ne doit trop eslongier un bon amy (ami) quant on l'a, combien que nous disons qu'ilz sont difficiles a trouver.

    67. *Le chevalier.*

Damoiselle, je vous conjure par le poissance du dieu d'amours que me dittes se oncques vous feistes la sourde oreille quant aucun escuier vous requeroit de vostre amour pour doubte que ne mesprisiez (mesprissiez) en vostre response.

    *La damoiselle.*

Sire chevalier, espoir que oyl, car la honte que j'avoie (j'avoye) et paour de non adressier a homme secret et loyal me faisoit l'oreille sourde et la bouche mue.

69. *Le chevalier.*

Damoiselle, je vous demande lequel entre vous dames vous
*(f.7)*
prisiez le plus, ou homme attrempé, sage et non gaires bel, ou cellui qui est cointes, jolis, envoisiez et plaisans et non gaires prudent.

*La damoiselle.*

Sire chevalier, trop plus est a prisier l'escuier attrempé, sage et amesuré que le bel non prudent, car jamais n'a lieu vice devant vertu.

83. *Le chevalier.*

Damoiselle, je vous demande laquele (laquelle) femme aime le mieulx, ou celle qui prent ou celle qui donne.

*La damoiselle.*

Sire chevalier, je croy que ce soit celle qui donne, car nul sage escuier ne doit avoir fiance en amour de femme, ne par contraire damoiselle en amour d'homme, qui tend a avoir prouffit de la personne qu'il aime, et mesmes est un vice moult reprochable et deshonneste.

86. *Le chevalier.*

Damoiselle, aincores vueil (veul) de vous savoir lequel vous aimeriez (ameriez) mieulx a avoir de voz amours, ou joye et deduit qui tantost fauldroit ou avoir bon espoir d'elles sans parfaittement en joyr.

*La damoiselle.*

Sire chevalier, trop mieulx ameroie avoir de mes amours bon espoir sans en parfaitement joyr que d'en joyr et tantost faillir, car la couronne d'amours est de le savoir contenir et servir.

89. *Le chevalier.*

Damoiselle, je vous demande lequel de deux mieulx ameriez, ou a oyr dire moult de maulx de vostre amy et vous y trouvissiez moult de biens, ou que vous oyssiez dire moult de biens de lui et vous y trouvissiez mal.

*La damoiselle.*

Sire chevalier, a ceste vostre demande en est la response moult clere, car trop mieulx ameroie oir dire mal de mon amy (ami) par tel si que je y trouvasse des biens que le contraire. On dit (dist) que tout noble et vaillant cuer ne se doit arrester aux parolles (parrolles) volans, mais seulement a l'experience, et a ce je m'en tiens.

90. *Le chevalier.*

Damoiselle, puis que en vous treuve si parfaitte prudence, aincoires vueil (veuil) de vous savoir se en bonne (bone) amour n'eut oncques (onques) fin.

*(f.7[v])*

*La damoiselle.*

Sire chevalier, aincoires plus avant vous vueil (veuil) bien dire que en bonne amour n'eut oncques (onques) commencement, et si croy fermement que en elle jamais n'aura fin; ains a esté et est et sera avec Dieu pardevant tous les siecles et est de present entre Dieu et les hommes et si durera pardurablement.

94. *Le chevalier.*

Damoiselle, pour ce que diversement est entre les hommes parlé d'amours, l'un en le blasmant, l'autre en la loant, je vouldroie volentiers savoir de vous duquel il y a plus en amours, ou de bien ou de mal.

· *La damoiselle.*

Sire chevalier, quoy que l'en die d'amours, trop plus y a de bien que de mal envers ceulx qui s'en scevent entremettre, car nul ne pourroit (porroit) tant de mal endurer en la queste d'amours que un tout seul bien ne l'en puisse guerdonner et enrichir.

95. *Le chevalier.*

Damoiselle, combien que n'ayez aincoires esté mariee, je vous demande se vous amiez bien parfaitement un escuier, duquel pareillement vous fussiez bien amee, lequel dueil passeriez vous plus legierement, ou se vostre amy (ami) se marioit a une autre damoiselle ou s'il morroit.

*La damoiselle.*

Certainement, sire chevalier, se si parfaitement l'amoie comme vous dittes, mieulx ameroie qu'il morust (morrust) que qu'il se remariast a une autre de moy, car trop dure chose me seroit aporter (a porter) veoir autrui joyr de cellui en qui j'auroie du tout mis mon cuer et ma beneureté.

96. *Le chevalier.*

Damoiselle, aincoires vueil (veuil) de vous aprendre une chose de laquele paraventure aincoires n'avez eu besoing. C'est que se un

escuier et une damoiselle aiment l'un l'autre parfaitement et il avient
que un autre escuier requist la damoiselle de son amour, je vous
demande se elle le doit dire a son ami ou non.

*La damoiselle.*

Sire chevalier, bien est vray que onques de ceste chose n'eus
affaire, mais tant vous dy que la damoiselle le doit dire a son amy
(ami)

*(f.8)*

voire se elle le scet sage et discret, autrement non, car entre deux
amans ne doit nulle rien estre celee, ne aussy de femme a mari
(mary).

97. *Le chevalier.*

France damoiselle, se ainsi fust que tenissiez loyales amours en
voz mains, je vous prie que me dittes que vous en feriez.

*La damoiselle.*

Sire chevalier, sachiez que sans aucun delay je les metteroie ou
cuer de mon amy, car ailleurs ne les pourroie mieulx mettre a mon
avantaige (avantage) et honneur.

98. *Le chevalier.*

Damoiselle, lequel des deux ameriez vous mieulx, ou que sceussiez
toutes les pensseez de vostre amy (ami), ou qu'il sceust toutes les
vostres?

*La damoiselle.*

Sire chevalier, mieulx ameroie savoir toutes les penseez (pens-
seez) de mon amy (ami) qu'il sceust les miennes.

*Le chevalier.*

Certes, damoiselle, trop mieulx ameroie savoir celles de madame,
affin que je fusse certain de l'amour dont elle m'aimeroit.

103. *Le chevalier.*

Damoiselle, je vos (vous) demande laquele des deux fait mieulx
a prisier, ou celle qui onques (oncques) n'ama par amours ou celle
qui tout son temps a amé sans loyauté.

*La damoiselle.*

Sire chevalier, je tiens que plus fait a prisier la dame qui onques
n'ama, car s'elle n'aime et n'a en elle aucune des vertus d'amours,
aussi n'a elle le grant vice de desloyauté, qui est moult a vituperer en
dame.

105. *Le chevalier.*

Damoiselle, aincoires vous demande de quoy les amans doivent avoir plusgrant doubte, ou d'estre escondis quant ilz prient leur dame, ou quant l'ottroy leur en est fait qu'ilz ne le perdent.

*La damoiselle.*

Sire chevalier, je croy qu'ilz ont plusgrant doubte de le perdre, car on doit plus resongnier a perdre la chose acquise que celle dont n'a aincoires eu la possession.

107. *Le chevalier.*

Damoiselle, de vous convient que aincoires sache[5] duquel vous avez plus usé en amours, ou de semblant sans corrage ou de cuer sans semblant.

*La damoiselle.*

*(f.8[v])*

Sire chevalier, je croy que ç'a esté de semblant sans corrage (corage), combien que ceste chose vous dy bien a regret, mais riens ne vous puis celer, car promis le vous ay.

*\*Le chevalier.*

Ma treshonnouree (trshonnouree) damoiselle, je vous ay demandé de moult diverses demandes, ausqueles mout (moult) honnestement et sagement m'avez respondu, dont trop a jamais ne vous en sauroie remercier ne satisfaire en cas pareil ne en semblable. Si n'ay pour tout vostre guerdon autre gaige a vous donner que mon cuer, lequel je vous presente a tenir prisonnier a vostre obeissance. Et pour ce que point ne me ennuye (enuie) d'estre emprés vous et aussi (aussy) que temps avons aincoires assez de deviser et de passer temps, je vous supplie que me vueilliez (veuilliez) aprendre et faire sage d'aucunes doubtes (doutes) que j'ay en mon cuer touchant les personnes des amans et que c'est d'amours.

*La damoiselle.*

Sire chevalier, trop exauchiez mon ygnorance de me donner loenge non deservie, car en moy n'a aincoires eu gaires d'experience ne de congnossance (cognoissance) de pluseurs choses es fais d'amours, et ce a cause de ma tendre jonesse, mais pour ce que promis le vous avoie (avoye) a mon povoir tenu le vous ay. Si vous prie que les ayés (ayez) et prisiez tant qu'elle[s] (qu'elles) valent et non plus, et de ce que m'avez a demander j'en responderay a mon povoir et savoir, qui n'est gaires grant. Si commenciez quant il vous plaira.*

---

[5] Both Ye. 93 and Ye. 186 give the reading *saches*; however, the first person singular form is clearly indicated here.

111. *Le chevalier.*
Qu'est en amours le dart vilain (villain),
Com plus me fiert et je plus l'aim,
Que plus me bat villainement,
Plus l'endure legierement?
    *La damoiselle.*
C'est faulz semblant.
   112. *Le chevalier.*
Aux vrays (vrais) amans qui aiment hault
Quele chose est que mieulx leur vault (vaulx)
Et au besoing plus tost leur fault?
    *La damoiselle.*[6]
C'est beau parler.
   113. *Le chevalier.*
Qui est d'amour (d'amours) mere et nourrice,
Com plus est noble et plus est nice?
*(f.9)*
    *La damoiselle.*
C'est la pensee.
   114. *Le chevalier.*
Quele est l'enseingne (l'enseigne) pardehors
Qui plus monstre l'amour du cuer?
    *La damoiselle.*
C'est muer couleur.
   115. *Le chevalier.*
Qu'est (Quele est) la seignourie
Que l'amant puet avoir
Sans peur, sans trichrie (tricherie),
Sans joye, (et) sans espoir?
    *La damoiselle.*
C'est estre amé qu'on n'en scet riens.
   116. *Le chevalier.*
De quoy puet plusgrant bien venir
En vie d'amours maintenir?
    *La damoiselle.*
C'est soy maintenir sagement.
   117. *Le chevalier.*
Qu'est en amours la courtoisie
Moins prouffitable (prouffitable) et plus prisié?

[6] Lacking in Ye. 186.

*La damoiselle.*

C'est estre acolez (accolez) sans baisier.

118. *Le chevalier.*

Qui est une autre courtoisie
Que nul ne rechoit qui en rie?

*La damoiselle.*

C'est courtois escondit.

119. *Le chevalier.*

Qu'est le moindre don qu'amours face
Qui plus conforte et plus solace?

*La damoiselle.*

C'est doulz regart.

120. *Le chevalier.*

Qui fait aux fins amans joyr
De ce de quoy ilz ont desir?

*La damoiselle.*

C'est courtoisie.

121. *Le chevalier.*

Que (Qui) fait amours long temps durer
Et enforcer et embraser (embrachier)?

*La (Le) damoiselle.*

C'est joye et leesse.

122. *Le chevalier.*

Quele chose esse qui monstre en fin
Le faulx cuer et aussi (aussy) le fin,
Car en faulx (faulz) cuer l'amour descroit
Et ou fin cuer double et si croist?

*La damoiselle.*

C'est par monstrer dangier.

*\*Le chevalier.*

Par quel semblant et par quel touche
Cognoist on sage dame en bouche?

*La damoiselle.*

C'est par la response qu'elle fait.

*La damoiselle.*[7]

*(f.9[v])*

Sire chevalier, moult de joyeuses demandes m'avez faites, ausqueles assez simplement et en brief je vous ay respondu. Si me pardonnez que si ruidement l'ay couchié, car mieulx ne le sçay, et on

[7] Lacking in Ye. 186.

dist en commun que qui fait le mieulx qu'il scet et qu'il puet, on lui
doit pardonner. Or me pardonnez donques (doncques), et me satis-
faittes a aucunes doubtes sur certaines demandes que aincores
(aincoires) vous vueil (veuil) demander, esqueles je croy vous estre
expert mieulx que ne soyons entre nous femmelettes, et n'ayez en
desdaing ou despit quant si francement (franchement) vous em-
pesche, mais autant en avez de moy quant temps et lieu le vous
semondront.

*Le chevalier.*

Gentille damoiselle, moult me plaist la franchise que dittes
prendre et avoir sur moy, car bien le povez dire et faire a vostre bon
plaisir, comme il vous pourra (poura) aparoir cy aprés. Or com-
menciez quant vous plaira, et je de mon petit sens et sans riens vous
en celer diray a la france margarite ce que en moy en est.*

124. *La damoiselle.*

Sire chevalier, je vous demande se vous aviez l'ottroy de vostre
amie d'estre dix fois en sa compaignie a vostre volenté et jamais plus
n'y deussiez estre, se vous les prenderiez en brief temps ou se vous
attenderiez longuement ([l]onguement).

*Le chevalier.*

Damoiselle, sachiez que j'en (je en) prenderoie aucunes preste-
ment et les autres garderoie, car se je les avoie toutes prinses a une
fois, je deveroie (devroie) estre dolant quant si legierement auroie
despendu les biens que madame m'auroit de sa grace ottroyez
(otroiez) et n'y porroie plus recouvrer.

126. *La damoiselle.*

Sire chevalier, je vous demande se vous aviez l'ottroy de vostre
amie de couchier avec elle par tel si (sy) qu'elle deust avoir sur vous
un souhait tel qu'il lui plairoit, lequel ameriez vous mieulx, ou
qu'elle le prist a vostre couchier ou a vostre lever.

*Le chevalier.*

Certes, damoiselle, mieulx ameroie qu'elle le preist au couchier,
car puis qu'elle m'auroit (m'aroit) ottroyé (ottroié) tele grace que
d'estre la nuit em-

*(f.10)*

prés elle, je pourroie bien penser que son souhait ne seroit point con-
traire a ma volenté mais a mon avantaige et honneur.

128. *La damoiselle.*

Sire chevalier, je vous vueil (veuil) dema[n]der (demander) une

joyeuse demande. C'est lequel vous ameriez le mieulx se vous teniez
vostre dame par amours en lieu secret, ou qu'elle fust vestue des plus
precieux habis du monde, ou que la tenissiez nue entre deux sacs.

*Le chevalier.*

Damoiselle, a ceste demande a beau choix, car trop mieulx
l'ameroie nue entre deux sacs que vestue des plus riches draps du
monde, comme mon cuer ne desire que son gracieux corps et non ses
riches habis.

130. *La damoiselle.*

Sire chevalier, je vous demande se vous amiez dame ou damoiselle
et un (ung) autre aussy l'amast pareillement, lequel ameriez vous le
mieulx, ou que veissiez l'autre issir de la chambre d'elle quant vous
y enteriez [*sic*], ou qu'il y entrast quant vous en ysteriez.

*Le chevalier.*

Damoiselle, que l'autre en yssist et je y entraisse, car se je lui
veoie [en]trer (entrer) et j'en ississe, jamais n'auroye (n'auroie)
joye en mon cuer tant que a elle parlé auroie.

165. *La damoiselle.*

Sire chevalier, se vostre amie estoit en prison en une haute tour et
eust tresgrant fain, je vous demande comment vous lui donneriez a la
pointe d'une lance deux partiez (parties) de més, l'un cuisant et
l'autre refroidant.

*Le chevalier.*

Damoiselle, je metteroie un (ung) oeuf en un (ung) pain chault,
si cuiroit l'un en refroidant l'autre.

166. *La damoiselle.*

Sire chevalier, se une damoiselle avoit toute une nuit assiz sur
vostre oreillier et ne l'eussiez touchié ne elle vous et elle deust
l'endemain estre une rose ou jardin assize entre mille autres roses
pareille aux autres et s'il le vous convenist recognoistre sur paine
d'avoir la teste trenchié, je vous demande comment vous la reco-
gnoisteriez.

*Le chevalier.*

Damoiselle, je la recognoisteroie a ce que toutes les autres roses
seroient chargeez de la rousee
(*f.10[v]*)
du ciel et elle point.

173. *Le chevalier. (La damoiselle.)*

Sire chevalier, trop ne me sauroie saouler de voz gracieuses et

sages responses; si vous prie que me dites (dittes) quele dame ou
damoiselle pour estre parfaite (parfaitte) doit estre.

*Le chevalier.*

Damoiselle, sachiez que toute dame d'honneur doit estre humble
et courtoise en parler et en toutes ses manieres simple et coye.

174. *La damoiselle.*

Sire chevalier, aincoires vous vueil (veuil) demander une joyeuse
demande, a savoir (asavoir) se homme marié et femme mariee ou
dame de religion pevent amer par amours loyaument (loiaument) et
sans mesprendre.

*Le chevalier.*

Certes, damoiselle, je croy que oil, pourtant qu'il n'y ait aucun
villain fait ne villaine intencion ne (*ne* omitted in Ye. 186) (de)
pensee (penssee) deshonneste, car en vraie amour n'a aucun vice ne
pechié.

*La damoiselle.*

En verité, sire chevalier, bien le croy et moult sagement m'en avez
satisfait, dont je vous mercie. Mais aincoires vueil (veuil) de vous
savoir plus avant comment amours se pevent longuement maintenir
et par quoy.

*Le chevalier.*

Volentiers et a mon povoir en ce vous serviray.*

176. *La damoiselle.*

Du chastel d'amours vous demand
Dont vient le premier fondement.

*Le chevalier.*

De honneste plaisance.

177. *La damoiselle.*

Or me nommez le maistre mur,
Qui plus le fait et fort et dur.

*Le chevalier.*

C'est celer sagement.

178. *La damoiselle.*

Dittes moy qui sont les cresteaulx (crestiaulx),
Les sayettes et les quarreaux (quarreaulx).

*Le chevalier.*

Ce sont les regars attrayans.

179. *La damoiselle.*

Qui est le maistre portier et garde,

Qui l'entree deffent et garde?
*Le chevalier.*
C'est dangier.
   180. *La (Le) damoiselle.*
Dittes moy dont qui est la clef
Qui fait le chastel deffermer.
*Le chevalier.*
C'est prier continuelement.
   181. *La damoiselle.*
*(f.11)*
Nommez (Nommés) la sale et le manoir
Ou on puet premier joye avoir.
*Le chevalier.*
C'est acoller (accoller) doucement.
   182. *La damoiselle.*
Qui est la chambre ou est le lit
Et toute joye et tout deduit?
*Le chevalier.*
C'est joyssance entiere.
   183. *La damoiselle.*
Aprés la garde me nommez
Par qui le chastel est gardez.
*Le chevalier.*
Vivre honnourablement
Et gracieusement;
Soy vestir gentement;
Parler courtoisement;
Honnourer toute gent,
Et amer loyaument.
   184. *La damoiselle.*
Or devez l'ennemi (l'ennemy) nommer
Qui puet le chastel plus grever.
*Le chevalier.*
Eslongier sa dame longuement.
   185. *La damoiselle.*
De quoy fait amours courtoisie
Moins prouffitable et plus prisié?
*Le chevalier.*
C'est de baisier son ami (amy).

186. *La damoiselle.*
Quele est le moindre don d'amours
Qui plus conforte les dolours?
    *Le chevalier.*
C'est doulx regart.
    187. *La damoiselle.*
Qu'esse qu'amours oste des siens,
Et s'est la chose honneur et biens?
    *Le chevalier.*
C'est contenance.
    188. *La damoiselle.*
Qu'est le prouffit qui puet venir
De joye d'amours maintenir?
    *Le chevalier.*
C'est grace et honneur.
    189. *La damoiselle.*
Par quel assay et par quel touche
Puet mieulx sage dame esprouver
Se cil qui la requiert (prie) d'amer
L'aime de fin cuer ou de bouche?
    *Le chevalier.*
C'est par monstrer dangier a son amy.
    191. *La damoiselle.*
Qu'esse qui plus amans eslieve
Et plustost leur fait joye avoir
Et aux amans plus nuist et grieve
Et leur fait mettre en nonchaloir?
    *Le chevalier.*
C'est richesse.
    192. *La damoiselle.*
*(f.11[v])*
Comment nomme on la maladie
Que tant plus approche on le mire et plus grieve?
    *Le chevalier.*
C'est amours en cuer de leal amant.
    **La damoiselle.*

Certes assez ne me puis esmerveillier de vos prudentes et sages
responses, sire chevalier, et ne fust l'heure qui approche le departe-
ment de l'assemblee (l'assemblee) presente, aincoires vous traveil-
lasse pour savoir de vous aucunes doubtes qui souvent me traveil-

lent l'entendement, especialement se le dieu d'amours fist onques aucuns commandemens a garder par ses subgez et bacelers errans en la queste d'amours pour plustost parvenir a sa court et ou parfait service de leurs dames.

*Le chevalier.*

Damoiselle, je vous respons et afferme que si (sy) a, lesquelz sont de moult grant especiauté.

*La damoiselle.*

Et combien sont ilz en nombre?

*Le chevalier.**

Dix commandemens fait
Amours a ses sergans
Ausquelz tout cuer parfait
Doit estre obeissant.

**La damoiselle.*

O sire chevalier, et combien que aincoires fust l'heure plus tard et que je deusse ici (icy) arrester oultre le[s] (les) autres, et si vueil (veuil) de vous oyr ces sains commandemens voire (voyre) et que ce soit vostre plaisir les me dire.

*Le chevalier.*

Les x commandemens d'amours.*

C'est que l'amant d'orgueil soit exempt (exemps) en tous temps.
Ja parolle ne dye qui autrui (autruy) soit nuisans.
A tous soit acointables de pa[r]ler (parler) et plaisans,
Et toutes villonniez soit partout eschevans.
D'estre faittis et cointes doit tousjours estre engrans.
En toutes compaigniez (compaignies) soit et liez et joyans.
Nul villain mot ne soit hors de sa bouche yssant (yssans).
Soit larges et courtois aux petis et aux grans,
Et en un seul lieu soit son cuer perseverans.
Qui ces commandemens ne gar-
*(f.12)*
de il n'est pas vrays amans
Ne digne des grans biens d'amours participans.[8]

195. *La damoiselle.*

Certainement bien doivent estre hault exaulciez ceulx qui ces sains commandemens aco[m]plissent (acomplissent), mais, sire chevalier,

[8] The manuscript version of "The Ten Commandments of Love" appears on folio 43.

aincoires (aincores) volentiers sauroie de vous pour congié prendre comment (ccomment) on appelleroit amours s'elles avoient perdu leur nom.

    *Le chevalier.*

Damoiselle, sachiez qu'elles auroient nom Tresor d'honneur *pour la plushaulte et parfaitte chose qui soit au (ou) monde et qui plus fait le monde durer et continuer ensamble (ensemble). Aincoires ay dessus mon cuer aucunes doubtes que avant que departons me convient de vous savoir, damoiselle, si (vous prie que) ne vous vueille (veuille) desplaire de la paine que je vous donne, et aprés vostre response je vous promés imposer fin et ne vous plus traveillier.

    *La damoiselle.*

Bien me plaist, sire chevalier, or demandez vostre bon plaisir.*

    132. *Le chevalier.*

Damoiselle, donques (doncques) ains que departons je vous (vors) demande lequel vous ameriez le mieulx, ou d'entreprendre a faire mesdisans cesser de mesdire ou vostre amy saouler de baisier.

    *La damoiselle.*

Sire chevalier, mieulx ameroie saouler mon amy de baisier que d'entreprendre (que entreprendre) a faire cesser mesdisans de hoingnier, car combien que raison ne lui souffeist pas de moy baisier, si ne me porroit il tant anoyer que l'autre.

    136. *Le chevalier.*

Damoiselle, aincoires (aincores) vous demande par la foy que devez a Dieu et a amours que me dites (dittes) se vous veistes en cest an homme a qui vous vouldriez requerre de son amour, mais que ce fust aussy honnourable chose pour vous le requerre comme ce seroit de lui la vostre requerre.

    *La damoiselle.*

Sire chevalier, sachiez que oyl, car aux dames este [*sic*] (est) laissié franct arbitre de povoir eslire leur semblable en condicion et vertu comme a l'omme, mais vergoingne leur deffend.

    134. *Le chevalier.*

Damoiselle, lequel ameriez vous

(*f.12[v]*)

mieulx, ou que vostre amy joyst de vostre amour par tel si (par si) que nul ne le peust savoir, ou qu'il n'en joyst pas mais chascun cuidast qu'il en joyst?

*La damoiselle.*

Sire chevalier, mieulx ameroie qu'il en joyst et que nul n'en sceust riens, car toutes femmes doivent tousjours garder leur honneur et sur toutes choses eschever les parolles des mesdisans.

152. *Le chevalier.*

Damoiselle, je vous demande se une femme puet avoir deux amis en parfalte [*sic*] (parfaite) amour.

*La damoiselle.*

Sire chevalier, sachiez que nennil, neant plus qu'elle puet departir son cuer en deux partiez (parties), et celle qui le fait est incertaine et fait a blasmer.

158. *Le chevalier.*

Damoiselle, je vous demande se proesse ou hardement esmeut point cuer de dame ou damoiselle a amer par amours.

*La damoiselle.*

Certainement si fait, sire chevalier, car femme de sa propre nature desire tousjours que cellui qu'elle entend a amer soit hardy (hardi) et preux. Et aussy l'en dist communement que couard n'aura ja belle amie.[9]

159. *Le chevalier.*

Damoiselle, je vous prie que me dittes (diittes) le pourquoy et la raison.

*La damoiselle.*

Certes, sire chevalier, moult volentiers; la cause si est pour ce que la dame ou damoiselle en est plus redoubtee, cremue et mieulx prisié, laquele chose desire cuer de femme, comme d'elle mesmes ne soit a craindre.

164. *Le chevalier.*

Damoiselle, je vous demande lequel de deux vous ameriez le mieulx (mieux), ou que vostre ami, se l'avez ou entendez avoir, fust larges et courtois ou eschars et hardis.

*La damoiselle.*

Sire chevalier, mieulx ameroie qu'il fust larges et courtois, car hardement ne puet longuement durer en cuer eschars, pour ce que avarice, qui est un lait vice et pechié mortel, ne lui laisse demourer,

---

[9] See (1) Cotgrave (*s. v. amie*); (2) Jean Molinet, *Les Faictz et dictz de Jean Molinet*, II, 659 (v.77); (3) Tilley (H302).

et je suis certaine que Dieu aime mieulx sage couardise que fol
hardement, et aussy fait tout honneste corrage.

    196. *Le chevalier.*

*(f.13)*

    Damoiselle, je vous demande et prie que me dites (dittes) de
toutes les vertus que vostre ami a laquele mieulx vous plaist,
et de tous ses vices, s'aucuns en a, lequel plus vous desplaist.

    *La damoiselle.*

    Sire chevalier, sauve le bon advis de celles que mieulx se con-
gnoissent (cognoissent) en amour que moy, mieux (mieulx) doit
plaire loyauté en cuer d'amant et desloyauté le plus desplaire.

    197. *Le chevalier.*

    Damoiselle, on dit (dist) souvent en commun que amours sont
pendans a la perche; en quel point sont elles lors?

    *La damoiselle.*

    Sire chevalier, amours pendent a la perche quant l'amant a mis ses
bras au col de s'amie par amours sans la baisier.

    198. *Le chevalier.*

    Damoiselle, quant amans font nouvelles amours, que deviennent
les vielles?

    *La damoiselle.*

    Sire chevalier, elles sont mises en la prison de oubly.

    203. *Le chevalier.*

    Damoiselle, du quel vous plaigniez vous le plus en amours, ou de
trop prier ou de pou prier?

    *La damoiselle.*

    Sire chevalier, de trop prier, car de legier on s'en pourroit taner.

    206. *Le chevalier.*

    Damoiselle, je vous demande lequel vous ameriez le mieulx, ou
que vostre ami (amy) morust pour l'amour de vous, ou que morus-
siez pour l'amour de lui.

    *La damoiselle.*

    Sire chevalier, mieux (mieulx) ameroie qu'il morust pour l'amour
de moy, car se morte estoie pour lui (pour l'amour de luy) on en
(n'en) feroit que moquier (mocquier), et se je vivoie aprés lui
j'auroie toute ma vie regret et souvenance de son amour.

    *\*Le chevalier.*

    Certainement, damoiselle, aprés celle response plus ne vous vueil (veuil) traveillier, attendu que en ce seroie d'oppinion contraire, car mieux (mieulx) ameroie morir pour l'amour de madame qu'elle morust pour l'amour de moy, et a ce y a bonne rayson, car la reste de ma vie ne me seroit que langueur et deshonneur, et mieulx vault morir a honneur que vivre a honte, et ainsy me seroit la vie pire que mort.*

Folio 13[v] is blank.

*Folio 14.*

*[M]es (Mes) dames et vous mes damoiselles qui avez veu et leut cy dessus les demandes et responses amoureuses et honnestes pour entretenir en gracieuses devises chevaliers et gentilz hommes, je vous suplie que se aucune chose y avez trouvé qui soit a vostre desplaisance que le me pardonnez (pardonnés), car il ne m'a esté possible de tout avoir retenu ce que par cy (ci) devant ay yo [*sic*] (oy) et veu, ne aussi (aussy) du temps present ne puis rendre raison quelles (queles) devises les nobles et frisques damoiselles ont envers leurs mignons, comme je soie (soye) de leur compaignie banni pour dame viellesse a tout son fronchié visage, qui m'est venue audevant, pour le desplaisir de laquele jonesse la fresche et envoisié est departie de ma compaignie et a emporté de moy beauté, qui moult m'estoit favorable et propice et pour laquele j'estoie appellé et bien venu entre les dames. Or ne me reste doncques autre poissance que d'en deviser et aussy (aussi) mettre par escript ce qu'en puis avoir retenu. Et pour ce que du temps passé je me suis trouvé par fortune, qui m'a (m'a qui) mené, en pluiseurs et diverses compaigniez (compaignies), aussy bien en (*en* omitted in Ye. 186) moiennes et basses d'estat comme nobles et hautes, je vueil (veuil) maintenant reciter pluiseurs demandes et adevinailles que soloient faire les jones compaignons de mon temps aux matrones et filles es assembleez qu'ilz faisoient es longues (loenges) nuis d'yver aux seriez (series) pour passer plus joyeusement icelles. Et s'il y a chose un pou grasse, il me soit pardonné, car c'est ouvrage et devises de nuit.
S'ensieut icelles demandes.*

259. Une chose fut trouvee qui oncques esté n'avoit, et cellui qui riens n'y avoit le donna a cellui a qui c'estoit.

*Response.*

Ce fut le sainct baptesme que Saint (Sainct) Jehan donna a
Nostre Sauveur Jhesucrist.

265. *Demande.*

Un enfant fut parlant et vifz;
Son pere mort et enfouis.
Le pere vit, et le filz non;
Or regardés par quel raison.
    *Response.*
Cestui enfant estoit aveugle.

266. *Demande.*

*(f.14[v])*

Je fus nez devant (avant que) mon pere
Et engendrez (engendrés) devant (avant) ma mere,
Et si tuay le quart du monde,
Aussi (si) grant qu'il est a la ronde (reonde),
Et si despucellay ma taye.
Regardez se c'est chose vraye.
    *Response.*
Ce fut Kain (Kayn), qui tua Abel son frere.

269. *Demande.*

Comment serviriez vous vostre dame par amours d'un més venant
du cul sans villonnie sur un trenchoir de trestous bois?
    *Response.*
Je la serviroie d'un oef sur le plat d'une cuignié.

277. *Demande.*

J'ay un ostil (hostil) bel et roit,
Une fois crombe et l'autre (fois) droit.
Vray Dieu, qu'il est bel quant il tend
Et si ne vault riens s'il ne tend.
Je sacque aval; je tire amont;
Je fiers en un trou bien parfont.
    *Response.*
C'est un arc a main.

281. *Demande.*

Il n'est non plus gros q'une puche,
Et s'en fait on bien une amuche.

*Response.*
C'est une fueille (fuelle) de colles.

285. *Demande.*
Il n'est pas plus grant que le pied d'une mulle,
Et si en enchasse l'en bien cent bestes hors de leur pasture.
*Response.*
C'est un pigne, qui abat les pouz (poulz) des cheveulx.

294. *Demande.*
De quoy a y le plus a Paris et si y pert le moins?
*Response.*
Ce sont les pas des gens.

295. *Demande.*
De quel mestier a il le plus de gens a Paris?
*Response.*
De vuideurs (vuydeurs) d'escuelles.

296. *Demande.*
Dedens Paris a une chose,
Qui droit ou milieu est enclose,
Qui tient le roy de France en guerre
Encontre cellui d'Angletere (d'Angleterre),
Et se ne le (l'en) puet nulz hors traire
Se tout Paris ne veult deffaire.
*Response.*
Ostez R de Paris; ce sera pais.

297. *Demande.*
Quele chose est ce qui soustendroit bien cent muis de paille et si
ne soustiendroit pas une mail-
*(f.15)*
le?
*Response.*
C'est l'eaue.

305. *Demande.*
Il est (a) la table et sy ne le mengue on mie, et ens ou feu et
si ne brule mie, et si va en l'eaue et si ne noye mie.
*Response.*
C'est le soleil.

230

Amorous Games

308. *Demande.*
Quant il est jone c'est il,
Et quant il est viel c'est elle.
   *Response.*
C'est la lune.

309. *Demande.*
Qui est la chose qui donne ce qu'elle n'a mie?
   *Response.*
C'est une queux, qui donne taillant au coutel, qu'elle n'a pas.

342. *Demande.*
Quelle est la chose quant plus la boute l'en et mains y entre?
   *Response.*
C'est la main qui entre en un gand.

343. *Demande.*
Blanc est le champ; noire est la semence.
L'omme qui le semme est de tresgrant science.
   *Response.*
C'est papier et enchre et le clerc qui l'escript (qui escript).

346. *Demande.*
Comment qu'il viengne ne qu'il voit,
Il fault tenir le cul adroit (a droit).
   *Response.*
C'est une aguille qu'on enfile.

349. *Demande.*
Entre deux jambes le vif amble;
Entre deux fesses le vif tremble,
Et quant il vient a la porte,
Son maistre (mastre) busque.
   *Response.*
C'est un (ung) chevalier monté sur une haghenee.

351. *Demande.*
Pourquoy becque le coq en la paille?
   *Response.*
Pour ce qu'il n'i (n'y) puet mordre.

352. *Demande.*
Quel oysel est ce qui donne lait et sy vole en l'air?
   *Response.*
C'est une chauvesoiris.

361. *Demande.*
Vint asne en un pré;
Vint asne a l'ostel,
Et vint asne a l'estable.
Quantes oreilles ont ilz
Quant il sont ensemble?
*(f.15[v])*
   *Response.*
Il n'en a que deux, car il n'y a que un asne.

362. *Demande.*
Quelle chose est ce qui a les piez desseure et les genoulx (ge-
noulz) dessoubz?
   *Response.*
C'est une femme enchainte de vif enfant.

356. *Demande.*
Il est court et gros
Et si n'a nulz os
Et si ne voit goute (goutte),
Et quant vient ou trou
Dedens il se boute.
   *Response.*
C'est une (un) taulpe.

364. *Demande.*
Qui est la beste qui a sa teste entre ses jambes?
   *Response.*
C'est un chat qui lesche son cul, sauve honneur (honner).

365. *Demande.*
Petitte (Petite) suis, ne suis pas forte,
Ne puis aler s'on ne me porte.
Maintes gens sont en mon dangier:
Duc, conte, prince et chevalier,

Et se n'estoit par mon exploit,
Bien croy qu'ilz moroien[t] (morroient) de froit.
*Response.*
C'est une aguille.

394. *Demande. (Demamde.)*
La plus tresbelle fleur d'esté,
Je vous ay de si prez esté
Que se mon viz fust embrasé
Vostre barbe eusse bien brulé.
*Response.*
C'est un homme qui baisa une rose.

396. *Demande.*
Une chose entra en la ville,
A viii piez et a six oreilles,
Trois culs (culz) et aussi une queue.
C'est une (Qui est) chose bien merveilleuse.
*Response.*
Ce sont deux hommes sur un cheval.

397. *Demande.*
Adevinés que c'est. Quant on le boute il reboute,
Et quant on le sacque il degoute.
*Response.*
C'est un aspergé.

402. *Demande.*
Adevinez (Adevinés) qui est la chose qui fut deux fois nee sans
baptisier et pour les pecheurs au feu rostie et brulee.
*Response.*
C'est un (ung) chapon.

425. *Demande.*
Quele chose est ce qui oncques
*(f.16)*
ne fut ne ja ne sera, et si les voiez tous les jours?
*Response.*
Ce sont les dois de vostre mains (mais), que jamais ne seront aussi
(aussy) longs l'un comme l'autre.

426. *Demande.*

Je mis mon pied contre son pied
Et mon ventre contre son ventre
Et mon pendu en son fendu,
Et quant il fut ens il hallotta.
  *Response.*
C'est une huche qu'on euvre d'une clef.

428. *Demande.*

Il ne ot ne voit, mengue ne boit,
Et qui le meteroit (metteroit) en exploit,
Il orroit, verroit, mengeroit (beuveroit),
Beuveroit (mengeroit) et telement chanteroit
Que le dormant esveilleroit.
  *Response.*
C'est un oef, car qui le metteroit couver, il en isteroit un coq qui chanteroit.

431. *Demande.*

En bois naist, en pré paist.
Femme le fille, et fevre le fait.
Si vole en l'air comme un oysel
Et feut en terre comme un pourcel.
  *Response.*
C'est une flesche empennee et enferree (enferee).

359. *Demande.*

Adevinés (Adevinez) lequel ostil de l'ostel est le plus sot.
  *Response.*
C'est un tamis, qui donne la farine et retient pour lui le son.

559. *Demande.*

Adevinez qui est l'ostil en l'ostel le plus sage.
  *Response.*
C'est le van, qui retient le pur fourment, et il met hors la paille et l'ordure.

439. *Demande.*

Adevinez que c'est. Quant on le boute par la (le) queue il brait par le pied.

*Response.*
C'est un molin a vent.

440. *Demande.*
Adevinez que c'est qui n'est pas si grant que le pied d'une geline
et s'en garderoit on bien l'avoir d'une roine (royne).
*Response.*
C'est une clef.

*Demande.*[10]
Adevinez (Adevinés) que c'est. Quant il naist il brait, et quant il
est nez il se taist.
*Response.*
C'est le hault vent issant du trou
(*f.16[v]*)
sur quoy on siet.

366. *Demande.*
Seriette va par chambre,
Et si n'a ne pied ne jambe,
Et quant elle est hors on le nye,
Et s'abruve la compaignie.
*Response.*
C'est une vesse.

*Demande.*[11]
De quoy (Dequoy) a le connin plusgrant peur?
[*Response.*] (*Response.*)
C'est d'un homme (qui) a grise barbe.

442. *Demande.*
Il est deux fois nez et housez et esperonnez et s'a une creste que
un chascun voit.
*Response.*
C'est un coq (cok), car il est (fut) oef premiers et puis coq aprés.

446. *Demande.*
Saluez moy cellui qui (que) j'ayme, que je ne cognoy point, et
vous le cognoissiez, si ne le veistes onques (oncques).

---

[10] This riddle does not appear in the manuscript. Cf. Parsons, *Antilles*, p. 429
(no. 22).
[11] This riddle does not appear in the manuscript.

*Response.*

C'est vostre cuer, que je ne cognoy (congnoy) point, et vous ne le veistes onques (oncques), et si le cognoissiez bien.

447. *Demande.*

Adevinez que c'est. Cellui qui le vent en est joyeux, et cellui qui l'achate en est courrouchiez, et cellui qui en besoingne le met n'en scet riens.

*Response.*

C'est un luysel.

449. *Demande.*

Comment donneriez vous a vostre dame par amours une pomme au jour d'huy qui demain seroit cueillie?

*Response.*

On ne cueille nulles pommes que de main.

451. *Demande.*

De cinquante ostez ent cent.

Ilz en seront plus bel et gent,

Et si en vauldront plus d'argent.

*Response.*

Faites (Faittes) de cinquante coq[s] (coqs) des chapons (cappoons).

452. *Demande.*

Je pense (pensse) et si pourpense et penser me convient combien celle ne m'apartient (m'appartient) qui est fille de mon tayon et si n'est point ma tante.

*Response.*

C'est ma mere.

453. *Demande.*

Pour quoy (Pourquoy) vont les gens au moustier?

*Response.*

Pour ce que le moustier ne puet venir a eulx.

427. *Demande.*

Comment feroit on ce que Dieu ne

*(f.17)*

puet faire?

*Response.*
Ce seroit de parler a plus grant de lui, ce que Dieu ne fist onques (oncques).

### 455. *Demande.*
Comment envoyeriez vous a vostre dame par amours un poisson de toutes eaues en un plat de toutes fleurs par un homme de tous consaulx?
*Response.*
Je lui envoyeroie un saulmon en un plat de cire par un prestre (par prestre) confesseur.

### 458. *Demande.*
Monseigneur et madame un estre ont.
*Response.*
Ilz ont un jardin.

### 461. *Demande.*
Desquelz piez a il le plus en la riviere?
*Response.*
Des mouillez (mouilliez).

### 465. *Demande.*
Je vis un chevalier
Qui fist un sault hier,
Et s'estoit filz de jument.
*Response.*
C'estoit un (ung) cheval que hier avoit veu faire un sault.

### 466. *Demande.*
Je vis un escuhier (escuier) qui point n'estoit homme.
*Response.*
C'estoit un escu d'armes.

### 473. *Demande.*
Trois moisnes passoient;
Trois poires pendoient;
Chascun en prist une,
Et s'en demoura deux.
*Response.*
L'un des moines (moisnes) avoit nom Chascun.

519. *Demande.*

Je vous demande se onques (oncques) veistez (veistes) le prestre sursemé.

*Response.*

Oyl, quant il est sur un champ nouvel semé.

475. *Demande.*

Quelle beste est ce qui tousjours va et jamais lieue ne fera?

*Response.*

C'est un limaçon (lymaçon).

477. *Demande.*

Quele chose est ce qui a deux dos et si n'a que un ventre?

*Response.*

C'est un soufflet.

478. *Demande.*

Quele chose est ce qui a trois piez et une queue et si ne puet aler avant?

*(f.17[v])*

*Response.*

C'est un gril.

480. *Demande.*

Quele chose est ce qui toute jour va sur l'espinotte et si ne deschire point sa cotte?

*Response.*

C'est le soleil.

481. *Demande.*

Quele chose est ce qui a les dens sur le dos?

*Response.*

C'est une crameillie.

483. *Demande.*

Qu'est ce (Quele chose est ce) qui a dens sans teste et queue sans cul?

*Response.*

C'est un rastel.

491. *Demande.*

Deux qui couroient, et dix qui les chassoient; deux qui les regardent, et un qui leur fait la moe.

*Response.*

Ce sont deux poux qui sont ou sain d'une personne, et les deux yeulx (yeux) les regardent, et les dix dois qui les chassent, et cellui qui les tue leur fait la moe.

493. *Demande.*

Dix tirans et quatre pendans, et cul aval et cul amont, et cul a terre, beaux sire. Dieux, que puet ce estre?

*Response.*

C'est une vache et une femme qui le trait.

494. *Demande.*

Quelle (Quele) chose est ce qui n'a ne char ne os ne sang et s'appelle bien les gens?

*Response.*

C'est une cloche quant on le sonne.

497. *Demande.*

Qu'esse qu'on jette par dessus la maison et si en retient on bien la queue?

*Response.*

C'est un loissel de fil.

*Demande.*[12] (*Demamde.*)

Quele chose est ce qui est la plusfiere du monde?

*Response.*

C'est un estront qui court au fil de l'eaue, car il ne s'aresteroit point pour le pape.

498. *Demande.*

Adevinez quele chose fait de cest heure le plusjone de Paris.

*Response.*

Il (Ii [*sic*]) enviellist (envieillist).

499. *Demande.*

Huy est; demain ne sera mie, et a
(*f.18*)
la Sainct Jehan mengera des cherises.

[12] This riddle does not appear in the manuscript.

*Response.*
C'est une espousee qui est pucelle et demain ne le sera pas.

502. *Demande.*
J'ay mon poing plain de vergellettes
Qui ne sont ne verdes (ne sont verdes) ne seches.
*Response.*
Ce sont anneaux d'or en ses dois.

504. *Demande.*
Emmy les champs a quatre soeurs qui courent aussi (aussy) fort l'une comme l'autre et si ne pevent rataindre l'une autre.
*Response.*
Ce sont les quatre volans d'un molin a vent.

505. *Demande.*
Moins en y a et plus poise.
*Response.*
C'est le corps d'un homme quant l'ame en est hors.

507. *Demande.*
Quele chose est ce qui va et sa mere n'ala onques (oncques)?
*Response.*
C'est un ver nourri en la feve ou en une noix.

509. *Demande.*
Adevinez que c'est (que) plus est jone et plus est grant.
*Response.*
C'est un frommage.

310. *Demande.*
Desqueles (De queles) fueilles a il le plus au bois?
*Response.*
De celles qui ont queue.

514. *Demande.*
Adevin[e]z (Adevinez) que c'est: Avan piez?
*Response.*
Nennil, il n'en a nulz.

522. *Demande.*
Quele chose est ce, comme plus a de trous et plus poise?
*Response.*
C'est un haubergon.

528. *Demande.*
Quele chose est ce qui va le plus droit ou milieu du bois?
    *Response.*
C'est la moele.

529. *Demande.*
Pourquoy (Pour quoy) va le bergier au buisson?
    *Rseponse* [*sic*]. (*Response.*)
Pour ce que le buisson ne puet venir a lui.

410. *Demande.*
Qui est la chose que plus est petite et plus la redoubte on?
    *Response.*
(*f.18[v]*)
C'est une planche dessus un parfont fossé.

535. *Demande.*
En quele (quelle) saison de l'an porte l'oye plus (de) plumes?
    *Response.*
C'est quant le gars est dessus elle.

537. *Demande.*
Lesqueles brebis sont ce qui plus menguent, ou les blanches ou les
noires?
    *Response.*
Ce sont les blanches, car il en est plus que de noires.

539. *Demande.*
Cognoisteriez vous bien un oef d'une noire geline?
    *Response.*
Oyl, car un oef n'est pas une geline.

540. *Demande.*
Veistes vous onques (oncques) un four a cheval?
    *Response.*
Oyl, quant je chevauchoie par devant un four.

542. *Demande.*
De quele chose est le prestre eschars aux riches et larges (large)
aux povres?

*Response.*

C'est d'eaue benoite, car le prestre en donne pou aux riches et largement aux povres.

545. *Demande.*

Quele chose est ce que j'ay, vous en avez, les bois, les herbes, les bestes, les oyseaux et toutes les choses du monde en ont, et mesmes les poissons qui noent?

*Response.*

C'est l'ombre.

*Demande.*[13]

Qui est la plus douce plume du monde?

*Response.*

C'est celle d'un estront musy.

549. *Demande.*

Locquette siet a la paroit.

Se vous y metiez (mettiez) vostre doit,

Sachiez que elle (qu'elle) vous morderoit.

*Response.*

Ce sont pignes a pignier laine.

553. *Demande.*

Qui est la terre bureleure (burelure)?

Com plus y plut (pleut) et plus est dure;

Plus y fait chault et plus est mole (molle),

Et plus y vente et plus s'en vole (volle).

*Response.*

C'est sablon.

555. *Demande.*

Quele chose est ce dont il fault plus a un que a deux?

(f.19)

*Response.*

C'est d'eaue en un baing.

556. *Demande.*

Pourquoy (Pour quoy) sault le livre (lievre) le fossé?

[13] This riddle does not appear in the manuscript; cf., however, nos. 618 and 714.

*Response.*
Pour ce qu'il ne le puet engamber.

558. *Demande.*
Quantes queues de vel (veel) fauldroit il pour avenir au ciel?
    *Rseponse* [*sic*]. (*Response.*)
Une seule, mais qu'elle fust longue assez.

(559. *Demande.*
Quele chose de l'ostel est le plus sage?
    *Response.*
C'est un van, qui retient le meilleur grain.)[14]

560. *Demande.*
Qu'esse qui est ars avant qu'il viengne au feu?
    *Response.*
C'est un arc a main.

561. *Demande.*
Pourquoy gist la vache ou pré?
    *Response.*
Pour ce qu'elle ne s'y puet seoir.

568. *Demande.*
Qui est la plus large eaue du monde et la moins parfonde?
    *Response.*
C'est la rousee.

569. *Demande.*
Quele chose est ce qui est trop estroite pour un, et (*et* omitted in Ye. 186) bien a point pour deux, et trop large pour trois?
    *Response.*
C'est quant aucun a courroux au cuer il lui est trop estroit pour lui seul, et quant il le dist a son compaignon il lui est plus apoint, mais quant le tiers le scet c'est trop large.

570. *Demande.* (*Demamde.*)
Quele chose est ce? Quant les ennemis entrent en une maison pour prendre l'oste, la maison ist hors par les fenestres.

[14] No. 559 appears at this point in the text in Ye. 186. It appeared previously on folio 16 of Ye. 93 and at the corresponding point in the text in Ye. 186.

*Response.*

C'est un pescheur qui prent le poisson hors d'une nasse; l'eaue qui est la maison du poisson ist hors par les pertuis de la nasse.

572. *Demande.*

Adevinez que c'est. Avant que le pere soit nez, sa fille est dessus la maison.

*Response.*

C'est le feu, que avant qu'il soit alumez la fumiere, qui est sa fille, est au dessus de la cheminee.

575. *Demande.*

Adevinez que c'est. Noiroit (Noirot) sur tripot et rougot lui bat le cul.

*Response.*

C'est un (noir) pot sur un trepié (treppié) et le feu dessoubz (dessobz).

579. *Demande.*

Je vis aler gens emmy les
*(f.19[v])*
champs qui n'estoient filz ne d'hommes ne de femmes.

*Response.*

C'estoient filles.

580. *Demande.*

Mon pere et ma mere ont un enffant, et si n'est mon frere ne ma seur.

*Response.*

Ce suis je mesmes.

581. *Demande.*

Un enfant porta ma mere
Qu'en elle engendra mon pere,
Et si n'est son filz ne mon frere.

*Response.*

C'est ma suer (seur).

585. *Demande.*

Quele femme esse qui plus a affaire que dix autres et si ne fait riens?

*Response.*

C'est une femme enchainte d'enffant, et les autres dix ne le sont pas.

586. *Demande.*

Quele chose est ce (Adevinez que c'est) qui est sur sa mere et est en sa femme et mengue son pere?

*Response.*

C'est un prestre qui est en une eglise, qui est sa femme; il est sur terre, qui est sa mere, et mengue Dieu, qui est son pere.

588. *Demande.*

Adevinez que (quele chose) c'est. Quant en haut (hault) monta son nom porta; quant il deschendi (descendi) son nom perdi.

*Response.*

C'est quant on porte son bled (C'est bled. Quant on le porte amont) pour mouldre c'est bled, et quant il descent (descend) c'est farine.

590. *Demande.*

Adevinez que c'est. Ilz sont trois; l'un va et vient (vient et va); l'autre tourne, et le tiers tire la langue.

*Response.*

C'est une femme qui file. L'une des mains tourne le fuiseau; l'autre va et vient, et quant elle mouille son lin elle tire la langue.

*Demande.*[15]

Adevinez que c'est qui pent et (se) tent, et le rouge blicque blacque qui tout droit au cul li frappe se fait remouvoir chou qui est ens (chou de dens).

*Response.*

C'est un pot qui pent et boult sur le feu, et le flambe qui au cul lui frape (frappe).

*Demande.*[16]

Quele chose est ce qui a gheule d'os et barbe de char et par nuit jette un si hault cri (cry) qu'il fait entrer les blans vestus ou ventre

[15] This riddle does not appear in the manuscript; cf. no. 575.

[16] This riddle does not appear in the manuscript; cf. no. 586 and its footnote. See in particular (1) Parsons, *Antilles*, p. 386 (no. 92), and (2) Taylor, hn. 539–543, nos. 539–540h, and the note on pp. 745–746. Cf. Parsons, *Antilles*, p. 388 (no. 121).

*(f.20)*

(de) leur mere, dont jamais ne (n'en) vuident qu'ilz n'aient mengié leur pere?

*Response.*

C'est un coq (cok), qui a bec d'os, barbe de char, qui chante de nuit, pour le cry duquel (du quel) les blans moines (moisnes) se lievent et entrent en l'eglise, qui est le ventre de leur mere, et illec celebrent et menguent leur pere Nostre Sauveur Jhesuscrist (Jhesucrist).

**\***324. *Demande.*[17]

Qui est la plus forte beste du monde?

*Response.*

C'est un limechon.

327. *Demande.*

Pourquoy se retournent les renars et grises bestes avant qu'ilz entrent en leurs trous?

*Response.*

Pour ce qu'ilz n'ont point les yeulx au cul.

331. *Demande.*

Pourquoy a enfourner le pain ou four il ne fault nulles louches?

*Response.*

C'est pour ce qu'on n'y voit que de geuele.[18]

333. *Demande.*

Pourquoy fait on les fours dedens Bruges?

*Response.*

C'est pour ce qu'on ne puet faire Bruges dedens les fours.

335. *Demande.*

Pourquoy piss'on par coustume contre les murs?

*Response.*

Pour ce qu'on ne puet pissier oultre.

336. *Demande.*

Pourquoy n'est il deffendu que viel homme n'espouse jone femme?

*Response.*

Pour ce qu'il treuve bien souvent ce qu'il lui fault au besoing.

---

[17] The material between the double asterisks does not appear in Ye. 186.
[18] Undoubtedly a misprint for *gueule*.

357. *Demande.*

De quoy se treuve un povre homme le plus aise a moins despendre?

*Response.*

C'est quant il se gratte.

367. *Demande.*

Un pet espousa une vesse.

Tous deux furent nez d'une fesse,

Et tant ensemble esté ont

Qu'ilz ont engendré un estront.

Or sont le pet et l'estront mors.

Adevinez en quel repaire

La vesse prendra son douaire.

*Response.*

En vostre nez tant qu'elle dure.

375. *Demande.*

(f.20[v])

Qui est le plus privé larron qui soit?

*Response.*

C'est un monnier.

376. *Demande.*

Pourqu[o]y ne pugnist on point les monniers de larrechin?

*Response.*

Pour ce que riens ne prendent s'on ne leur porte.

380. *Demande.*

A quoy cognoist on un vuihot d'entre les autres hommes?

*Response.*

Il n'est nul marié qui ne le soit.

382. *Demande.*

En quele saison de l'an est un homme le plusparfaitement vuihot?

*Response.*

C'est quant il le cuide estre parfaitement.

388. *Demande.*

Pourquoy pleurent les enffans quant ilz sont nouveaux nez?

*Response.*

C'est pour ce que leur mere n'est point pucelle.

416. *Demande.*

Quele chose est ce en l'ostel qui moins garde le tiers commande-
ment de la loy?

*Response.*

C'est un huys, car il euvre festes et dimences.

418. *Demande.*

Laquele des trippieres du marchié est le [*sic*] moins orde?
*Response.*

C'est celle qui a le moins de trippes.

422. *Demande.*

Pourquoy est le vent plusfroit en yver que en esté?
*Response.*

C'est pour ce qu'il demeure dehors, car chascun lui clot l'uys.

424. *Demande.*

Qui est le plus velu mot du psaultier?
*Response.*

C'est *conculcavit.*

476. *Demande.*

Quel homme esse qui gaigne sa vie en reculon?
*Response.*

C'est un cordier.

490. *Demande.*

De quel metal est un estront?
*Response.*

C'est d'orde touche.

533. *Demande.*

Quele chose esse qui a poil avant que cuir?
(*f.21*)
*Response.*

C'est une quenoille.

706. *Demande.*

Femme qui emprés son mari poit de quatre choses le conforte.
*Response.*

Il sent; il oyt, et si en boit,
Et si scet qu'elle n'est point morte.

370. *Demande.*

De quoy sert un pet a la court?

*Response.*

Il sert de huissier, de trompette, et de sergent a son maistre, car il va sonnant derriere son maistre et si ose bien prendre le plus hardy homme par le nez.\*\*

A ce point[19] dist l'un de mes compaignons: ⟨⟨Puis, mes bonnes meres et vous jones filles, que le coq (cok) a chanté, qui est enseigne de minuit, affin aussy que ne soions rencontrez du loup garou ne des fuirolles qui vont de nuit et que puissiez aler reposer, nous prenderons de vous congié pour ceste fois, et nous pardonnez que si (sy) rondement avons devisé, car il est mardy (mardi) et le jour sent aincoires les grasses trippes. Mais demain, ou jeudy (jeudi) au plus loing, nous retournerons, se c'est vostre plaisir, a tout (atout) autre marchandise d'amours que avons a vendre, non pas pour argent mais a change l'une marchandise pour l'autre,⟩⟩ et a tant (atant) nous departismes.

Le jeudy (jeudi) aprés souper (soupper) pour entretenir la promesse que avions faite aux jones filles de retourner vers elles a tout (atout) nostre amoureuse machandise (amourese marchandise), nous meismes a chemin, affin aussi de oyr d'elles aucune joyeuseté pour passer les longues nuis et le temps plus joyeusement, que a pluiseurs (pluseurs) est moult ennuyable et desplaisant pour les mutacions qui se font de present en ces marches par deça par la premission divine, ausqueles qui tousjours (tousjouns) y penseroit jamais fin ne la cause pou[r]quoy (pourquoy) ce se fait ne trouveroit. Si le delaissons en Dieu et en sa disposicion et pensons (penssons) de distribuer nostre marchandise en tel change que prouffiter puissent les deux parties en tout bien et honneur, tant les vendeurs comme les acheteurs.

[19] The section that begins here and concerns itself with the "venditions" does not appear in ff. 19–106 of the Chantilly ms. However, I have called attention in the notes given below to those of the "venditions" in the printed texts that also occur in the Chantilly ms. (ff. 107 ff.). Attention has also been called to versions of these "venditions" that appear in volume 5 of the *Recueil de poésies françoises des XV^e et XVI^e siècles*, ed. A. de Montaiglon. The abbreviations "ms." and "Montaiglon" have been used to designate the Chantilly ms. and the Montaiglon collection, respectively.

Nous doncques arrivez en la maison ou l'assemblee (l'assamblee) de la serie

*(f.21[v])*

se faisoit, saluames la compaignie, laquele nous receut assez agreablement en nous rendant nostre salut, et aprés que fusmes assis (assiz) chascun (chescun) en son entretenement, l'une et la plus vielle, qui autrefois (autreffois) avoit esté ferue de la maladie de jalousie,[20] regarda sur moy, qui assez estoie venus sur eage (sur l'eage), et me dist en tele maniere: ⟨⟨Sire Grison, je vous vens des sorés harens.⟩⟩[21]

Je simplement demanday combien.

Elle me respondy: ⟨⟨Je vous ay aussi (aussy) chier hors que ens.⟩⟩[22]

Moy un petit esbahy de prime face de ce privé congié, et non sans cause, me commençay a penser (pensser) que j'avoie a dire, attendu que je venoie pour vendre et je fus constrains d'acheter. Mais un pou revenu a moy et pensant que c'estoit la coustume des femmes de prevenir, le passay assez courtoisement et lui mis audevant a vente la piece contre le trou et lui dis: ⟨⟨Dame, je vous vens la france ortie.⟩⟩[23]

⟨⟨Combien vault elle?⟩⟩

⟨⟨Elle picque, point et fremie

Et est plaine de jalousie.

De son amour ne vueil (veuil) je point,

Mais priez Dieu (prie a Dieu) qu'il le vous doinst.⟩⟩

Tantost mes compaignons et pareillement les jones filles commencerent a desployer (desploier) leurs marchandises et vendoient l'un a l'autre pelle mesle, qui en peust avoir si en eust, en la maniere qui s'ensieut et que j'en peus retenir et mettre en memoire, car oncques puis que me trouvay repudié et rebouté de la matrone je n'eus cuer de riens vendre ne d'acheter, ains laissay convenir les plus jones et me ocuppay (occuppay) a escripre leurs joyeux dis et esbatemens en la maniere qui s'ensieut.

[20] Compare the remarks made about Transeline at the beginning of the Chantilly manuscript version of the *Evangiles des quenouilles* (Chantilly. Musée Condé ms. 654 [1572], f. 1). See also the description of Dame Ysengrine in the Jannet edition of the *Evangiles* (*Les Evangiles des quenouilles*, p. 14).

[21] See ms., f. 107.

[22] See ms., f. 107.

[23] See ms., ff. 108, 113 [v], 114, and Montaiglon, p. 219.

L'une des vielles vendi a un des nostres l'amour des hommes et
dist: ⟨⟨Gentil galant, je vous vens l'amour des hommes.⟩⟩[24]

⟨⟨Queles sont elles?⟩⟩

⟨⟨Elles sont fausses comme escume
Et legieres comme la plume,
Volantes comme arondele
Et tournoyant comme chandelle (chandeille),
Secretes comme la bretesche
Et durant comme flamesche.⟩⟩

Un autre dit:

Je vous vens l'Ave Maria.

*(f.22)*

Mon cuer est mien et nul ne l'a.
Et se donner je le voloie,
Point n'estes a qui le donrroie.[25]

Je vous vens le gris cheval.
Mon cuer au vostre n'est egal,
Car il aime tresloyaument
Et le vostre treffausement.[26]

Je vous vens du soile l'espis.
Vous me baiserez se je ris.
Mais pour ce que je ne ris mie
Certes vous ne me baiserez mie.[27]

Dist une bonne galoise a son amoureux:

Je vous vens mon fuiselet.
Il ne me chault se perdu est,
Car j'entens plus a bien amer
Qu'a retordre ne qu'a filler (filer).[28]

Je vous vens le fuiseau d'argent.
Vous avez le corps bel et gent.
Je vous prie, ne pensez mie
Que le dye par flaterie.[29]

[24] See ms., f. 107.
[25] Ms., f. 107; cf. Montaiglon, p. 208.
[26] Ms., f. 107.
[27] Ms., f. 108.
[28] Ms., f. 109.
[29] Ms., f. 109[v].

Je vous vens la fleur du bleu glai (glay).
J'ay amé, aime et aimeray
Malgré mesdisans plains d'envie,
Car en amours a douce vie.[30]

Je vous vens le chapeau de flours.
Il fut fait par fines amours.
Mais nul ne le prengne a porter
Se loyaument veut (ne veult) amer,
Car sachiez bien s'autre le porte
Sa couleur se change et transporte.[31]

Je vens ce que nulz ne puet faire:
Vivant en l'amoureux affaire
Amours garder sans courochier (courrouchier)
Et sens de femme sans changier.[32]

Je vous vens li (le) milieu des yeulx.
Se il estoit et temps et lieux
Que fusions (fussions) seulz entre nous deux,
Se vostre amour vous requeroie,
Dittes moy, sy vous ayde Dieux,
Sans mentir se je le auroie (auroye).[33]

Dame (Dames), je vous vueil (veuil) vendre
Le gent cor d'oliffant.
Amours par tout son regne
A fait crier son bant
Que dames et pucelles
Et tout loyal amant
Se ayent pourveu
De ce jour en avant
Leurs cuers de loyauté
Encontre faulz semblant,
Qui entre les amans
Se va atapissant,
Parquoy de leurs propos

[30] Ms., f. 109[v].
[31] Ms., f. 110.
[32] Ms., f. 110.
[33] Ms., f. 111.

Ne les voit (voist) eslongant (essongant).[34]

Je vous vens le rain d'olivier.
Par dessus (a) un esprivier
Q'une dame y fait atachier
Pour les fins amans espier,
Et dist qu'il ne s'en bougera
Jusques a dont que cilz vendera (vendra)
Qui (Que) oncques amours ne faussa.[35]

Je vous vens la fleur girofflee (gyrofflee).
En amours a mainte pensee (penssee).
Quant je ne voy mon doulz ami
Je vouldroie qu'il fust icy.
Si vous prie que se le veez
Que de par moy le saluez.[36]

Je vens la rose vermeillette.
Qui bien liroit en se fueillette,
Il trouveroit en bonne lettre
Que damoiselle qui bien aime
En grant deduit sa vie maine.[37]

Je vous vens le vert papegault.
D'amer loyaument ne me chault,
Car on voit tout appartement
Que qui bien aime loyaument
Il est quetif certainement.[38]

Je vous vens le perle doré.
Amours m'ont dit et acusé (accusé)
Que vous avez vo temps usé
A faire pou de loyauté
A celles que vous avez aimé.[39]

Je vous vens l'erbe qui verdoie.
Volentiers certes ameroie

[34] Ms., f. 111[v].
[35] Montaiglon, p. 209.
[36] Ms., f. 115.
[37] Ms., f. 114[v].
[38] Montaiglon, p. 212.
[39] Ms., f. 113[v].

Se homme trouver je povoie
En qui je m'osaisse fier,
Mais leur cuer fault pour pou de chose,
Pourquoy en eulx fier ne m'ose
Et que ne me face mocquier.[40]

Je vous vens de fer le clou.
Vostre amie vous aime pou.
Se vous l'amez c'est sans partie,
Deportez vous ent, je vous prie.[41]

Chascun vous vent, je le voy bien (Chascun
    vous vent et le voy bien).
Tené (Tenez) vo cuer, et je tendray le mien,
Car se donné le vous avoie
Bien croy que m'en repentiroye (repentiroie).[42]

Je vous vens le paveillon noir.
En samblant (semblant) de grant vouloir
Se doit doloir toute sa vie
Qui oncq n'eut joye de s'amie.
Si me doy dont bien dolouser,
Car onques (oncques) n'eus joye en amer.[43]

Je vous vens le dragon volant.
Vo simple et gracieux semblant
De grant sens et beauté garny

(f.23)

M'a si navré en regardant
Que je ne sçay s'il me feri.
Vous resemblez (ressemblez) a l'aymant,
Qui le dur fer atrait (attrait) a lui,
Car vous avez en soubzriant
Par mon costé mon cuer ravi.[44]

Je vous vens le roussignoullet.
J'ay veu le temps autre qu'il n'est.
Qui mieux valoit moins se prisoit

[40] Ms., f. 114.
[41] Ms., f. 115[v].
[42] Ms., f. 115[v].
[43] Ms., f. 116.
[44] Ms., f. 116.

Et souffissoit qu'on le louoit.
Or est le temps d'une autre guise,
Car qui (le) moins vault plus se prise.[45]

Je vous vens la verde amande.
Vostre amy (ami) a vous recommande
Et autant de salus vous mande
Qu'il en porroit (pourroit) en une mande
De goutes d'eaue de fontaine
Avant que la mande fust plaine.[46]

Je vous vens la noire pye.
D'amer ne me depriez mie,
Que je ne vous ameroie mie,
Car vous avez l'ueil trop gaillart,
Se m'ariez tost mis d'une part.[47]

Je vous vens une panostre (patenostre).
Mon cuer est mien et non pas (par) vostre.
Et savez vous pour quel raison?
Je l'ay mis en meilleur maison.[48]

Je vous vens le col d'un cyne.
Amours qui mon cuer enlumine
De vostre bel et noble atour,
Dont je (ne) cesse ne ne fine
A vous pensser et nuit et jour,
Car la couleur avez si fine
Et de toute beauté la flour;
Vo doulz regard est medicine
Pour moy garir de ma langour.[49]

Je vous vens la gente soussie.
Elle est belle et s'est jolye (jolie)
Et moult fait le flair a loer.
L'omme qui joist de s'amie
Le puet honnestement porter.[50]

Je vous vens du chesne la fueille.

[45] Ms., f. 117.
[46] Ms., f. 119[v].
[47] Ms., f. 119[v].
[48] Ms., f. 119[v].
[49] Ms., f. 121.
[50] Ms., f. 121[v].

Je prie au dieu d'amours qu'il veille (veuille)
Dedens vo cuer mettre et escripre (escrire)
Ce que le mien pense et desire.[51]

Je vous vens quatre pucellettes.
Elles tissent amourettes
Dedens un joly vergier.
Les roses et les violettes
Si leur font des espeulettes
Par dessoubz un vert laurier.
La vient le dieu d'amourettes,
Sur son poing un esprivier,
Tout chevauçant a cloquettes
Sur un palefroy d'englentier.[52]

(f.23[v])

Je vous vens l'erbe verdelette.
La vostre amour trop me dehette.
En autre ay mis amour (m'amour) parfaitte.
Alez a Dieu (Alés a adieu), l'aumosne est
faitte.[53]

Je vous vens la bourse de soye.
Se vous m'amiez je vous ameroie,
Mais j'ay trouvé vo cuer si (sy) faulz
Que je meteray (metteray) le mien en sauf
(le mien sauf)
Jusque (Jusques) a l'esté, qui fera chault.[54]

Je vous vens le noir sengler.
Je vous priasse de demourer
S'il ne feist sy bel aler,
Mais il fait bel, la lune luist;
Vo baston est derriere l'uis (l'uys).
Pour ce s'il pleut emmy no court
Il ne pleut (Ne pleut il) mie tout partout.[55]

Je vous vens le harenc blanc.
On vous montre (monstre) tresbeau semblant,

[51] Ms., f. 122[v].
[52] Ms., f. 122[v].
[53] Ms., f. 114.
[54] Ms., ff. 107, 109, 118.
[55] Ms., f. 115.

Et si cuidiez que on vous aime,
Mais certes vous perdez vo paine.[56]

Je vous vens du gay la hure.
Tel vient ceans dont on n'a cure.
Et tel y va et tel y vient
Que on auroit aussi chier nient,
Et tel n'y fut ne huy ne hier
Que on y verroit volentiers.[57]

Un escuier vendre vous vueil (veuil)
Qui est niches et plains d'orgueil,
Et si (sy) est fier et despiteux,
Et si est d'amer convoiteux.
Damoiselle, je le vous vens.
Ne le gardés gaires long temps.
Rendez le tost, si ferez bien,
Car son affaire ne vault rien.[58]

Dame, je vous vens la fusee.
Bien me semblez femme rusee.
Ailleurs avez escaillié noix.
A Dieu vous command, je m'en vois.[59]

A ces mos et aprés tant de refus (reffus) que avions eu, avec ce aussy que tant avions vendu et acheté d'amourettes que pour le sommeil qui survint entre nous ne savions plus que dire, preismes congié de la compaignie des filles et bonnes dames, les remerciant du bon marchié que fait nous avoient et de ce aussi que si bien et si sec nous avoient payé, car pour un que vendu leur avions elles (nous) en avoient payé six, et ainsi nous retournasmes chascun a sa chascune, pensant de quele marchandise une autre fois (une autreffois) nous vouldrions mesler, et nous fasions tous riches en pensee (penssee), mais en dormant nous perdismes tout.

*(f.24)*

*S'ensievent autres demandes qui se pevent faire entre differentes personnes a tous propos (pourpos), tant de marchandises, de com-

[56] Ms., f. 117.
[57] Ms., f. 118[v].
[58] Ms., f. 121.
[59] Ms., f. 120.

paignies (compaigniez), de particions, comme de sommes qui sont moult subtiles.*

213. Le maistre d'ostel d'un duc demande a son cuisinier: 《Monseigneur (Monsigneur) a dit qu'il veult demain faire un disner ouquel il veult avoir iiii.xx bestes de trois manieres, c'est assavoir cerfz, lievres et connins, et se ne veult despendre que quatre livres en tout.》

Le cuisinier a trouvé cerfz pour ii solz la piece, lievres pour xviii deniers la piece, et connins pour vi deniers la piece. Assavoir quantes pieces il lui fault de chascune.

*Response.*

Il y fault deux lievres, iiii cerfz et lxxiiii connins.

214. *Demande.*

Item, il fault pour ce disner xxx oyseaux, assavoir cailles, perdris et malars, tout pour xxx deniers, et on treuve cailles pour une maille la piece, perdris pour deux deniers maille, et malars (mallars) pour iii deniers. Assavoir combien il en fault de chascune.

*Response.*

Il lui fault xxiii cailles, v perdris et deux malars.

216. *Demande.*

Ilz sont xii, que chevaliers, que escuiers et que damoiselles, qui ont onze pains a partir, et doit avoir chascun chevalier (chevaliers) deux pains, chascun escuier (escuiers) la (le) quart d'un pain, et chascune damoiselle la moitié d'un pain. Assavoir quans chevaliers, quans escuiers et quantes damoiselles ilz sont.

*Response.*

Ilz sont v chevaliers, vi escuiers, et une damoiselle.

217. *Demande.*

Trois marchans de vins ont baillé (baillié) en garde a un varlet xii tonneaux plains de vin. Le varlet en a fait si maise (male) garde que les iiii tonneaux sont vuys et les autres quatre sont demy (demi) plains et les autres iiii sont plains. Comment donneriez vous a chascun des marchans autant de vin et de tonneaux a l'un comme a l'autre sans remuer le vin de tonnel a autre?

*Response.*

Je donneroie a l'un des marchans

*(f.24[v])*

deux plains tonneaux (tonnaux) et deux vuis (vuys), au second mar[c]hant (marchant) pareillement, et au tiers les quatre tonneaux a moitié vuis (vuys).

### 218. *Demande.*

Un homme entra en un jardin ouquel il cueilla toutes les pommes qu'il trouva. En ce jardin estoient trois gardes (grades). A son retour le premier d'eulx vint a lui et lui dist qui (qu'il) lui bailast (baillast) les deux pars des pommes qu'il avoit cueilliez, et cil les lui bailla. Aprés (Aprez) vint la seconde garde qui (qu'il) lui demanda: ⟨⟨Baillie (Baille) moy, dist il, la tierce partie des pommes que tu as,⟩⟩ et il tantost les lui bailla. Vint en aprés la tierce garde et lui demanda la moitié des pommes qui lui estoient demoureez, et cil les delivra incontinent. Et touteffois quant il fut hors du jardin il lui en demoura aincoires une. Or est assavoir quel nombre il en cueilla ou jardin.

*Response.*

Il en cueilla nuef et non plus.

### 219. *Demande.*

Ilz sont deux pastoureaux qui gardent leurs brebis ensemble, desquelz l'un dist a son compaignon: ⟨⟨Mon amy (ami), donne moy l'une de tes brebis; si en auray autant que tu (en) as.⟩⟩

L'autre lui respondi prestement: ⟨⟨Mais toy, donne moy l'une des tiennes; si en aurai (auray) deux fois autant comme tu en as.⟩⟩

Assavoir est quantes chascun en avoit.

*Response.*

L'un en avoit v et l'autre vii.

### 220. *Demande.*

Compaignons estoient assis au disner. Il survint aucun qui leur dist: ⟨⟨Dieux garde ceste compaignie et fussiez un cent.⟩⟩

L'un des compaignons respondy (respondi): ⟨⟨Nous ne sommes pas cent, mais se nous estions aincoires autant que nous sommes, et la moitié d'autant, et le quart d'autant, et toy avec, lors serions nous un cent (seriont [*sic*] nous cent) tout apoint.⟩⟩

Assavoir quans ilz estoient assis (assiz) au disner.

*Response.*

Ilz estoient eulx xxxvi.

### 223. *Demande.*

Ilz sont douze personnes de quatre manieres d'estas, assavoir chevalier[s] (chevaliers) et escuiers, hommes et femmes, tous assis a table ou ilz ont despendu tous ensemble xii deniers, desquelz les chevaliers sont a un blanc, les escuiers a

*(f.25)*

deux deniers, les hommes a une maille, et les femmes a une mitte. Je vous demande quans ilz sont de chascun estat.

    *Response.*

Ilz estoient un chevalier, deux escuiers, sept hommes et deux femmes.

### 224. *Demande.*

Un marchant ala nagaires en marchandise et mist tout son argent en icelle, duquel il multiplia a moitié. Il ala en la taverne et illec despendy vi deniers. L'endemain remist le residu de son argent en marchandise, ou il prouffita comme devant et pareillement en despendy (despendi) vi deniers. La tierce fois il retourna aincoires (aincores) en marchandise et de rechief doubla son argent et puis ala en la taverne, ou il despendy (despendi) aincoires vi deniers. Aprés lequel escot payé, il ne lui demoura ne principal ne gaing. Je vous demande combien il avoit d'argent au comencement (commencement) de sa marchandise.

    *Response.*

Il avoit tout apoint v deniers et une mitte.

### 227. *Demande.*

Un messagier qui chascun jour iroit cent lieues, et un autre le sievroit qui n'iroit (n'yroit) le premier jour que une lieue et ch[a]scun (chascun) jour croisteroit d'une autre lieue, en combien de temps ratainderoit il le premier messagier qui chemineroit les cent lieues (lieuee)?

    *Response.*

Il le ratainderoit en cent quatre vins et neuef (neuf) journeez (jours) et point devant.

### 228. *Demande.*

Un jonencel fut jadis qui n'avoit oncques sceu que c'estoit de pensser, et on lui enseigna une damoiselle moult sage qui lui bailleroit assez a penser. Il se mist a chemin et en sa voye (voie) encontra xii chevaliers a trois fois, desquelz les quatre premiers estoient vestus de blanc, et les quatre aprés (aprez) estoient vestus de vermeil, et les quatre derreniers estoient vestus de vert (verd). Le

jonencel quant il fut parvenus a la dame il la requist qu'elle lui don-
nast matere de penser, et elle lui demanda s'il n'avoit personne re-
contré en sa voie. Il respondi qu'il avoit veu quatre chevaliers vestus
de blanc, puis autre quatre vestus de ver-

*(f.25[v])*

meil, et au derrenier quatre autres vestus de verd.

《《Ores, dist la damoiselle, ces quatre que premiers avez encontré
vestus de blanc sont mes oncles de par ma mere, et les quatre que
avez rencontré vetus (vestus) de vermeil sont mes oncles de par
mon pere, et les quatre vestus de vert (verd) sont mes filz, et de tous
les xii j'ay espousé le pere, et si sont tous nez de loyal mariage. Or
pensez comment ce puet estre.》》

    *Response.*

Le jonencel moult esmerveillié commença fort a penser sur ceste
demande mais en fin se retourna (en fin retourna) vers la damoisele
(damoiselle) et la pria qu'elle lui voulsist donner l'entendement de
sa question. La damoiselle courtoise et bien aprise (*et bien aprise*
omitted in Ye. 186) lui dist en ceste maniere:

    Ce chevalier ici present se maria a une damoiselle vesve qui
avoit une fille, et de celle vesve sont issus ces quatre premiers che-
valiers vestus de blanc; puis trespassa leur mere. Et tantost ce
chevalier se remaria a une autre (*autre* omitted in Ye. 186) dame
vesve, laquele (laquelle) avoit un filz, et d'icelle vesve vindrent
ces quatre chevaliers vestus de vermeil. Aprés ce il fist le mariage
de la fille de sa premiere femme et du filz de sa seconde, duquel
mariage je suis venue. Et tantost aprés la femme de ce chevalier
icy et mon pere et ma mere trespaserent (trespasserent). Cestui
chevalier me prist en sa garde et tant me nourist (nourrist) que
moy venue en eage il me prist en mariage et engendra en moy ces
quatre chevaliers vestus de verd que derrainement encontrastes, et
ainsi savez la maniere de l'adevinaille.

    230. *Demande.* (*Autre demande.*)

Jehan, Pierre et Guillame (Guilame) ont une botte plaine de vin
qui tient (contenant) xviii.C los. Or sont d'acord que Jehan en aura
plus que Pierre et Pierre plus que Guillame. Jehan y fait une broche
dont le pertuis est si apoint que en tirant icelle seule le vin seroit hors
en six heures. Pierre y fait une broche et un pertuis par lequel tout le
vin seroit hors en ix heures se autre pertuis n'y avoit, et Guillame y

fait une autre broche laquele se tiree estoit et que point d'autre n'y eust le vin seroit hors en xviii heures. Ce fait ilz apportent chascun un vaissel dessoubz (dessoubs) leurs broches et d'un acord (accord) chascun (cascun) tire sa broche a une fois. As-
(f.26)
savoir en quantes heures sera la botte vuide et combien chascun aura de vin.

    *Response.*

Tout le vin sera hors en iii heures, et aura Jehan par sa broche ix.C los, Pierre par la sienne vi.C, et Guillame par sa broche iii.C, et ainsi (ensi) seront content[s].

    232. *Demande.* (*Autre demande.*)

Trois escuiers ont d'un acord (accord) acheté ix chevaux, dont le premier cheval a cousté six frans, le second viii frans, le tiers x frans, le quart xii frans, le v$^e$ xiiii frans, le vi$^e$ xvi frans, le vii$^e$ xviii frans, le viii$^e$ xx frans, et le ix$^e$ xxii frans. Or sont les chevaux en l'estable pour partir, et en doit avoir chascun des escuiers trois. Le marchant est venu pour avoir son argent. Comment aura chascun escuier trois chevaux si egalement partis que chascun en soit content et que l'un en paye autant que l'autre, et combien chascun paiera?

    *Response.* (*Reponse.*)

L'un des escuiers aura le premier cheval, le v$^e$ et le ix$^e$. Le second escuier aura le tiers cheval, le iiii$^e$ et le viii$^e$, et le tiers escuier aura le second cheval, le vi$^e$ et le vii$^e$. Et payera chascun escuier xlii frans justement.

    236. *Demande.* (*Autre demande.*)

Un preudhomme s'est parti de son hostel pour aler oyr messe et a pris de l'argent en sa main pour donner pour Dieu. En sa voye encontra un povre homme, qui lui demanda l'aumosne. Le preudomme ouvri (ouvry) sa main et trouva qu'il y avoit plus la moitié d'argent que mis n'i (n'y) avoit et voit bien que son argent est doublé a moitié (moittié). Si donna au premier povre six (vi) deniers, puis passa oultre vers l'eglise, et tantost il rencontra en sa voye (voie) un autre povre, auquel aprés qu'il lui eust demandé l'aumosne il lui cuidant donner ouvri sa main et vey que son argent estoit doublé a-moitié comme devant. Lui donna six (vi) deniers comme il avoit fait au premier et garda son demourant d'argent. Le preudhomme

passa oultre vers l'eglise et tanttost (tantost) lui vint audevant le
tiers povre, qui comme les autres lui demanda l'aumosne. Et quant il
ouvri sa main il trouva son argent doublé semblablement comme les
autres fois; si donna a ce po-

*(f.26[v])*

vre six (vi) deniers, et lors ne lui demoura plus d'argent en sa main.
Or est assavoir combien d'argent avoit le preudhomme quant il se
parti de sa maison.

  *Response.*

  Le preudhomme avoit v deniers et une mite (mitte) quant il vint
au premier povre, et lors son argent doubla, si eut x deniers et maille,
dont il lui donna les vi deniers, et ainsi ne lui demoura que quatre
deniers et maille. Et quant il doubla pour le second povre il eut ix
deniers, auquel il en donna les vi. Ainsi ne lui (en) resterent que
trois, qui lui doublerent pour le tiers povre, auquel il les donna, et
ainsi ne lui demoura riens.

  238. *Demande.* (*Aincoires une demande.*)

  Un preudhomme (preudomme) fut qui avoit v filz, lequel en son
vivant fist son testament et ordonnance derreniere. A l'aisné de ses
filz donna un denier et la vi[e] partie de tout son avoir. Au second filz
donna deux deniers et la v[e] [60] (vi[e]) partie de tout son avoir. Au tiers
filz il donna trois deniers et la vi[e] partie du demourant. Au quart filz
dona (donna) quatre deniers et la vi[e] partie de son avoir (argent),
et au v[e] donna v deniers et la vi[e] partie comme aux autres. Or est
assavoir combien le pere avoit vaillant, car quant la parchon fut
faitte chascun en eut autant l'un que l'autre.

  *Response.*

  Le preudh[o]mme (preudomme) avoit justement vaillant xxv
deniers et non plus, et chascun de ses cinq filz eut v deniers a par-
chon, comme il apperra par ce compte. Le premier eut un denier et
la vi[e] partie de xxiiii deniers, qui sont v[61] (iiii) deniers ensemble (*en-
semble* omitted in Ye. 186). Le second eut deux deniers et la vi[e]
partie de xviii (deniers), qui sont trois. Et le tiers filz eut trois
deniers et la vi[e] partie de douze deniers, qui sont deux deniers. Le
quart eut quatre deniers et la vi[e] partie de vi deniers, qui est un. Et
ainsi (ainsy) reste justement au v[e] filz v deniers qui demeurent et non
plus.

---

60 Above the *v* there is a small *vi*, apparently written by hand.
61 The *v* has been struck through, and *iiii* appears in the margin.

240. *Demande.* (*Autre demande.*)

Trois frerer [*sic*] (freres) sont qui ont une suer (soeur) a marier. Dist le moyen frere au plus jone: ⟨⟨Mom [*sic*] (Mon) frere, il nous fault marier nostre soeur (sereur). Je te prie, donne lui aucune chose du tien, et je te promés que (qui) je lui donneray deux fois autant comme tu lui

(*f.27*)

donneras.⟩⟩

Le jone dist que volentiers le feroit.

Lors dist l'aisné des freres: ⟨⟨Et je lui donneray deux fois autant que vous deux lui donnerez.⟩⟩

Et quant ilz lui eurent tout donné ainsi comme dit est, elle eut trois deniers en tout. Or est assavoir combien chascun lui a donné.

*Response.*

Le plusjone lui donna le tiers d'un denier; le second deux tiers, et le tiers deux deniers, qui sont tout apoint (sont a point) trois deniers.

241. *Demande.* (*Autre demande.*)

J'ay esté au change pour changier un flourin en menue monnoye (monnoie), et le changeur dist qu'il n'a que deux manieres de monnoye (monnoie), dont mon flourin vault xxx pieces de l'une des monnoyes (monnoies) et de l'autre il n'en vault que xx pieces, et je lui ay dit que j'en vueil (veuil) avoir de toutes les deux manieres pour mon dit (mondit) flourin. Laquele chose il m'a fait. Or est assavoir quantes pieces il m'a baillié de la monnoye (monnoie) de xxx et quantes de la monnoye (monnoie) de xx.

*Response.*

Il vous a baillé (baillié) xxi pieces de la monnoye (monnoie) de xxx et vi pieces de la monnoye (monnoie) de xx, et ainsy avez vous (*vous* omitted in Ye. 186) le vostre et devez estre content.

244. Une autre (*autre* omitted in Ye. 186) demande que fait le pere a son filz.

⟨⟨Beau filz, se tu avoies avec ton eage aincoires (aincoire) deux eages comme tu as, et la moitié d'un tel eage comme est le tien, avec le quart de ton eage, quans ans cuideroies tu avoir?⟩⟩

*Response.*

⟨⟨Mon pere, sachiez que je auroie cent ans justement et non plus, car j'ay d'eage xxvi ans et viii mois. Et se vous le multipliés (multipliez) par la maniere dite (dicte) vous en trouverez Cent [*sic*].⟩⟩

**250. *Demande.* (*Autre demande.*)**

Un arbalestrier a trait une vire si longue et d'une (d'un) si fort arbalestre que la moitié de la vire est outre (oultre) le bersail, et la tierce partie est dedens le bersail, et aincoires est demouré d'icelle vire iiii poulces (poulcee) et demi au lez devers le trait. Assavoir combien laditte vire a de long.

*Response.*

La vire a de long xxvii poulces justement (justemnent), dont les xiii et demy (demi) ont passé le bersail, et les ix

(*f.27[v]*)

poulces sont dedens le bersail, et iiii poulces et demy (demi), qui sont apoint xxvii.

**251. *Demande.* (*Autre demande.*)**

Il y a une place devant une eglise en un village laquele est tenue de iiii seigneurs, et quiconques se combat en icelle il fourfait lx solz d'amende a partir aux iiii seigneurs, dont l'un d'iceulx a le tiers; le second la quarte partie; le tiers y a la quinte partie, et l'autre la vie partie. Or est avenu que un malfaiteur a fourfait icelle amende et (l'a) payee au receveur commis a ce par lesdis seigneurs. Le receveur vient a ses maistres pour les paier et dist au premier: «Tenez, monseigneur, vela xx solz pour vostre tiers.»

Puist dist au second: «Monseigneur, vous devez avoir un quart, qui sont xv solz; tenez, les vela.»

Au tiers dist: «Sire, vous devez avoir un quint, qui est xii solz,» et au quart dist: «Tenez, vela pour vous vie (vostre viie) x solz.»

Les seigneurs chascun bien content de sa porsion se departent, et touteffois en demeure au receveur trois solz.

***Demande.* (*Autre demamde* [*sic*].)**

Nagaires estoient logiez gens d'armes en un village ou point de vin n'avoit. Si envoierent leur hoste a un autre village pres d'illec ou il en y avoit pour en raporter (rapporter) quatre los. Le bon homme avoit deux boteilles (bouteilles), l'une de v los et l'autre de trois los, lesquelles (lesqueles) il prist et s'en ala. En son chemin rencontra un sien voisin qui venoit du vin atout (a tout) une bouteille tenant viii los plaine de vin, et plus n'avoit demouré de vin en la taverne, pourquoy le bon homme pria tant icellui son voisin qu'il luy (lui) ottroy (ottroya) la moitié de son vin. Or sont moult empeschiez (empeschié) comment ilz le porront justement mesurer sans avoir autre mesure.[62]

*Response.*

Premierement, ilz emplirent la bouteille de trois los et d'icelle le jetterent en celle de v, puis de rechief emplirent celle de trois et aincoires la jetterent en celle de v, dont il en demoura un lot en celle de trois. Puis vuiderent celle de v en celle de viii et mirent le lot de celle de trois qui demouree y estoit en celle de v et remplirent celle de trois, et ainsy en eut quatre los justement sans autre mesure.\*[63]

[62] For similar problems, see (1) Marre, p. 460 (no. CLXV); (2) *MGH*, XVI, 333; and (3) *Welsh Riddles*, p. 279 (no. 298). According to the Taylor-Abrahams notes, oral versions are current in Texas.

The solution offered in our text may be diagrammed as follows:

| | Measures of wine | | | | | | | |
|---|---|---|---|---|---|---|---|---|
| Largest bottle | 8 | 5 | 2 | 2 | 7 | 7 | 4 | 4 |
| Middle-sized bottle | 0 | 0 | 3 | 5 | 0 | 1 | 1 | 4 |
| Smallest bottle | 0 | 3 | 3 | 1 | 1 | 0 | 3 | 0 |

[63] On the last printed page of Ye. 186 (f. 26[v]), just below the printed text, there appears in a hand of the late fifteenth or early sixteenth century the following puzzle (the handwriting is indistinct, but I believe the following transcription is correct):

Il sont trois compagnons qui ont deppenduz ung deniers en une taverne. Comme[nt] est il posible de payez [*sic*] ce deniers a l'oste entre eux trois et en bonne monnoye et leur rendre a chascuns une piece d'argent?

Responce.

Il balleront chascuns deux deniers et l'en leur rendra a ch[ascuns] ung niquet. Ainsy l'oste contentez.

L. Thomas

The signature, "L. Thomas," is accompanied by a decoration and a flourish. The same signature, a cross, and the accompanying ornaments appear on folio 1[v]. Apparently L. Thomas owned the volume, but it is not certain that he supplied the handwritten text transcribed above.

# Bibliography

MANUSCRIPT
Chantilly. Musée Condé ms. 654 (1572).

PRINTED MATERIALS
Aarne, Antti, and Stith Thompson. *The Types of the Folktale.* 2nd ed. Helsinki, 1961.
Abbott, George F. *Macedonian Folklore.* Cambridge, 1903.
Bacon, A. M., and E. C. Parsons. "Folk-Lore from Elizabeth City County, Virginia." *JAF* 35 (1922): 250–327.
Baissac, Charles. *Le Folk-Lore de l'Ile-Maurice.* Paris, 1888.
Ball, W. W. R. *Mathematical Recreations and Essays.* 11th ed. London: Macmillan, 1939.
Barrick, Mac E. "Riddles from Cumberland County." *Keystone Folklore Quarterly* 8 (1963): 59–74.
Bayon, Raoul. "Devinettes de la Haute-Bretagne." *Rdtp* 5 (1890): 295–298.
Bladé, J.-F. *Proverbes et devinettes populaires, recueillis dans l'Armagnac et l'Agenais.* Paris: Champion, 1879.
Blades, William. *The Biography and Typography of William Caxton, England's First Printer.* 2d ed. New York: Scribner and Welford, 1882.
Boon, Door K. G. "Was Colard Mansion de Illustrator van 'Le Livre de la ruyne des nobles hommes et femmes'?" In *Amor Librorum. Bibliographic and Other Essays. A Tribute to Abraham Horodisch* . . . , pp. 85 ff. Amsterdam: Erasmus Antiquariaat, 1958.
Braga, Theophilo. *O povo portuguez.* 2 vols. Lisbon, 1885.
Brandl, Alois. "Shakespeares 'Book of Merry Riddles' und die anderen Rätselbücher seiner Zeit." *Jahrbuch der deutschen Shakespeare-Gesellschaft* 42 (1906): 1–64.
Butsch, A. F., ed. *Strassburger Räthselbuch; die erste zu Strassburg ums Jahr 1505 gedruckte deutsche Räthselsammlung.* Strassburg, 1876.
Büttner, C. G. *Lieder und Geschichten der Suaheli.* Berlin, 1894.
C. "Riddle by Charles II." *Notes and Queries* (3rd ser.) 2 (1862): 305.
C., T. W. "Solution of Riddle Wanted." *Notes and Queries* (7th ser.) 4 (1887): 448.
Cabeen, D. C., ed. *A Critical Bibliography of French Literature.* Syracuse: Syracuse University Press, 1947–.
Campa, A. L. *Sayings and Riddles in New Mexico.* Albuquerque: University of New Mexico Press, 1937.

Campbell, Marinus F. A. G. *Annales de la typographie néerlandaise au XVᵉ siècle*. The Hague, 1874–1890.

Carnoy, E.-H. "Devinettes picardes." *Rdtp* 1 (1886): 53–55.

Chabot, J.-B. "Eclaircissements sur quelques points de la littérature syriaque." *Journal asiatique* (10th ser.) 8 (1906): 259–293.

Chantilly. Musée Condé, *Chantilly. Le Cabinet des livres. Manuscrits . . .* 2 vols. Paris: Plon, Nourrit, 1900.

Chappell, L. W. "Riddle Me, Riddle Me, Riddle Me Ree." *Folk-Say* 2 (1930): 227–238.

Charlec. "Devinettes populaires du pays de Dol-de-Bretagne." *Rdtp* 18 (1903): 288, 395–396; 19 (1904): 168–169, 378–379; 20 (1905): 40–41.

Christoffersson, Olof. *Gåtor från Skytts härad*. Lund, 1915.

Clark, Joseph D. "Riddles from North Carolina." *SFQ* 25 (1961):113–125.

Colson, O. "Devinettes populaires recueillies au pays wallon." *Rdtp* 7 (1892): 147–153.

———. "Enigmes populaires." *Wallonia* 4 (1896): 42–46, 57–64, 90–95, 107–112, 146–152; 5 (1897): 53–58, 93–96, 128–132, 135–136.

Copinger, Walter A. *Supplement to Hain's* Repertorium Bibliographicum. 2 vols. Milan: Görlich, [1950].

Corsi, G. B. "Indovinelli senesi." *Archivio per lo studio delle tradizioni popolari* 10 (1891): 397–404.

Cotgrave, Randle. *A Dictionarie of the French and English Tongues*. London, 1611; rpt. Columbia, S.C.: University of South Carolina Press, 1950.

Creighton, Helen. *Folklore of Lunenburg County, Nova Scotia*. Ottawa: Cloutier, 1950.

Delevingne, Ellen I., et al. "Solution of Riddle (7th S. iv. 448)." *Notes and Queries* (7th ser.) 4 (1887): 511.

*Demaundes Joyous*. London, 1511; reprinted in J. M. Kemble, ed. *The Dialogue of Salomon and Saturnus*. London, 1848, pp. 285–301.

Duine, François. "Devinettes du pays de Saint-Malo." *Rdtp* 16 (1901): 515–518.

Dybeck, R. "Gåtor." *Runa* 3 (1870): 48–50.

Ehrlich, Lajos. "Találos mesék." *Magyar Nyelvör* 6 (1877): 322.

Farr, T. J. "Riddles and Superstitions of Middle Tennessee." *JAF* 48 (1935): 318–336.

Fauset, Arthur H. *Folklore from Nova Scotia*. New York: American Folk-Lore Society, 1931.

Feilberg, Henning F. *Bidrag til en ordbog over jyske almuesmål*. 4 vols. Copenhagen, 1886–1914.

Ferrand, Auguste. "Devinettes du Dauphiné." *Rdtp* 10 (1895): 225–228.

Fleury, Jean. *Littérature orale de la Basse-Normandie. Paris*, 1883.

Flügel, Ewald. "Liedersammlungen des XVI. Jahrhunderts . . . , III." *Anglia* 26 (1903): 94–285.

Förster, Max. "Kleinere mittelenglische Texte." *Anglia* 42 (1918): 145–224.

Frank, Grace, and Dorothy Miner, eds. *Proverbes en rimes.* Baltimore: The Johns Hopkins Press, 1937.

Freidank. *Vridankes Bescheidenheit.* Edited by W. Grimm. Göttingen, 1834.

Friedreich, J. B. *Geschichte des Räthsels.* Dresden, 1860.

Geijer, Herman, and Å. Campbell. "Gåtor." *Svenska Landsmål ock Svenskt Folkliv* 191 (1930): 5–68.

*Gesamtkatalog der Wiegendrucke.* Leipzig: Hiersemann, 1925–.

Godefroy, Frédéric. *Dictionnaire de l'ancienne langue française.* . . 10 vols. Paris: Librairie des sciences et des arts, 1937–1938.

Gossen, Karl T. *Grammaire de l'ancien picard.* Paris: Klincksieck, 1970.

Gutch, Eliza, and Mabel Peacock. *Examples of Printed Folk-Lore Concerning Lincolnshire.* London, 1908.

Haffner, Oskar. "Volksrätsel aus Baden." In *Volkskunde im Breisgau,* edited by F. Pfaff, pp. 51–106. Freiburg im Breisgau, 1906.

Hain, Ludwig F. T. *Repertorium Bibliographicum.* 2 vols. Stuttgart: Cotta, 1826–1838.

Halliwell-Phillipps, J. O. *The Nursery Rhymes of England.* London and New York: Frederick Warne and Co., 1886.

————. *Popular Rhymes and Nursery Tales.* London: Smith, 1849.

Hanika-Otto, Liesl. *Sudetendeutsche Volksrätsel.* Reichenberg: Sudetendeutscher Verlag Franz Kraus, 1930.

Hassell, J. Woodrow, Jr. "The Proverbs and the Proverbial Expressions in the *Nouvelles Récréations* . . . of Bonaventure des Périers." *Journal of American Folklore* 75 (1962): 43–57.

————. "The Proverbs and Proverbial Expressions in the Works of Bonaventure des Périers." *Journal of American Folklore* 77 (1964): 58–68.

————. "Proverbs in Riddles." *Proverbium,* No. 15 (August 1970): 51 (467)–53 (469).

————. *Sources and Analogues of the* Nouvelles Récréations et joyeux devis *of Bonaventure des Périers.* 2 vols. Chapel Hill: University of North Carolina Press, and Athens, Georgia: University of Georgia Press, 1957–1969.

Hepding, Hugo. "Hessische Hausinschriften und byzantinische Rätsel." *Hessische Blätter für Volkskunde* 12 (1913): 161–182.

*Histoire littéraire de la France.* 38 vols. Paris: Imprimerie nationale, 1733–1944.

Hoepffner, E. "Les 'Voeux du Paon' et les 'Demandes amoureuses'." *Archivum Romanicum* 4 (1920): 99–104.

Huguet, Edmond. *Dictionnaire de la langue française du seizième siècle.* 7 vols. Paris: Champion; Didier, 1925–1967.

Hull, Vernam E., and Archer Taylor. *A Collection of Irish Riddles.* Berkeley and Los Angeles: University of California Press, 1955.

————. *A Collection of Welsh Riddles.* Berkeley and Los Angeles: University of California Press, 1942.

Hyatt, H. M. *Folk-Lore from Adams County, Illinois.* New York: A. E. Hyatt Foundation, 1935.

Hyltén-Cavallius, Gunnar O. *Gåtor ock spörsmål från Värend. Upptecknade på 1830-talet.* Stockholm, 1882.

Ilvonen, Eero. "Les Demandes d'amour dans la littérature française du moyen âge." *Neuphilologische Mitteilungen* 14 (1912): 128–144.

Jente, Richard, ed. *Proverbia Communia.* Bloomington: Indiana University, 1947.

Johnson, John H. "Folk-Lore from Antigua, British West Indies." *JAF* 34 (1921): 40–88.

Joos, Amaat. *Raadsels van het vlaamsche volk.* Brussels: Standaard-Boekhandel, n.d. [ca. 1926].

Jurgelionis, Kleofas. *Misliu Knyga.* Chicago, 1913.

Kerbeuzec, Henry de. "Devinettes de l'Ille-et-Vilaine VI. Pays de Guipel." *Rdtp* 20 (1905): 502–511.

Klein, Alexander. *Die altfranzösischen Minnefragen.* Marburg: Ebel, 1911.

Knortz, Karl. *Streifzüge auf dem Gebiete amerikanischer Volkskunde.* Leipzig, 1902.

Kristensen, Evald T. *Danske Folkegaader efter trykte og utrykte Kilder.* Struer: Christensens Bogtrykkeri, 1913.

La Curne de Sainte-Palaye, Jean-Baptiste de. *Dictionnaire historique de l'ancien langage françois...* 10 vols. Paris and Niort, 1875–1882.

La Fontaine, E. de. *Die luxemburger Kinderreime.* Luxemburg, 1877.

La Rue, Gervais de. *Essais historiques sur les bardes...* 3 vols. Caen, 1834.

La Suie, Jean de. "Devinettes savoyardes." *Rdtp* 11 (1896): 472–473.

Le Calvez, G. "Devinettes; pays de Tréguier." *Rdtp* 7 (1892): 342.

Le Chef, Rodolphe. "Contes, devinettes, formulettes... recueillis à Bréal-sous-Montfort (Ille-et-Vilaine)." *Rdtp* 10 (1895): 666–668.

*Le Jardin de Plaisance et fleur de rethorique.* Paris: Vérard, ca. 1501; facsimile ed. by E. Droz and A. Piaget. 2 vols. Paris: Firmin-Didot, 1910–1925.

Le Roux de Lincy, A. J. V. *Catalogue des livres manuscrits et imprimés composant la bibliothèque de M. Armand Cigongne...* Paris: Potier, 1861.

————. *Le Livre des proverbes français.* 2d ed. 2 vols. Paris: Delahays, 1859.

[*Les Adevineaux amoureux.* Bruges: Colard Mansion, ca. 1479.]

*Les Adevineaux amoureux.* [Bruges: Colard Mansion, ca. 1479.]

*Les Adevineaux amoureux.* Edited by L.-A. Martin. Paris: Techener, 1831.

*Les Evangiles des quenouilles.* Edited by Pierre Jannet. Paris: Jannet, 1855.

*Li Romans de Bauduin de Sebourc* . . . 2 vols. Valenciennes, 1841.

Lacuve, R.-M. "Devinettes du Poitou." *Rdtp* 10 (1895): 352–356; 14 (1899): 702–703.

Lavenot, P.-M. "Devinettes de la Basse-Bretagne; pays de Vannes." *Rdtp* 5 (1890): 666–672.

Lehmann-Nitsche, Robert. *Adivinanzas ríoplatenses.* Buenos Aires, 1911.

Lietzmann, Walther. *Lustiges und Merkwürdiges von Zahlen und Formen.* 4th ed. Breslau: F. Hirt, 1930.

M., P. "*Joca Monachorum.*" *Romania* 1 (1872): 483–490.

Machado y Alvarez, Antonio (pseud.: Demófilo). *Colección de enigmas y adivinanzas en forma de diccionario.* Seville: Baldaraque, 1880.

Marre, Aristide, ed. "Problèmes numériques faisant suite et servant d'application au *Triparty en la science des nombres* de Nicolas Chuquet, parisien. Extrait de la seconde partie du ms. n°. 1346 du fonds français de la Bibliothèque nationale." *Bollettino di bibliografia e di storia delle scienze matematiche e fisiche* 14 (1881): 417–460.

Martin, L.-A., ed. *Les Joyeusetez, facécies et folastres imaginacions de Caresme Prenant* . . . 20 vols. Paris, 1829–1834.

Mason, J. A. "Porto-Rican Folk-Lore: Riddles." *JAF* 29 (1916): 423–504.

Michel, F., ed. *La Riote du monde.* Paris, 1834.

Michel, Henri. *L'Imprimeur Colard Mansion et le* Boccace *de la Bibliothèque d'Amiens.* Paris: Picard, 1925.

Migne, J.-P. *Patrologiae Cursus Completus, sive Bibliotheca Universalis.* . . 221 vols. Paris, 1844–1864.

Mila y Fontanals, M. "Anciennes énigmes catalanes (XVIe siècle [?])." *Revue des langues romanes* 11 (1877): 5–8.

Milin, G. "Notes sur l'Ile de Batz." *Rdtp* 10 (1895): 52–56.

Molinet, Jean. *Les Faictz et dictz de Jean Molinet.* Edited by N. Dupire. 3 vols. Paris: Société des anciens textes français, 1936–1939.

M[one], F. J. "Räthselsammlung." *Anzeiger für Kunde der teutschen Vorzeit* 7 (1838): cols. 32–50, 258–268, 371–384.

Montaiglon, Anatole de, ed. *Recueil de poésies françoises des XVe et XVIe siècles.* 13 vols. Paris: Jannet, 1855–1878.

Montaiglon, Anatole de, and G. Raynaud, eds. *Recueil général et complet des fabliaux.* 6 vols. Paris: Librairie des Bibliophiles, 1872–1890.

*Monumenta Germaniae Historica* . . . *Scriptorum.* 32 vols. Hannover, 1826–1934.

Morawski, Joseph. *Proverbes français antérieurs au XVe siècle.* Paris: Champion, 1925.

Nicolson, Alexander. *Gaelic Riddles and Enigmas.* Glasgow: Sinclair, 1938.

Orain, Adolphe. *Folk-Lore de l'Ille-et-Vilaine*. 2 vols. Paris, 1897–1898.

Palgrave, F., ed. *Cy ensuyt une chanson moult pitoyable des grievouses oppressions*. . . London, 1818.

Parsons, Elsie Clews. "Barbados Folklore." *JAF* 38 (1925): 267–292.

————. "Bermuda Folklore." *JAF* 38 (1925): 239–266.

————. "Folk-Lore from Aitken, S.C." *JAF* 34 (1921): 1–39.

————. *Folk-Lore of the Antilles, French and English*, III. New York: American Folk-Lore Society, 1943.

Paszlavsky, Sándor. "Találos mesék." *Magyar Nyelvör* 7 (1878): 133–134.

Patry, Albert. "Devinettes normandes." *Rdtp* 9 (1894): 186.

Peachy, Frederic, ed. *Clareti Enigmata: The Latin Riddles of Claret*. Berkeley and Los Angeles: University of California Press, 1957.

Pellechet, M. *Catalogue général des incunables des bibliothèques publiques de France*. Paris: Picard, 1897–.

Perkins, A. E. "Riddles from Negro School-Children in New Orleans, La." *JAF* 35 (1922): 105–115.

Petsch, Robert. *Neue Beiträge zur Kenntnis des Volksrätsels*. Berlin: Mayer & Müller, 1899.

Picot, Emile. *Catalogue des livres composant la bibliothèque de feu M. le baron James de Rothschild*. 5 vols. Paris: Morgand, 1884–1920.

Pincier, J. *Ænigmatum Libri Tres*. The Hague, 1655.

Pires de Lima, A. C. *O Livro das Adivinhas*. Porto, 1921.

Pitrè, Giuseppe. *Indovinelli, dubbi, scioglilingua del popolo siciliano*. Turin & Palermo, 1897.

Redfield, W. A. "A Collection of Middle Tennessee Riddles." *SFQ* 1, no. 3 (1937): 35–50.

Reinmar von Zweter. *Die Gedichte Reinmars von Zweter*. Edited by G. Roethe. Leipzig, 1887.

Renk, Anton. "Volksrätsel aus Tirol." *Zeitschrift des Vereins für Volkskunde* 5 (1895): 147–160.

Reusner, N. *Ænigmatographia*. Frankfurt a. M., 1599.

Rodríguez Marín, Francisco. *Cantos populares españoles*. 5 vols. Madrid: Ediciones Atlas, [1951(?)].

Rolland, Eugène. *Devinettes, ou énigmes populaires de la France*. Paris: Vieweg, 1877.

————. *Rimes et jeux de l'enfance*. Paris, 1883.

Roque-Ferrier, Alphonse. "Enigmes populaires du Languedoc." *Revue des langues romanes* 7 (1875): 313–340.

Roux, Joseph. "Enigmes populaires du Limousin." *Revue des langues romanes* 12 (1877): 172–186.

Rua, G. "Dal Novelliere di Celio Malespini . . ." *Archivio per lo studio delle tradizioni popolari* 9 (1890): 491–508.

Salmon, L. "Folklore in the Kennet Valley." *Folk-Lore* 13 (1902): 418–429.

Sauvé, L.-F. "Devinettes bretonnes." *Revue celtique* 4 (1879–1880): 60–103.
Sébillot, Paul. *Littérature orale de l'Auvergne.* Paris, 1898.
—————. *Littérature orale de la Haute-Bretagne.* Paris, 1881.
Sheppard, L. A. "A New Light on Caxton and Colard Mansion." *Signature* 15 (1952): 28–39.
Siebert, J. *Der Dichter Tannhäuser.* Halle: Niemeyer, 1934.
Singer, Samuel. *Sprichwörter des Mittelalters.* 3 vols. Bern: Herbert Lang, 1944–1947.
Spenney, Susan D. "Riddles and Ring-Games from Raleigh, N. C." *JAF* 34 (1921): 110–115.
Stafset, K. D. *280 gamle norske gaator.* Volden, 1906.
Stengel, E. "Die ältesten Anleitungsschriften zur Erlernung der französischen Sprache." *Zeitschrift für französische Sprache und Literatur* 1 (1879): 1–40.
Ström, Fredrik. *Svenska folkgåtor.* Stockholm: Bonnier, 1937.
Taylor, Archer. "An Annotated Collection of Mongolian Riddles." *Transactions of the American Philosophical Society* 44 (1954): 319–425.
—————. *English Riddles from Oral Tradition.* Berkeley and Los Angeles: University of California Press, 1951.
—————. *The Literary Riddle before 1600.* Berkeley and Los Angeles: University of California Press, 1948.
—————. "The Riddle." *Western Folklore* 2 (1943): 129–147.
—————. "Riddles Dealing with Family Relationships." *JAF* 51 (1938): 25–37.
—————. "Riddles in Dialogue." *Proceedings of the American Philosophical Society* 97 (1953): 61–68.
—————. "A Seventeenth-Century Collection of Biblical Riddles." *Giessener Beiträge zur deutschen Philologie* 60 (1938): 239–249.
Thompson, Flora. *Lark Rise to Candleford.* London and New York: Oxford University Press, 1948.
Thompson, Stith. *Motif-Index of Folk-Literature.* 2d ed. 6 vols. Bloomington: Indiana University Press, 1955–1958.
Tilley, Morris P. *A Dictionary of the Proverbs in England in the Sixteenth and Seventeenth Centuries.* Ann Arbor: University of Michigan Press, 1950.
Tobler, Adolf, ed. *Li Proverbe au vilain.* Leipzig: S. Hirzel, 1895.
Tobler, Adolf, and Erhard Lommatzsch. *Altfranzösisches Wörterbuch. . .* Wiesbaden: Steiner, 1955–.
Tupper, Frederick. "The Holme Riddles (MS. Harl. 1960)." *PMLA* 18 (1903): 211–272.
Ulrich, J. "La Riote du monde." *Zeitschrift für romanische Philologie* 8 (1884): 275–289.
Vinson, Julien. *Le Folk-Lore du pays basque.* Paris, 1883.

Wackernagel, Wilhelm. "Sechzig Räthsel und Fragen." *Zeitschrift für deutsches Altertum* 3 (1843): 25–34.

Ward, H. L. D., and J. A. Herbert. *Catalogue of Romances in the Department of Manuscripts in the British Museum.* 3 vols. London, 1883–1910.

Waugh, F. W. "Canadian Folk-Lore from Ontario." *JAF* 31 (1918): 4–82.

White, Newman I., ed. *The Frank C. Brown Collection of North Carolina Folklore.* 7 vols. Durham, N.C.: Duke University Press, 1952–1964.

Whiting, Bartlett J., and Helen W. Whiting. *Proverbs, Sentences, and Proverbial Phrases from English Writings Mainly before 1500.* Cambridge: Harvard University Press, 1968.

Whitney, A. W., and C. C. Bullock. *Folk-Lore from Maryland.* New York: American Folklore Society, 1925.

Wiedemann, F. J. *Aus dem inneren und äusseren Leben der Ehsten.* St. Petersburg, 1876.

Wilmanns, W. "Ein Fragebüchlein aus dem neunten Jahrhundert." *Zeitschrift für deutsches Alterthum* 15 (1872): 166–180.

Woeste, F. "Volksräthsel, meist aus der Grafschaft Mark." *Zeitschrift für deutsche Mythologie* 3 (1855): 179–196.

Wölfflin-Troll, E. "*Joca Monachorum,* ein Beitrag zur mittelalterlichen Räthsellitteratur." *Monatsberichte der königlich preussischen Akademie der Wissenschaften zu Berlin* (1872). Berlin, 1873, pp. 106–118.

Wossidlo, Richard. *Mecklenburgische Volksüberlieferungen.* 3 vols. Wismar, 1897–1906.